特大城市中心城区
国际交往功能提升研究

张 杰·著

TEDA CHENGSHI ZHONGXIN CHENGQU
GUOJI JIAOWANG GONGNENG TISHENG YANJIU

吉林出版集团股份有限公司

图书在版编目（CIP）数据

特大城市中心城区国际交往功能提升研究 / 张杰著. -- 长春：吉林出版集团股份有限公司，2015.12（2024.1重印）
ISBN 978－7－5534－9797－6

Ⅰ.①特… Ⅱ.①张… Ⅲ.①特大城市－中央商业区－城市管理－研究－中国 Ⅳ.①F72

中国版本图书馆 CIP 数据核字(2016)第 006859 号

特大城市中心城区国际交往功能提升研究
TEDA CHENGSHI ZHONGXIN CHENGQU GUOJI JIAOWANG GONGNENG TISHENG YANJIU

著　　者：	张　杰
责任编辑：	矫黎晗
封面设计：	韩枫工作室
出　　版：	吉林出版集团股份有限公司
发　　行：	吉林出版集团社科图书有限公司
电　　话：	0431－86012746
印　　刷：	三河市佳星印装有限公司
开　　本：	710mm×1000mm　1/16
字　　数：	279 千字
印　　张：	17.25
版　　次：	2016 年 4 月第 1 版
印　　次：	2024 年 1 月第 2 次印刷
书　　号：	ISBN 978－7－5534－9797－6
定　　价：	70.00 元

如发现印装质量问题，影响阅读，请与印刷厂联系调换。

序　言

2015年4月22日，美国彭博社以"中国特大城市迅速增多 经济发展加快城镇化"为题，报道了我国特大城市的发展情况。

文章指出：经过35年的发展，中国正在以令人难以置信的速度城镇化，已经有5亿多人口（从农村）迁入城市。结果是，根据经济合作与发展组织日前的一份报告，世界似乎大大低估了中国特大城市的规模和增长速度——人口超过1000万的城市被经济合作与发展组织定义为超大城市。除了上海、广州、北京这类知名的城市，新的名单中还收录了哈尔滨和南京等（二、三线）城市。

文章认为：中国相对世界其他国家较为快速的经济增长，是其城市化脚步正在加快的原因之一。城镇化如今已令成千上万中国百姓的生活水平得以提高。经济合作与发展组织的这份报告显示，越大的城市，其居民个人所创造的经济产出就越多。

在理论上，从城市经济发展的历程来看，由于社会分工、产业集聚、资源配置等要素，城市的发展成本与城市的规模成反比，城市聚集财富的能力随着城市规模的扩大而增强，城市居民的年均收入随着城市的扩大而增加，城市物流、能源和交换随着城市规模的扩大而扩大。城市规模扩张会引发不同程度的"城市综合征"或"城市病"，但这是发展中的问题，城市规模继续扩大是未来较长时期内不以人们意志为转移的一个规律。从目前我国城市发展实际情况看，大城市、特大城市甚至超大城市的发展日趋明显。因此，研究特大城市的发展特点和发展历程，对于我国经济新常态下的城市发展意义深远。

同时，考虑到"一带一路"、京津冀协同发展、长江经济带三大国家宏观战略推动实施的现实情形，北京等特大城市的发展走向因其风向标的作用而尤为引人注目。特别是2014年2月中央定位北京"四个中心"的城市功能后，国际交往中心功能的建设和提升就成为首都在"十三五"时期创新发展的重要议题。而作为特大城市，北京市和国际交往关系最为密切的中心区如朝阳区的发展动向也成为国际交往中心功能提升的关键环节。

基于上述发展背景，本书在"十三五"规划研究之际，通过课题研究，分析了朝阳区如何提升国际交往中心功能，并提出了具体发展路径和对策建议。

具体说来，本书以"一带一路"开放战略、国家经济发展新常态、京津冀协同发展新态势、北京服务业对外开放综合试点新形势等为背景，以朝阳区近十年时间序列为考察时段，综述了新时期国际交往中心功能的含义、内容、特征和发展趋势，总结了全球典型城市的国际交往功能发展历程，对比了北京市16区县的国际交往发展态势，梳理了近十年来朝阳区国际交往功能的发展脉络，考量了当前提升国际交往中心功能的基础条件、发展机遇和面临的挑战。在综合借鉴分析的基础上，系统提出了朝阳区全面提升国际交往中心功能的定位、目标、布局、承载，以及具体路径和措施。

本书具体内容可为我国特大城市发展国际交往功能提供有益参考，也可以为诸多区域中心城市的开放发展提供思路借鉴。

目 录

引 言 ·· 1

第一章 新时期国际交往中心发展分析 ·· 3

第一节 新时期国际交往中心的内涵 ··· 3

第二节 新时期国际交往中心的特征 ··· 5

第三节 新时期国际交往中心功能的含义及体现 ································ 24

第四节 新时期国际交往中心发展趋势 ·· 28

第五节 朝阳区国际交往中心功能发展态势 ······································· 31

第二章 全球典型城区提升国际交往功能经验借鉴 ································· 42

第一节 主要国际化大都市典型城区发展情况 ··································· 43

第二节 全球现代化国际都市区的形成特点 ······································· 71

第三节 全球典型国际交往中心区案例分析 ······································· 77

第四节 国际交往中心功能提升经验借鉴 ··· 105

第三章 北京十六区县国际交往中心功能对比分析 ······························· 110

第一节 东西朝海：国际交往起步早、发展好 ································· 111

第二节　丰通大顺昌怀密延：发展中的国际交往新城区 …………… 120

第三节　石房门平：国际交往参与度逐步提高 …………………… 135

第四章　北京市朝阳区国际交往中心功能建设十年进展　145

第一节　时间序列发展路线图 ……………………………………… 146

第二节　朝阳区"十一五"期间（2006—2010年）发展总结 ……… 147

第三节　朝阳区"十二五"期间（2011—2014年）发展总结 ……… 157

第四节　近十年朝阳区国际交往中心功能发展阶段 ……………… 167

第五节　朝阳区"十三五"时期发展国际交往中心的展望 ………… 172

第五章　北京市朝阳区国际交往中心功能发展基础和机遇分析　184

第一节　基础分析 …………………………………………………… 184

第二节　机遇分析 …………………………………………………… 199

第三节　挑战分析 …………………………………………………… 221

第六章　北京市朝阳区国际交往中心功能定位与功能目标　225

第一节　功能定位 …………………………………………………… 225

第二节　发展目标 …………………………………………………… 225

第三节　发展思路 …………………………………………………… 228

第七章　北京市朝阳区国际交往中心功能布局与功能承载　231

第一节　功能布局 …………………………………………………… 231

第二节　功能承载 …………………………………………………… 233

第八章　北京市朝阳区国际交往中心功能提升路径与具体措施 …… 240

第一节　路径之一：扩大国际影响力，提升国际机构总部——形成全球经济创新区 …… 240

第二节　路径之二：加强国际交流活动，展示朝阳魅力形象——熔铸世界文化交往区 …… 241

第三节　路径之三：提升国际服务水平，完善国际交往设施——构建生态城市服务区 …… 244

第九章　北京市朝阳区国际交往中心功能依托项目方案 …… 248

第一节　全球商务节点功能建设项目 …… 248
第二节　世界经贸枢纽功能提升项目 …… 250
第三节　国际文化创新交流建设项目 …… 251
第四节　国际交往通道功能建设项目 …… 252
第五节　国际科技创新功能提升项目 …… 254

附表1　五维国际交往功能提升内容表 …… 256

附表2　三大国际交往平台建设内容表 …… 258

附表3　五类国际交往功能项目建设内容表 …… 261

参考文献 …… 263

后　记 …… 266

引 言

按照《北京城市总体规划（2004年—2020年）》，朝阳区作为首都城市功能拓展区，被赋予"国际交往的重要窗口、中国与世界经济联系的重要节点、对外服务业发达地区、现代体育文化中心和高新技术产业基地"的功能定位，目前也承载着北京市国际交往中心的重要功能。

朝阳区位于北京城区东部，是北京市面积最大、人口最多的城区。全区总面积470.8平方千米，下辖24个街道、19个乡（地区办事处），常住人口384.1万。2013年，地区生产总值3963.6亿元，比上年增长9.1%，占全市的20.3%；区级财政收入380亿元，比上年增长9%，位列全市各区县之首；跨国公司地区总部达到100家，实际利用外资34.2亿美元，比上年增长6.9%，占全市的40.1%。

首都北京是全国的政治中心、文化中心、国际交往中心、科技创新中心，朝阳区是北京市快速发展的新城区。国际化、市场化程度高是朝阳区最显著的特征。朝阳区聚集了除俄罗斯之外的所有外国驻华使馆、80%的驻北京国际组织、90%的外国驻京新闻媒体、国际商会和行业协会、48%的国际旅行社，以及北京市60%的星级宾馆。全市50%以上的国际性会议、1/3的国际展览在该区域内举办。截至目前，朝阳区已与21个国家和地区的27个城市、城区缔结了友好关系，已经成为北京市商务设施最齐全、商务氛围最浓厚、现代服务业最发达的地区之一，并被联合国开发计划署评为中国"十一五"期间跨国公司最佳投资城区。

自2006年以来，朝阳区的国际交往中心功能建设逐步深化。2006年，朝阳区"十一五"规划在城市功能定位中提出"国际交往的重要窗口、中国与世界经济联系的重要节点"，指出国际交往的作用和方向，随后"三化四区"建设启动。2011年，朝阳区"十二五"规划明确提出"立足区域丰富的国际资源，加快建设高端要素聚集、商务活动活跃、资讯集散快捷、国际人才会聚的国际商务中心，全面提升服务国家参与国际经济合作发展的能力"，点明国际交往发展的基础和路径，之后"双十工程"成效显著。

目前，在北京市建设"政治中心、文化中心、国际交往中心和科技创新中心"的城市功能过程中，朝阳区以其国际化、市场化、科技化、商务化等显著特点，处于我国国际交往中心功能提升的第一阵列，正不断引领北京市的国际交往层次和水平提升。

北京市国际交往中心功能的建设和提升是一篇大文章，放眼全球是方向，立足北京是基础；而在北京市的16个区县中，因为历史外交布局、区位地理优势和工作成果积累，朝阳区已经成为北京国际交往中心功能深入提升和全面完善这篇大文章的关键所在。"十三五"时期，国际交往中心功能的提升建设直接关系朝阳区发展的重点和方向，需要顶层设计、统筹全局、选准关键点、抓住突破口，通过新常态下的城市发展全面提升国际交往中心功能。

但总的来看，目前朝阳区的国际交往中心功能还处于零散型、政府型、专题型的发展阶段，尚未形成架构清晰、思路明确、纵横协调、重点突出的功能层次；还处在东南亚，以及我国港、澳、台地区等区域范围，还没有突破亚欧非，走向南北美；在国际组织机构、国际交流活动、国际交往规模、国际交往设施、国际服务系统和城市形象魅力六个方面的国际交往功能还需要深入提升，还需要服务全国与服务首都相结合、功能协同与融合创新相结合、引进来与走出去相结合、软环境与硬环境相结合，不断拓展国际交往的广度和深度，逐步建设全球性、定期式、高端型国际交往中心城区。

本书以国家经济发展新常态、京津冀协同发展新态势、北京服务业对外开放综合试点新形势等为背景，以朝阳区近十年时间序列为考察时段，立足朝阳，面向世界，综述了新时期国际交往中心功能的含义、内容、特征和发展趋势，总结了全球典型城市的国际交往功能发展历程，对比了北京市16个区县的国际交往发展态势，梳理了近十年来朝阳区国际交往功能的发展脉络，考量了当前提升国际交往中心功能的基础条件、发展机遇和面临的挑战。在综合借鉴分析的基础上，结合区领导和有关专家的意见和建议，系统提出了朝阳区全面提升国际交往中心功能的定位、目标、布局、承载，以及具体路径和措施。

第一章 新时期国际交往中心发展分析

第一节 新时期国际交往中心的内涵

一、国际交往

国际交往，是指国家或者区域（城市）与其他国家或区域在政治、经济、文化、科技、教育、娱乐等方面进行交流和学习，用以维持国家之间、区域之间、国家和区域之间的友好关系、促进国家和区域的经济、文化、科学、教育发展的行为。

二、国际交往中心

国际交往中心，泛指外交机构及友好城市众多、国际组织及国际机构众多、跨国集团及商业机构众多、国际会展及展览展示众多、具有国际交流中心区域（如 CBD）和涉外饭店，以及信息服务、签证通关等国际服务便利的大型城市。

三、世界城市体系

国际交往中心和城市发展密切相关。当前全球最为关注的，就是世界城市。

Friedmann 在 1982 年提出世界城市的新概念，认为世界城市是全球经济的控制中心，并提出世界城市的两项判别标准：一是城市与世界经济体系联结的形式与程度，如作为跨国公司总部或地区总部、国际资金运营中心、重要商品市场和文化中心等；二是由资本控制所确立的城市的空间支配能力，如金融市场的控制范围、国际资本运营的覆盖范围。

Friedmann 在 1986 年提出更为完整的衡量标准，其中包括主要的金融中心、跨国公司的总部、国际性机构、商业服务部门、重要的制造业中心、交通运输节点、人口规模等指标，并将世界城市分为主要城市、次要城市，表示该分类下的世界城市层级。[①]

Taylor 和 Walker 认为世界城市的研究应该可以全球通用。他们在地理上将全球分成北美、西欧及太平洋三大地区，在城市分析中有 8 项要素，在生产服务方面有 9 项要素，并依此提出 Alpha、Beta 及 Gamma 三级世界城市。Taytor 等人对会计、广告、银行与金融和法律 4 个主要的生产服务行业的 46 家企业总部与业务单元在世界城市的分布进行分析，拥有总部或业务单元越多的城市得分越高，最高分为 12 分，形成了一个实证的三级世界城市，从而形成一个世界城市体系。具体见表 1-1。

表 1-1 世界城市体系

世界城市级别	分数	城 市
Alpha 级	12	伦敦、纽约、东京、巴黎
	10	芝加哥、法兰克福、香港、洛杉矶、米兰、新加坡
Beta 级	9	旧金山、悉尼、多伦多、苏黎世
	8	布鲁塞尔、马德里、墨西哥城、圣保罗
	7	莫斯科、首尔
Gamma 级	6	阿姆斯特丹、波士顿、加拉卡斯、达拉斯、杜塞多夫、日内瓦、休斯敦、雅加达、约翰内斯堡、墨尔本、大阪、布拉格、圣地亚哥、台北、华盛顿
	5	曼谷、北京、罗马、斯德哥尔摩、华沙
	4	亚特兰大、巴塞罗那、柏林、布宜诺斯艾利斯、布达佩斯、哥本哈根、汉堡、伊斯兰堡、科伦坡、马尼拉、迈阿密、明尼亚波利斯、蒙特罗、慕尼黑、上海

---

① 孙蛟：《跨国公司地区总部的区位选择研究》，复旦大学 2000 年博士学位论文。

第二节 新时期国际交往中心的特征

一、国际机构数量众多

(一) 外交机构及友好城市

国际政治是影响国际交往的重要因素，常设外交机构是推进政治交流的重要载体。许多国家首都如伦敦、巴黎、莫斯科等成为世界著名的国际交往中心，很大程度是由于这些城市拥有众多外交机构，在国际舞台上扮演重要角色。这些首都型国际交往中心城市，一般建有建交国大使馆和领事馆，还有一些特殊关系国的办事处。除外交机构外，许多城市还缔结了一批友好城市（姊妹城市），在贯彻执行国家外交政策、促进城市友好交流方面发挥着独特作用。

自现代外交制度确立以来，城市首次真正被允许参与外交事务是在第一次世界大战后的西欧国家，并兴盛于二战以后。第一次世界大战结束后，为了医治战争创伤，英国约克郡的凯里市和法国普瓦市结为世界上第一对"友好城市"，目的是以民间交往的形式，促进两国人民的感情交流，推动国家间关系的和睦。第二次世界大战后，这一地方政府间的积极交往受到各国政府的鼓励，在一次法德市长特别会议上，德国率先提出建立友好城市，以弥合法德人民之间感情上的裂痕，消除法德之间历史悠久的相互敌视，进而扩散到欧洲国家乃至整个世界。自此之后，交通通信技术的改进和跨国公司海外业务量的增长，为国际友好城市注入了强劲的活力，特别是自20世纪70年代以来，国际友好城市逐渐由情感型向更加重视经济社会利益的务实型转变，除了进行文化交流外，还逐步向社会经济、地方治理、环境保护、打击跨国犯罪和恐怖主义等领域延伸。

作为全球化进程中地方和全球连接的重要纽带，国际友好城市是异国城市间加强商业和文化联系的一个上佳工具，它通过广泛而深入的经济、社会、文化以及政治交流，极大地增进了友城人民间的相互了解，促进了友城政治经济和社会文化的共同进步。从性质上说，建立国际友好城市仅仅是一种民间外交手段，发挥着沟通非官方交流的重要作用，更多停留在经济、社会、文化和环保等事务方面。

(二) 国际组织

衡量城市国际化或国际交往水平的一个重要指标是其对国际组织或区域组织的吸引力，包括国际组织或区域组织在城市设立的总部机构或办事处的数量等，几乎所有国际大都市评价指标体系中都包括"国际组织（机构）入驻"这一指标。国际组织最主要的功能便是实现国家之间的多边合作，是国际交往和接触的重要形式和平台，利用这一平台深入参与国际合作是中国成长为世界大国的必经之路。积极加入国际组织能增加在国际舞台上的话语权，而国际组织的落户更是一国国际影响力提升的重要方式及表现。

国际组织落户往往会促进国际会展、国际活动和国际交往的增加。东道国可以利用这些会展和活动扩大国际交往，让各国的政要、媒体和宾客感受和熟悉东道国的经济发展、社会进步和风俗文化，并由此进行国家形象的宣传和推介。国际组织的落户不仅可以带动城市会展业自身的发展，更对其整个会展产业链有着重大的推动作用，这包括会展产业上游的会展组织企业，中游的会展中心、酒店等举办场所，以及下游的会展服务部门等，因此带动了城市整体经济的发展。国际组织的落户也会吸引大量的外资流入，使得城市的旅游业、餐饮业、娱乐业、交通物流业等第三产业迅速发展。

从国际组织的空间布局来看，聚集总部数量排前 5 位的城市依次是布鲁塞尔、巴黎、伦敦、华盛顿、日内瓦，紧随其后的有纽约、维也纳、罗马、哥本哈根、斯德哥尔摩等。在全世界所有城市中，拥有最多国际组织总部的是布鲁塞尔。至 2006 年，驻扎在布鲁塞尔的国际组织或机构有 3063 个，其中政府间组织为 305 个。专门研究国际组织的国际协会联盟（UIA）设在布鲁塞尔，这里同时也是欧洲联盟（"欧盟"）和北大西洋公约组织（"北约"）的总部所在地①。作为一个称不上大国的比利时的首都，与日内瓦、纽约、巴黎、伦敦等城市相比，其独特之处在于它的身份是欧洲首都，也常被称为"欧洲心脏"，因为它不仅在地理位置上处于欧洲的中心，而且在政治、经济、军事上都是欧洲的核心机构所在地，因而各类国际组织都乐意前来落户。

被称为"最小的大都市"与"和平之城"的日内瓦，是个只有 282 平方千

---

① 杨思思：《政府间国际组织总部所在地法治环境比较研究——兼论上海建设国际组织总部的构想》，上海交通大学 2010 年硕士学位论文。

米、仅18万户籍人口的小城市，却云集着243个政府间和非政府组织总部，其中包括20个政府间国际组织总部。日内瓦在历史上就是万国邮联、国际电信联盟、国际红十字会总部等国际组织的所在地，世界贸易组织、国际产权联盟落户日内瓦后，更巩固了它作为国际组织集聚地的地位。至2013年，日内瓦共有38个政府间国际组织和250多个非政府国际组织落户，国际组织的雇员及其家属共4万人，约占日内瓦市总人口的一成以上，是名副其实的国际组织之都。①

纽约是联合国总部所在地，联大、安理会、联合国开发署、人口基金会等一大批下属机构始终以纽约为据点开展活动，这些国际机构的存在和影响力无疑是对纽约作为世界城市的最好诠释。此外，联合国及其下属的各种组织机构已成为纽约市经济发展的一个重要组成部分。根据纽约市经济发展部门2005年的统计，联合国平均每年对纽约市的直接经济贡献达到25亿美元。纽约市政府曾调查得出结论：纽约为联合国每投入1美元即可获得4美元的收益。纽约市在2010年年初的430亿美元预算中，用于国际组织中非政府组织或非营利性组织的资金比例高达33%，而这些组织创造了整个城市GDP的11.5%。近年来，纽约国际组织中非政府组织和非营利性组织收入超过480亿美元，远远超过同期纽约制造业的收入。②

（三）国际商业机构

国际商业机构通常指著名跨国集团总部及办事处、代表处和经营性机构，它体现了城市对世界或地区经济的协调、控制和决策的影响程度，是决定国际商务往来的重要载体。国际商业机构如跨国公司是国际直接投资的主要承担者，可以传播较为先进的技术和管理经验，促进城市产业创新能力的提高，带来营业额、利润、人才、信息高度集中的"溢出"效应和城市金融、信息、物流、饭店等相关产业的产业链联动效应。跨国公司是当今国际经贸活动中的主角，也是经济全球化趋势的主要推动者，尤其是跨国公司总部等，承担着全球性或区域性经贸活动的决策、组织、管理、协调功能。在全球化与信息化时代，跨国公司是全球生产网络最为重要的组织者，对城市网络产生了重要的影响。跨国公司通过资本、生产要素、信息的流动和国际劳动地域分工，正在深

---

① 上海国际问题研究院课题组编：《上海吸引国际组织（机构）入驻研究》，载《科学发展》2013年第6期。

② 李培广、李中洲：《国际组织落户纽约对北京城市发展的启发》，载《中国市场》第33期。

刻地重塑着城市空间结构和形态。

　　国际商业机构如跨国公司总部在一个国家数量的多寡，也就成为该地区能否成为国际交往中心的重要因素和标志。可用国际金融机构数量和国际金融业务交易额、国内外跨国公司总部数量及其在世界经济中的比重作为指标进行比较。世界城市具有强有力的国际化倾向，大都履行着全球经济控制中心和全国经济控制中心的双重功能。大多数的世界城市都存在这两个系统功能的交织。当地企业越是具有国际化倾向，其所在城市的等级水平也就越高。这类经济中心城市就成为大量国内主要公司、跨国公司的地区性总部以及大公司分部的聚集地，见表1-2、表1-3。

表1-2　排名前一百的跨国公司的国籍分布（2009年）

国　　籍	跨国公司数
美　国	31
德　国	13
法　国	10
日　本	9
英　国	7
中国、韩国、意大利	4
西班牙、荷兰	3

资料来源：陆玭：《世界城市区域网络中的我国巨型城市区域》，载《现代城市研究》2010年第9期。

表1-3　排名前一百的跨国公司总部的区域分布（2009年）

城市区域名称	区域内排名前一百的跨国公司总部数量
波士顿—纽约—华盛顿，法兰克福—斯图加特	9
大巴黎地区、大东京地区	8
阿姆斯特丹—布鲁塞尔—安特卫普	7
伦敦—利兹—曼彻斯特	6
多伦多—布法罗—罗切斯特	5

资料来源：陆玭：《世界城市区域网络中的我国巨型城市区域》，载《现代城市研究》2010年第9期。

二、国际交流活动频繁

(一) 外交访问和友好往来

如纽约、华盛顿、布鲁塞尔、日内瓦等一些国际交往中心城市总能占据国际交往舞台的中心和重要位置,始终发挥着巨大影响。这些城市很重要的特点是,其外交访问和友好往来活动十分频繁,而且相对稳定。

作为一种有组织的、形态逐步完备的国际交往形式,国际友好城市间稳定的友好往来关系,对服务国家总体外交,促进地方开放发展,提升城市国际形象,都具有重要作用。国际友好城市之间的长期合作交往机制为社会力量作为公共外交行为主体参与对外交往活动提供了新的平台。非政府组织社会力量是国际友好城市公共外交的重要主体。非政府组织只有依靠友好城市平台才能全方位参与国际外交活动,城市通过非政府组织等非政府行为体才能广泛接触对方社会民众,实现公共外交的目标。

(二) 大型国际会展

从巴黎、伦敦、纽约和东京等国际交往功能高度发展的世界城市的会展业可以看出,会展业发展能极大地拉动经济,促进文化传播与国际经济合作,并迅速提升其经济服务化水平。会展业这一强大的助推器,使得城市更加紧密地融入国际社会,使城市外向程度、城市的国际竞争力和国际交往能力得到不同程度的提升,从整体上提高了城市的国际化水平。

会展产业与城市发展是相互促进的。世界城市大都有发达的会展产业,特别是发达的国际会展产业,这促进了城市品质与知名度的提升。会展特别是国际会展,对城市的综合条件要求很高,除了国际化的会展场馆设施、便捷的交通网络和综合服务体系外,其独特的自然旅游资源、良好的城市生态环境、深厚的多元文化积淀、突出的产业优势等都是必要的条件。大型国际会展的举办,能不断提高城市的基础设施资源与人文资源的水平及运行效率,从而提高城市社会经济的运行效率;能拉动交通、通信、旅游、餐饮、宾馆、广告等相关产业的发展,为城市带来大量的外汇收入,促进城市经济的繁荣;能增加城市的就业机会;能展示举办地城市产业优势、风土人情、旅游资源、文化传统等,促进其在世界范围的传播;能使城市掌握世界最新信息，促进城市的科技产业发展。

会展业是巴黎最重要的行业之一。2012年以来，巴黎每年举办专业展会400多个，大型展览占法国80%以上，每年参展商近10万家，接待观众900万人次，展会涉及几乎所有行业，平均每天有5个展会同期举办，最多的时候，每天有15个不同领域的展会同时举办。这为本地区带来超过30亿欧元的经济收入，创造了5万多个全职工作岗位。巴黎平均44%的参展商和31%的观众来自法国之外的其他国家，这为巴黎带来源源不断的外汇收入[①]。

根据《美国贸易展览会周刊》公布的调查结果，2006年在全美举办的排前200位的顶级展会中，纽约共承办了16个国际性展会，成为继拉斯维加斯、奥兰多、芝加哥之后排名第四的展会城市，已占全美展会市场份额的8%。具体见表1-4。

表1-4 全美顶级会展排前10位的城市

城市	办展数量（个）	占全美展览的市场份额（%）
拉斯维加斯	45	22.5
奥兰多	20	10.0
芝加哥	18	9.0
纽约	16	8.0
亚特兰大	14	7.0
达拉斯	8	4.0
旧金山	7	3.5
阿纳海姆	6	3.0
洛杉矶	6	3.0
若斯曼特	6	3.0

英国会展业历史悠久，早在1980年，英国政府就成立了伦敦会展局，1990年英国各主要城市均建立了会展局，专门为会展业的发展提供咨询和服

---

① 魏士洲：《世界城市会展业发展的借鉴作用研究》，载《技术经济与管理研究》2012第9期。

务。英国会展业长期位居世界展览业的前列，全球知名的大型展览公司总部有很多设在英国，如励展、蒙格马利等。据"2008英国会展业调查"报告显示，会展业为英国创造了13.7万个工作机会，占英国就业人口的0.5%。伦敦作为首都和政治、经济、文化中心，在举办展会方面具有明显的优势。英国每年超过30%的展会在伦敦举办。英国每年通过各类会展吸引1700万国内外观众，产值近100亿英镑，每年税收收入就达10多亿英镑，并为酒店、餐馆、娱乐、交通等行业带来了近20亿英镑的收入，这为英国经济发展作出了重要贡献。①

根据2011年国际大会与会展协会（ICCA）统计，维也纳在该年举办了181个国际重要会展，位居全球榜首，被称为"最受欢迎的会展城市"。维也纳会展局提供的2012年度会展产业报告显示，2012年共有1146个国际国内会展在维也纳召开，共有367127名代表参与会展，创造了1263198个会展住宿。这一年，会展产业创造的国内生产总值达到7.8605亿欧元，同时带来2.2292亿欧元的税收和14606个工作岗位。此外，会展产业对维也纳整个GDP的贡献也从2003年的2.7871亿欧元增至2012年的7.8605亿欧元。②

三、国际交往规模庞大

（一）出入境人口规模

国际交往除了具体人员之间的往来，其信息、贸易、投资等非物质性的交流传递本质的载体也是人。在国际交往中心发达的第三产业中，国际旅游业占了很大比重，每年的海外人口旅游接待量成为衡量国际交往中心发展水平的一个重要指标。国际旅游业也是城市增强自己内在软实力和国际影响力的一个重要发展方面。

国际旅游是人员和资金的进出口"贸易"，国际旅游业作为无形出口贸易，与城市影响力以及GDP之间存在一定的正向关系。越来越多的国家把发展旅游业提升到国家战略的地位，作为参与国际竞争的重要平台。美国、法国等许

---

① 魏士洲：《世界城市会展业发展的借鉴作用研究》，载《技术经济与管理研究》2012年第9期。
② 吴珊珊、刘明广：《国际组织在国际会议城市建设中的功能》，载《中国旅游报》2014年5月28日。

多发达国家都把发展旅游业作为国家战略，中央政府普遍成立集中统一的旅游事务管理部门或多部门参与的旅游政策协调委员会，各级财政增加导向性投入，改善公共服务设施，开发旅游精品，提高国际旅游竞争力。许多国家元首、政府首脑和政要亲自宣传本国旅游，甚至担任"旅游大使"，把旅游作为参与国际事务的平台或媒介，积极扩大国际影响力。比如，日本实施"观光立国"战略，韩国提出"国民观光职业化"，马来西亚提出"马来西亚，真正的亚洲"国家旅游宣传口号，印度提出"令人难以置信的印度"口号。特别是2008年国际金融危机爆发以后，西班牙政府通过"旅游促进计划"，决定在2008—2020年，年均投入15亿欧元，用于促进旅游业发展。墨西哥将"国家旅游发展计划"列入法律，并把2011年定为"旅游年"。旅游业已经成为各国应对经济危机、促进经济复苏、培育新经济增长点的重要手段。① 2014年海外游客接待数排名前二十的城市见表1-5。

表1-5 2014年海外游客接待数排名前二十的城市

排名	目的地城市	海外游客人次（百万）	游客消费额（亿美元）
1	伦敦	18.69	193
2	曼谷	16.42	130
3	巴黎	15.57	170
4	新加坡	12.47	143
5	迪拜	11.95	109
6	纽约	11.81	186
7	伊斯坦布尔	11.6	94
8	吉隆坡	10.81	81
9	香港	8.84	83
10	首尔	8.63	115
11	巴塞罗那	7.37	112

---

① 刘文海：《世界旅游业的发展现状、趋势及启迪》，载《中国市场》2012年第33期。

续　表

排名	目的地城市	海外游客人次（百万）	游客消费额（亿美元）
12	阿姆斯特丹	7.23	44
13	米　兰	6.82	53
14	罗　马	6.79	56
15	台　北	6.29	108
16	上　海	6.09	53
17	维也纳	6.05	56
18	利雅得	5.59	41
19	东　京	5.38	74
20	利　马	5.11	18

（二）常住外国人数量

国际交往中心汇通全球的最新知识与科技资源的信息流，汇聚了全世界大量高端科技创新知识，以其发达的服务设施与特定的历史、人文环境吸引了大量外籍人员入住。城市涌入大量常住外国人的现象，说明城市有繁荣的现状及长远发展的远景，所以移民数量可以衡量一个国际交往中心的开放和发展程度。

国家与城市的经济实力和发展程度是吸引国际人员的重要因素。常住外籍人口可以增加城市人力资源，高技术人员流入更是对城市经济发展和科技创新注入了全新的发展力。在经济、信息、交通全球化的社会背景下，城市各方面的实力世界有目共睹，越来越多的高技术人才选择科技创新能力强、科研基础厚实的城市创业，富裕人口选择迁至环境适宜、基础设施完善的城市居住，劳动力人口选择经济发达、就业机会多的城市就业。发展较好的城市常住的外国人口数占城市总人口的比重越来越大是必然趋势。北京、东京、纽约、伦敦净迁移率比较如图1-1所示，四国国际人口比例见表1-6。

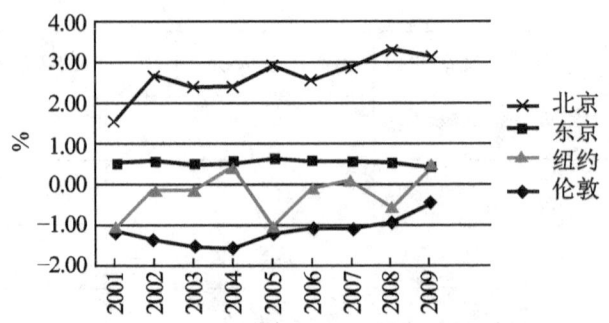

图 1-1 北京、东京、纽约、伦敦净迁移率比较

资料来源：刘长安：《国际大都市人口迁移和国际移民比较研究》，载《劳动保障世界》2013 年第 1 期。

表 1-6 北京、东京、纽约、伦敦国际人口比例

	北京（2007）	东京（2005）	纽约（2000）	伦敦（2007）
国际人口总人口	24.2	31	4.86	1

资料来源：刘长安：《国际大都市人口迁移和国际移民比较研究》，载《劳动保障世界》2013 年第 1 期。

四、国际交往设施发达

（一）大型交流设施

会展交流的国际化需要大量专业、大型的会展设施作为支撑，以德国为例，德国不仅在世界会展业处于领先地位，而且有数量可观的国际会展中心城市。截至目前，德国大约有 70 座城市建有会展场馆，其中大型会展中心 24 个，有 10 个会展中心的面积超过 10 万平方米。在建有会展场馆的 70 座城市中，不少城市凭借其强大的会展综合实力成为世界公认的国际会展中心城市。德国最主要的会展中心城市有柏林、汉诺威、法兰克福、科隆、慕尼黑、杜塞尔多夫、斯图加特、莱比锡等。世界最大的 5 个展览中心有 4 个在德国，其中，汉诺威展览中心是世界上规模最大的会展场馆，占地面积 100 万平方米，共有 27 个展馆，室内展览面积 49.8 万平方米，还有 5.8 万平方米的室外展览面积。其余三座分别是：世界第三大的法兰克福展览中心，拥有 32.4 万平方米的室内展览面积和 8.3 万平方米的室外展览面积，并专门设立高达 40 米的节日大厅，供各种特殊活动使用；世界第四大的科隆展览中心，其室内展览面

积 28.4 万平方米，还有 7.5 万平方米的室外展览面积，如图 1-2 所示；世界第五大的杜塞尔多夫展览中心，拥有 25.2 万平方米的室内展览面积。另外，这些大型会展场馆还都配有功能齐全的先进设备；交通设施也非常完备，不仅有公交、地铁等直通会展中心，而且有的场馆如汉诺威展览中心还设有专门的客运火车站和专用货运站，多条火车支线直通各展览大厅，甚至会展中心还专设一个直升机停机场。这些一流的会展场馆不仅吸引了世界各国的众多展商和观众，为国际大型展会的顺利进行提供了实实在在的保障，而且充分展现了德国着力打造国际会展中心城市的气魄和意志。可以说，德国在发展国际会展中心城市方面，从一开始就走了一条高标准的道路。①

图 1-2　德国科隆展览中心香港会展展览中心

"巴黎展览馆集团"拥有 9 个展览馆和会展中心，其中包括著名的维勒班展览中心、凡尔赛门展览中心和巴黎会展中心等。这 9 个会展场馆的室内展览总面积达 57.5 万平方米，室外展览总面积达 42.6 万平方米，是全球最大的场馆集团。会展的举办，也使巴黎大区成为无可争议的技术创新和流行趋势的窗口。会展活动期间组织的创新大奖赛、新品展演、论坛等活动，可以使观众发现全球技术创新和流行的趋势，使参展商向国际大众介绍他们面向未来的创新方案。

纽约最大的会展中心是贾维茨会展中心，其由著名建筑师贝聿铭设计建造，位于纽约市曼哈顿西侧的第 11 街大道。贾维茨会展中心共拥有 4 层，设 9 个展馆，可拆分式的展出面积超过 760000 平方英尺，会展室有 75 个，特别

---

① 王春才：《德国会展中心城市的发展路径和策略研究》，载《江苏商谈》2010 年第 1 期。

活动厅可容纳3200人。会展中心设有独立的办公室套房可以租用开会，商业配套设施齐全。

日本东京国际展览中心是目前日本最大、等级最高的展览中心，总建筑面积达23万平方米，由2个展览大厅、1个附有多个会展室的会展大厅组成。总展览面积8万平方米，设有最新的设施。其每年举办110个活动，吸引观众约1100万人次。除具有最先进管理系统的国际会展场地外，在它周围还配备有中小会展厅10间。其内部配备空调装置，配套有各种消费水平的饭店等。

（二）国际交流中心区

国际交往中心的交往设施的规模比一般城市要大得多，而且有集中发展的趋势，这些设施的集中布局，一方面便于规划建设，另一方面使得国际交流活动易于组织和更有效率，因此许多国际交往中心城市集中规划建设相对集中的国际交流中心区，如，纽约的曼哈顿、东京的新宿、巴黎的拉德芳斯等都形成了相对独立的商务中心区（CBD），华盛顿、莫斯科和柏林等建有会展和展览中心。如图1-3所示。

图1-3 纽约曼哈顿（左）与巴黎拉德芳斯（右）

CBD聚集了大城市中大量的金融、中介、服务、信息、贸易及商业机构，配有高端酒店、商务办公设施，同时具备便利完善的交通和通信条件，可以说是一国与世界联系的窗口、国际化大都市的标志与象征。如，英国伦敦金融城的大部分金融业务来自国外市场，在国外股票交易、国际债券发行与二次买卖、海上保险与航空保险等领域占据极其重要的地位。全球外汇收入的1/3、近300家外国银行、近100家外国证券公司，以及在伦敦股票交易所上市的

453家外国公司等金融要素集聚于此。纽约曼哈顿聚集了纽约市著名的百老汇、联合国总部、格林尼治村、大都会艺术博物馆、大都会歌剧院、帝国大厦、华尔街以及中央公园。这里银行、保险公司、交易所及大公司总部云集，是世界上就业密度最高的地区。依靠CBD的影响，纽约市树立了其国际城市形象，国际性和跨国性行业组织在纽约市发展迅猛。

（三）现代航空口岸

城市航空港年旅客吞吐量是城市交通的最主要指标。世界著名国际交往中心城市都是国际国内交通枢纽，其国际航空交通枢纽和周转中心的地位，对其城市国际化发展的作用不可低估。伦敦的希斯罗机场、东京的羽田机场等年旅客吞吐量超过5000万人次，巴黎戴高乐国际机场、纽约肯尼迪国际机场客流量超过3000万人次。亚洲的东京羽田机场客流量排世界第6位，首尔机场排第19位，香港机场排第23位，北京首都国际机场排第49位，说明亚洲机场的空运能力还较低。

现代航空口岸不仅具有航空口岸"过境"的基本职能，还是一种与区域经济发展相融合的全新发展模式，其最重要的基本特征可概括为三点：首先体现为发展模式的创新性。依托区域经济发展航空口岸，促进区域经济发展，形成航空口岸—海关特殊监管区—物流园区—产业基地—区域经济这样一个由点到面、多层次、复合型、与区域经济高度融合的发展模式。其次是航空口岸的协调运行，形成大航空、大口岸。高效便利地配置进出口岸的物流、人流、资金流、信息流，服务和促进区域经济的发展，使得区域具有较强的国际竞争力。最后是基础条件完备。现代航空口岸能够高效发挥其自身功能，重要条件之一在于机场——这一核心设施的基础条件完备，能够广泛应用信息技术，使装备设施达到现代化水平，保持机场的高效运行，有效应对口岸运行中的各种情况。

现代航空口岸支撑区域经济发展，航空运输是现代区域经济发展的引擎。运输化是工业化的重要特征之一，也是指伴随工业化而发生的一种经济过程。交通运输成为现代经济高速增长所依赖的最主要的基础产业、基础结构和环境条件。随着经济全球化和高科技产业的快速发展，通过航空运输节约的时间价值在流通领域的竞争是其他运输方式无法比拟的，航空运输因而成为新兴产业发展资源配置的有效运输方式。现代航空口岸是区域经济发展的重要支撑。临空经济是依托航空口岸的一种经济发展模式,为区域经济发展注入新的强大动力,是区域经济发展的重要支撑。临空经济代表了现代经济发展趋势,引领区域经济产业升级和经济发展方式转变,是区域经济发展的一个增长极。据 Oxford Economic Forecasting 估计,航空增长对英国经济产出的影响达到每年 5.5 亿欧元,相当于 3% 的 GDP 的均势增长。因此,国际上许多国家和地区从战略高度将临空经济作为区域经济发展引擎加以发展。国际交往中心城市更是将现代航空口岸的建设提升到国家战略的高度,以航空口岸的发展带动城市国际化水平的提高,为本国外向型经济发展注入强劲动力。①

(四)便捷的交通网络

城市的可通达性决定了城市资源传递的速度和效率。便捷的交通是社会正常运行和发展的先决条件,对社会经济发展和人民生活水平提高起着非常重要的作用。城市总体经济发展水平对提高城市综合地位、储蓄发展后劲起到支柱作用。纽约市有 3 个现代航空港,200 条水运航线,14 条铁路线,1155 千米地下铁道以及稠密的公路网,航空、水运、地铁、公路形成了交错便捷的交通网络。巴黎构建了融合强大的空运能力、发达的公共交通和便捷的低碳交通的交通系统模式,区域内建有戴高乐机场、奥利机场和布尔热机场,是欧洲第二大航空客运地,同时有 16 条地铁线,3 条轻轨线,1450 多个自行车存取点,以及 2 万多辆自行车、1200 个小型电动车租还车点和 3000 辆供租车辆。

(五)城市标志系统

为了便于同外国人交往,国际交往中心城市一般都建有规范的标志系统,运用文字和图形来表示交通系统、旅游服务设施系统、提示警示系统和公共服务系统,特别是重要的景点、会展中心、饭店、餐馆、商场、医院、政府主要部门和服务机构等都有双语(通常为本国语和英语)门牌、交通导游图,街道、机场、车站等地也有双语说明和路牌、指示牌,使不懂当地语言的外国人也可借助标志系统很方便地出行。下面简要介绍一下国外城市标志系统的发展,见表 1-7。

---

① 曾小舟、胡荣、曾奇:《我国现代航空口岸发展现状与对策研究》,载《南京航天航空大学学报》(社会科学版) 2013 年第 4 期。

表 1-7　国际城市标志系统发展历史

国际城市标志系统的发展历程大事表		
时间	组织机构（个人）	事件
1895 年	意大利旅行俱乐部	设计了一批公共标志
1909 年	9 个欧洲国家的政府	一致通过了 4 个公路危险标志
1920 年	奥地利艺术设计家奥托·诺伊拉托	编著了具有 2000 种以上视觉图形的百科图集
1947 年	国际标准化组织	国家化标准机构（ISO）成立
1949 年	联合国机构	提出了通用标准的国际交通标志的提案
1964 年	日本美术设计家胜见胜	创作了以象征性图形符号为风格特征的国家标准公共标志
1974 年	美国交通部	制定了 34 种国际化统一标志
1988 年	韩国	制定了韩国国家编著公共标志

第一，规范。美国关于城市标志系统的规范、法律不仅多，而且详细，其中比较有代表性的有 ADA 标志系统、NPS 标准设施等规范，以及 MTA 公共汽车站标志。ADA（Americans with Disabilities Act）标志系统手册是 1990 年修改实施的，包括无障碍方面的标志系统的各种规范、条例，保证了城市环境标志系统的通用性。国家—公园标准 NPS 为公园标志系统的设置提供了可参考的依据，内容详细、规范。MTA 公共汽车站标志，是 1990 年纽约设计师和规划师一起制定的，该汽车站标志的设计极具艺术性，为纽约街道增加了许多亮点。除此之外，乘车导向线路信息的设置也相当规范，包括线路名称和线路号等标准信息。

第二，设计。美国加州圣巴巴拉市的区域性自行车路线标志，图像指示路线被设计为各种颜色，代表各种路线，与平面旅游路线图相互配合使用，为市民提供了良好的公共环境，也提升了城市的形象。伦敦地铁标志系统发展比较早，是欧洲标志发展史上的一个成功案例。设计大师亨利贝克为伦敦标志系统的设计注入了新的元素，如，鲜明的色彩、简单直观的图形、艺术化的文字和精心设计的版面。

第三，标准化。1926 年，欧洲部分国家为克服语言障碍，开始用图形来传递信息，使标志信息更容易被认识和理解。随着城市的发展，欧美各国对城市标志非常重视，并对其进行了深入的分析研究，不断制定出国际标准化的标志。1974年，美国交通部与美国平面设计协会合作，制定了34种国际化统一标志，在国际上产生了极大的影响力。这一系列标志中的一部分被国际道路标志所采用，沿用至今。

20世纪90年代以前，美国城市开始大量设置城市环境标志，已基本实现系统化、规范化。世界经济一体化发展，信息传播频繁，国际盛会的举办往往能够促进城市标志的发展，如奥运会、亚运会、世界杯、世界田径锦标赛、国际文化节、国家经济洽谈会、世界博览会等。日本设计协会与日本标志协会合作设计的125种标准化标志提案，是当前世界最完整的国家标准化标志，包括一般公共设施标志、交通设施标志、商业设施标志、文化体育设施标志、安全标志、禁止标志、提示标志等内容，各种环境标志出现在城市的街道、建筑、公园、以及体育运动会等场所。

综上所述，国外在城市标志系统的规范制定、设计、统一化标准方面取得了较好的成绩，国际交往中心城市在发展其外向型经济的同时也非常注重文化软环境的营造和维护，使得这些地区的国际交往更加充满活力。[①]

五、国际服务系统完善

（一）专门的服务机构

国际交往中心城市一般都有完善的专门接待服务系统，通常由政府服务系统和社会服务系统组成。

第一，政府服务系统。指专门从事涉外管理的部门。许多城市设立专门机构负责管理和推进国际交流工作，如东京都政府设有生活文化局国际部，负责协调和指导都政府各部门的国际交流事业，起着连接市民和都政府国际交流事业的纽带作用。其主要任务是：联系协调都政府各部门和区市村的国际交流工作，对申请移居外国的公民进行咨询并办理讲习和发放护照等具体事务，接待外国来访者，与各国城市建立协作关系，并管理涉外劳务工作。

有许多城市政府设立了外国人信息服务中心，能用若干国家语言提供天

---

① 张茹：《城市中心区步行环境标识系统规划与设计》，郑州大学2012年硕士学位论文。

气、医疗急救、旅游购物、住宿、出行、法律等问讯和咨询服务，及时帮助不懂当地语言的外国人解决困难。

第二，社会服务系统。一些城市建有相当完善的社会服务系统，可以为外国人提供工作、生活和交流等方面的中介和直接服务。如，东京建有专门面向外国人的医院、健身中心、学校、居住小区等。

（二）信息服务系统

现代化通信系统是国际交往城市的最基本条件，由卫星、光缆组成的国际通信系统已经十分普及。目前，许多城市正在大力兴建"信息高速公路"，计划用光缆将政府、企事业单位、学校、服务机构，甚至家庭连接起来，形成信息网络系统，将人们带入崭新的信息时代，这将对国际交往产生巨大影响。

（三）涉外饭店

涉外饭店的规模和档次是反映城市接待能力和水平的重要指标。许多发达国家拥有众多现代化饭店，已经形成由汽车旅馆、旅游饭店、中心酒店、度假别墅组成的结构合理的饭店接待系统。20世纪80年代以来，一些发展中国家也十分重视饭店建设，其硬件设施甚至超过发达国家水平。例如：亚洲城市中，日本东京的饭店无论从规模上，还是从设施与服务上，都达到世界一流水平；新加坡、韩国首尔的饭店建设速度也很快，饭店数量达到100家左右，拥有1万多间标准客房。我国北京是亚洲新崛起的饭店中心，涉外饭店总数超过300家，标准客房7万余间，星级饭店的硬件水平达到或超过国外同档次的标准。

（四）外语人才

随着我国改革开放的不断深入和融入全球经济一体化步伐的加快，国际交往、涉外商贸和旅游活动越来越频繁，对应用型外语人才的需求以惊人的速度增长。

拥有数量庞大的外语人才对国际交往中心城市来说是至关重要的，一般要求全市人口国际语言普及率达到或超过25%，城区达到或超过50%。发达国家由于高等教育十分普及，市民素质普遍比较高，加之使用英语的国家又非常多，在参与国际交流活动时非常方便。亚洲国家会外语的人较少，东京、首尔、曼谷等城市都采取了许多措施培养外语人才。各国外语人才的培养模式各异，表1-8对主要发达国家和地区外语人才培养的理念、模式及其内容进行简要列示。

表 1-8 主要发达国家和地区外语人才培养的理念、模式及其内容

国 别	人才培养理念名称	主 要 内 容
美 国	"全球战略"	将外语政策制定与国家安全战略和全球战略价值紧密联系起来
美 国	"C5" 模式	语言交流（Communication）、相关知识（Connection）、文化沟通（Culture）、社区活动（Community）、比较能力（Comparison）
欧 盟	"多语融合"	从国家融合高度审视多语种教学的重要性
德 国	"柏林模式"	将外语技能训练和对目的语国家的专题研究结合起来
韩 国	"融入国际化"外语政策	加大教育投入，培养具有多元语言文化和国际竞争力的人才
加拿大	浸入式双语教学模式	将学习者非母语的语言作为教学用语讲授其他学科，融学科学习与外语学习于一体的双语教学模式
澳大利亚	多元化外语教学模式	将外语与其他学科的知识有机结合、相互渗透，使学习者在语言学习过程中培养思维、文化意识和合作精神
英 国	"ESP" 外语人才培养模式	
日 本	"学科交叉"	
香港地区	无视的外语人才培养	培养在跨文化交流中的理性和批判眼光，使学习者在全球化和多元化的世界中成为精通语言的高级人才
台湾地区	多层次多维度外语教学	培养深具人文素养的高级外语及学术研究人才，训练学生独立思考的能力，并提供多种实用选修课程，提升其实践能力

资料来源：李志丹：《国际化视野下高校应用型外语人才培养研究》，载《学术月刊》2013 年第 3 期。

（五）相关法律和政策

在一些国际组织总部聚集的国家，大都有专门的国内法来明确国际组织具有的法律地位及权利义务。例如：瑞士的《东道国法》，作为一部典范之作，专门规定了瑞士作为东道国可提供的特权、豁免权和免除权。据此，瑞士联邦委员会在与任何符合条件的国际组织或机构签订总部协定时，必须履行《东道国法》中规定的优惠条件。这就对国际组织和其他机构前去设立总部和办事处起到了非常好的引导作用。另外，美国早在 1945 年也制定了《国际组织豁免法》

（International Organizations Immunities Act 1945），英国也于 1968 年制定了《国际组织法》（International Organizations Act 1968）等相关法令，明确了本国为成员国的国际组织在其国内法上具有的法律地位及享有的特权和豁免权。

东道国若在国内立法和政策层面对国际组织及其相关法律文件持包容态度，就更容易接受国际条约中规定的成员国义务，也能在与国际组织的双边协定中提供更宽松的条件，因而国际组织总是更倾向于去这类国家设立总部。

国际交往中心城市要求出入境手续方便。世界上许多国家实行有限免签和落地签证制度，如欧洲《申根协议》规定协议签署国实行相互免签，亚洲的新加坡、日本、韩国和我国香港地区有 7 日免签和落地签证的规定，我国内地仅上海市和深圳特区有入境 48 小时内免签规定，这对我国国际交往中心城市的发展产生了消极影响，应该根据现实需要尽快出台更加开放的签证政策，使得办理出入境手续更加方便，国际交流更加顺畅。

欧洲《申根协议》的主要内容：①在协定签署国之间不再对公民进行边境检查；②外国人一旦成功获得任何一个申根国家的签证，就可在"申根领土"内自由通行；③设立警察合作与司法互助的制度，建立申根电脑系统，建立有关各类非法活动分子情况的共用档案库。《申根协定》取消了内部边界，极大方便了人员、货物、资金和服务在欧盟内部的自由流动，因此受到欧盟大多数居民及世界其他地区游客的欢迎。随着《申根协定》的细化，成员国在教育、卫生、社会服务等多方面开展合作，使协定成员国公民在众多领域受益。

以上《申根协定》的例证说明开放的对外政策能够增强经济发展的活力，提升国际交往城市的知名度与美誉度，使各个成员国从中受益，这对我国打造知名国际交往城市具有借鉴意义。

六、城市形象魅力突出

（一）城市形象

城市形象是城市外在物质、内在精神文明和政治文明等方面的直观体现，是提升城市竞争力的一个重要因素，因此国际性交往中心特有的城市形象对其本身的发展具有促进作用。

城市形象的一个重要特征，就是把城市复杂的系统提升为一个印象标志，使城市更容易辨识，更具有吸引力。比如，威尼斯有"世界第一水城"之称，佛罗伦萨被称为"世界艺术之都",此外还有"世界浪漫之都"巴黎,无不彰显城市独特的魅力气息。纽约的繁华夜景、北京的浓厚历史、罗马的古典艺术,以及维也纳的音乐会等,都是城市的形象标志,对城市经济、文化、旅游的发展有积极的作用。

(二)文化底蕴

良好的文化底蕴是城市发展的坚实基础,离开城市的文化去发展,就如无源之水、无本之木。文化是一个城市的灵魂,是在历史发展中自身特征的凝结。

作为国际交往中心的城市,自身的文化底蕴是其全方位发展的核心凝聚力。当今世界上的历史文化古都和遗迹都成为旅游的热点,如北京的故宫、罗马的斗兽场、纽约的自由女神像、巴黎的卢浮宫、曼谷的金佛寺、埃及的金字塔等都是历史文化刻刀下的经典作品;里约热内卢的狂欢节、巴黎的时装周、戛纳的电影节、维也纳的音乐节、慕尼黑的啤酒节等都是城市文化的传承和延续,都是城市具备吸引力的重要方面。

(三)生态环境

生态环境是城市的物质基础,良好的生态环境不仅是城市可持续发展的重要保障,还是城市宜居性的体现。城市环境质量的高低与城市的基础实力、发展水平、竞争力都有密切的联系,城市环境质量决定了城市可持续发展指数的大小,制约着城市的可持续发展。

国际交往伴随着时间绵延不绝,国际交往中心的生态环境为其前期发展提供了重要的物质基础,而其发展的后劲以及持续发展的能力,取决于环境资源条件及其有效利用率。如,伦敦解决"雾都"之困、东京处理"垃圾危机"、北京治理雾霾等都是对城市生态环境的还原和保护。

第三节 新时期国际交往中心功能的含义及体现

功能,即所发挥的作用或技能。

国际交往中心功能,即指作为国际交往中心的城市,在全球性政治、经济、文化、科技和社会交流事务中所发挥的作用或能力。

当前，国际交往中心功能的含义及内容，主要体现在以下五个方面。

一、增进外交往来，提升城市政治影响力

在全球政治时代，城市通过自身的外向型行为参与国际事务，或是为了完成国家总体外交的一部分职能，或是为了实现城市的进步和发展。城市外交肩负着政治发展的职能，国家可以借助城市外交这种形式来推动国家的整体外交，以实现国家的外交目标。目前，城市已经开始大范围地参与全球性问题的讨论和解决。全球问题是指人类自身发展过程中所面临的世界性问题。这些问题规模超越了一国国界，涉及经济、政治、文化、军事等诸多领域，制约着人类的生存和发展。全球性问题主要包括核扩散、环境恶化、全球性饥饿和贫穷、公平发展、全球人权保护等，这些问题的解决需要国际社会的共同努力。通过广泛的外交往来，城市可以在很大程度上提升国际上的政治影响力。

国际交往功能得到良好发展的世界城市，在参与国际事务的广度和深度方面都有极大的扩展，更多地参与"高级政治"议题，积极参与全球治理。纽约、伦敦、东京等全球性都市不仅实际上建立起遍及世界各个角落的关系网络，而且掌控着全球城市经济和社会生活的游戏规则制定权，聚集了大量的国际组织、跨国公司、全球性媒体、非政府组织等机构的总部，其所构成的"全球公共领域"在几乎所有社会生活领域引领着时代潮流，对其他国家的经济、社会、文化乃至政治都产生了直接而深刻的影响。在涉及反恐和防扩散等国家安全、世界经济复苏、全球气候变化、控制大规模传染病以及规范移民等众多外交事务中，世界各国城市都日益强调推动国际合作和跨国协调，以提升城市竞争力和应对城市治理难题。

二、汇聚金融资源，带动区域经济发展

国际交往中心拥有的众多国际组织、跨国公司等国际商业机构，能够吸引大量的外资流入，使得城市的旅游业、餐饮业、娱乐业、交通物流业等第三产业得到迅速发展。国际商业机构如跨国公司是国际直接投资的主要承担者，带来营业额、利润、人才、信息高度集中的"溢出"效应和城市金融、信息、物流、饭店等相关产业的联动效应。因此，国际交往中心一般具有国家经济中心

功能，对地域经济产生较强的集聚效应和辐射作用，甚至对世界经济产生重要的控制力、影响力和协调力。

一般而言，国际交往中心往往同时具有世界商贸中心、金融中心、资本中心功能，第三产业发展尤为突出，其中金融、会计、保险、法律、咨询、商务服务、国际贸易等占据第三产业中的重要地位，并在经济总量中占有较大份额，发达的金融业是其发挥国际经济功能的重要条件。国际上公认的三大世界城市——伦敦、东京、纽约，同时也是国际三大金融中心，并成为高度发达的现代服务业的聚集地，对周围城市群的发展具有较强的引领和带动作用，能够形成以世界城市为核心的城市群均衡发展、资源有效配置、分工合理有序、区域共同繁荣发展的良好局面。扩大城市经济的辐射范围，加强城市间的协作，实现优势互补，享受经济集约化发展带来的益处，是作为交往中心的世界城市对周边城市群带来的积极影响。如东京—大阪—神户之间的东海道走廊是日本经济发展的重要地带。纽约—波士顿—华盛顿大都市带是美国最大的商业贸易中心和世界最大的国际金融中心。包括大伦敦地区、伯明翰、谢菲尔德、利物浦、曼彻斯特等大城市的英国英格兰地区也是具有雄厚全球控制能力的区域。

三、引领科技文化，加速创新能力驱动

国际交往中心科技的国际交流、科技资源的国际流通发达，往往成为全球科技体系的重要连接点。跨国公司一般会把该企业的管理、技术开发和市场营销等功能部门放在总部，因此，跨国公司总部的进驻就会带动资金、人才、技术、信息以及物资的流入。同时，风险投资是中小高科技企业发展的"金融发动机"，是有效解决企业融资问题的重要途径，国际交往中心对于金融资源的汇聚作用可以为高科技企业提供更广泛的风险投资。因此，国际交往中心具有科技资源优势，便于科技产业聚集和高端化发展。当代世界城市都是全球科技创新中心，源源不断的科技创新成果确保了世界城市旺盛的竞争力[①]。

国际交往中心职能的另一个层面，在于其对全球文化的汇聚能力。由于信息和人员的流动，来自世界各地的价值观念、生活方式、艺术形式等文化要素

[①] 张耘：《北京国际科技创新枢纽建设与世界城市战略研究》，载《开放导报》2011年第5期。

汇聚于国际交往中心，形成文化的多样性。国际交往中心能够吸引大量国际文化企业和创新人才，这些文化企业和创意群体是城市文化的主要生产者。同时，国际移民和国际游客为城市带来多元的文化要素，导致城市文化形式、价值观念的转变和融合，对塑造城市包容的文化氛围具有重要作用，并成为城市文化生产的又一源泉。

当前，国际都市发展的鲜明时代特征表现为文化艺术与现代科技的融合发展。科技促进城市文化和城市精神的发展与扩散。科技与文化结合，不仅能催生新的经济增长点，更能使城市精神形成并渗透到其他地区和国家，形成影响力和控制力。在建设世界城市的大背景下，城市科技与文化创新枢纽的核心都在于面向国际的流动性和开放性。国际交往中心所具有的对国际性科技和文化的汇聚作用，能够加速城市创新能力的提升，为城市发展提供强大的创新驱动力。

四、共享旅游资源，促进城市魅力提升

国际交往中心一般为国际一流旅游城市，能够提供令人愉悦的社会交往、种类繁多的商品和服务、丰富的公共服务设施，以及优美的城市整体风貌，产生了巨大的旅游吸引力。国际交往中心在全球政治、经济、文化上的地位使得世界城市成为政务、商务、文化、体育、宗教等活动的交流中心和集散中心，其中密集来往的人员顺便开展游览活动或者直接以旅游者的身份而存在。都市旅游业的发达程度与其在全球城市格局中的地位是成正比的。以伦敦为例，旅游产业已经发展成为仅次于金融服务业的第二大产业，旅游业年产值超过GDP的10%，旅游业就业人数占总就业量的15%以上。纽约、伦敦、东京、巴黎、洛杉矶、法兰克福、悉尼、多伦多、布鲁塞尔、日内瓦等城市不仅是国际交往中心，同时也是世界一流的旅游城市。

五、吸引国际人才，加强创新人才建设

国际交往中心具有较强的城市魅力，完善的通信网络、快捷的交通体系，以及一流的生活环境和基础设施，得以汇聚大量国际人才。舒适的生活环境是吸引人才、集聚人才的重要因素，也是区域聚集高端人才的必备条件。同时，文化的多元性和包容性，为创意群体提供了丰富的创作元素和宽松的创作环境。以文化环境为例，伦敦特有的思想和学术的自由、知识分子个性的张扬以及由此而形成的浓郁文化氛围是其成为全球文化中心的主要因素，也恰恰是这种文化氛围使伦敦具备了产生凝聚力和辐射力的强劲功能。国际交往中心具有良好的软环境，从法律上保证市民平等受教育、平等就业、自主流动、培训权利、劳动保障和公共福利，同时建立覆盖全面的社会保障体系，建设专业化、多元化、网络化和国际化的创业孵化体系、风险投资体系，完善的产权制度和人才信用机制，这均是有效吸引和管理国际高端人才的必要条件。

国际交往中心都经历过多元人口的迅速发展，外来移民数量的稳步上升时期。作为先进生产要素的人才本身的积聚，就是巨大创造力的积聚。这种创造力在推动城市发展的同时，改造了人们的思想观念、生活方式，促使社会结构发生巨大变革，以适应新工业化时代生产组织的要求。国际交往中心城市人口的国际流动也比较大，人口异质性非常高。国际性移民是新文化和新文明的传播使者，只有人口异质性提高，才能使城市真正成为世界文化交流中心和世界科技创新中心。世界公认的一些世界城市的外籍人士比例均较高，如，2013年，纽约外籍人士比例为36%，伦敦外籍人士比例为28%，巴黎外籍人士比例为23%。[①]

第四节 新时期国际交往中心发展趋势

一、城市全球性层级体系不断调整

全球城市体系已进行了调整，新的国际劳动分工形成了新的全球生产体系，世界各国之间的经济联系日益紧密，作为各国经济载体的城市逐渐超越传统的国家或地区城市体系，不断被纳入全球性的城市体系之中，每个城市，尤其是全国性和地区性的大中城市的生存与发展，不仅取决于它与本国或本地区的经济联系以及它在本国或本地区城市体系中的地位，更取决于它与世界经济的联系和在全球城市体系中的地位。

---

① 北京国际城市发展研究院世界城市研究课题组编：《世界城市如何聚集高端人才》，载《北京规划建设》2010 年第 4 期。

从地位与功能的角度来看，全球城市体系可以分为 4 个等级。第一个等级为全球城市（或称世界城市），它们处于全球城市体系的顶层，在经济、政治、文化等方面具有全球性的影响力。得到普遍认可的全球城市主要有伦敦、纽约、东京等。第二个等级为国际性城市，是指城市的国际化程度虽然很高，但还没有达到世界城市水平的城市。换言之，国际性城市是在人、财、物、信息和整体文化等方面进行的跨国交流活动不断增加，其辐射力和吸引力影响到国外的城市。比较公认的国际性城市主要有巴黎、法兰克福、柏林、罗马、苏黎世、洛杉矶、大阪、香港、新加坡、圣保罗、悉尼等。第三个等级为传统国家城市体系中的全国性或地区性中心城市。这些城市在经济全球化中分担某些世界经济功能，积极参与全球经济互动，是联系外部世界的窗口，其经济规模和人口增长都很迅速，比如我国的北京、上海等城市。第四个等级为世界各国的中小城市，它们通过第三个等级的城市而参与全球经济联系并被纳入全球城市体系。

二、经济发展格局改变国际交往态势

经济全球化，一般是指 20 世纪 80 年代以来世界经济的一体化。按照国际货币基金组织的定义，全球化是通过贸易、资金流动、技术创新、信息网络和文化交流，使各国经济在世界范围内高度融合，各国经济通过不断增长的各类商品和劳务的广泛输送，通过国际资金的流动，通过技术更快更广泛的传播，形成相互依赖的关系。经济全球化的过程实际上是经济活动的扩散过程，这种扩散包括发达国家之间、发达国家与发展中国家之间的经济扩张和渗透，既是全球经济新的分化重组过程，也是全球在更高层次上的整合过程。

三、发展中国家国际交往功能显著提升

2008 年爆发的全球金融危机深刻地改变着全球经济格局。危机过后，全球经济恢复的最显著特征是发达经济体与新兴经济体的"双速复苏"，发达经济增长乏力，新兴经济第一次成为全球经济增长的主导力量。过去的 20 年，世界目睹了新兴经济体在全球生产、贸易以及金融领域的成长，它们快速地与全球市场融合，为我们讲述了增长的故事，同时也引起了全球经济重心的转移。

根据世界银行的统计，新兴经济体和发展中国家在国际贸易总额中所占的

比重由 1995 年的 30% 跃升至 2010 年的 45% 左右；新兴经济体和发展中国家之间的国际直接投资占全球总投资额的三分之一；与此同时，新兴经济体所持有的财富和金融资产也大幅度增加，外汇储备占全球官方外汇储备的三分之二，它们的主权财富基金和其他形式的资产已经成为国际资本市场的重要参与者[①]，如图 1-4 所示。

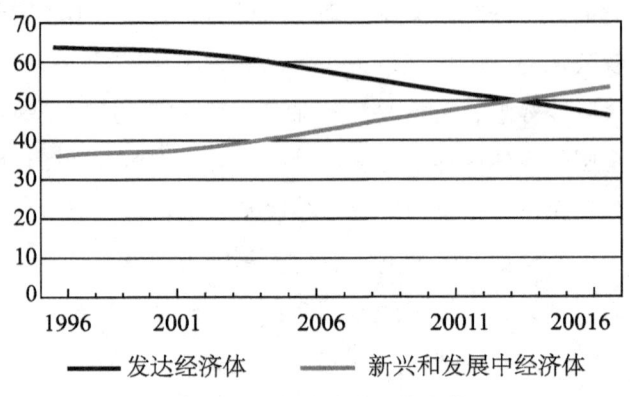

图 1-4　世界经济格局的变化

资料来源：朱民：《世界经济结构的深刻变化和新兴经济的挑战》，载《国际金融研究》2011 年第 10 期。

发展中国家综合实力的提升和经济地位的提高，使其在世界经济格局和秩序重塑进程中话语权逐渐加重，在国际交往中的地位不断提高，详见表 1-9。

表 1-9　发展中国家地位参与国际事务情况

新兴市场国家人士担任的重要国际机构职位			
职位	国籍	姓名	当选时间
世界贸易组织总干事	巴西	阿泽维多	2013 年
世界银行首席经济学家兼高级副行长	印度	考希克·巴苏	2012 年
国际货币基金组织副总裁	中国	朱民	2011 年
联合国粮农组织总干事	巴西	若泽·格拉齐亚诺·达席尔瓦	2011 年
世界卫生组织总干事	中国	陈冯富珍	2006 年（2012 年再度当选）

---

① 刘洪钟：《新兴经济体的崛起和世界经济格局的变革》，载《经济学家》2012 年第 1 期。

续表

部分国家在国际货币基金组织中的份额和投禁票权占比（%）							
金砖国家	中国	4.00	3.81	部分发达国家	美国	17.69	16.75
	俄罗斯	2.50	2.39		日本	6.56	6.23
	印度	2.44	2.34		德国	6.12	5.81
	巴西	1.79	1.72		英国	4.51	4.29
	南非	0.78	0.77		法国	4.51	4.29

资料来源：《人民日报》2013 年 5 月 21 日。

第五节　朝阳区国际交往中心功能发展态势

一、总体——崛起国际交流高峰

朝阳区是北京文化与商务、资源、人才最为集中的区域之一，国际化、市场化程度很高。现已形成现代服务业主导、高新技术产业支撑、文化创意产业集群发展的多元化产业格局。现代服务业重点发展会计、审计、咨询、法律，以及研发、设计、服务等高端生产性服务业，金融业以国际金融集聚区为功能特点；文化创意产业重点构建以传媒、会展、体育、旅游四大产业为核心，以信息服务、文化演艺、古玩艺术、时尚消费、设计咨询等相关产业为支撑的文化创意产业体系。

朝阳区时尚文化特色较强，拥有朝阳公园、798 艺术区、三里屯等国际时尚区域，通过时尚消费业对国际、国内文化要素产生聚集效应，引导北京文化创新。同时，朝阳区传媒资源丰富，传媒机构集群发展，拥有包括传媒巨头和新闻传播机构在内的各类传媒企业，传媒高端人才集中。

朝阳区国际高端要素集聚，特色鲜明，国际组织、世界 500 强企业、跨国公司总部、国际研发中心聚集程度较高，国际金融和国际商务中心优势较为明显。"十一五"期间，朝阳区被联合国开发计划署评选为"中国跨国公司最佳投资城区"。

二、会展——建设亚洲会展中心

朝阳区聚集了会展产业发展的诸多要素资源,其中包括国家会议中心、中国国际展览中心、全国农展馆、北京国际会议中心、北京会议中心等多个优秀会展场馆。会展主办方面,拥有北京励展光合展览有限公司、科隆展览(北京)有限公司、克劳斯会展(北京)有限公司等一批知名会展主办公司。相关服务领域更是聚集了北京笔克展览服务有限公司、信诺传播、蓝色光标、海天网联等大量会展服务和公关公司。目前,北京国际图书博览会、国际医疗仪器设备展览会、北京天然气汽车设备展览会等19个展会被列入北京市支持品牌展会名录,占全市的63.3%。2014上半年,朝阳区引进2014第六届中国(北京)国际清洁能源博览会、2014第七届中国国际物流博览会、2014中国国际云计算技术和应用展览会等25场国际高端会展活动。

朝阳区打造"亚洲会展第一区"。首先,在会议定位方面,朝阳区着重塑造会展的品牌性和专业性。有别于海淀区的科教、学术性会议,以及东城区、西城区的政务性会议,朝阳区应主打国际性和商务性会议,形成特色,错位发展。其次,根据朝阳区现有展馆的特点,举办高附加值的、突出朝阳区优势主导产业的中小规模展会,同时培育一批精品展会,如广告传媒展、体育文化展、时尚文化展、智能科技展。

着力引进国际知名品牌会展,筛选确定一批具有较高影响力的自主会展品牌,扶持长期办展计划,加大对外宣传推广力度和知识产权保护力度,由政府和行业协会共同协作,制作影视片、宣传册,设计会展品牌形象等。在展会发展过程中,准确定位主题、用好会展技术、实施差异化运作,提供专业化支持。持续引进会展组织与服务方面的专业机构及会展活动家,使会展技术日益成熟并加以广泛应用。

做好朝阳区会展业的整体营销,由区政府出面,整合各种传播媒介和手段,在全国乃至全世界有计划、有步骤地推广朝阳区会展业,使会展业成为朝阳区经济发展的一张名片。制订和实施长期的宣传推广计划,在国内外会展市场上推介朝阳区,吸引国际知名展会和会展企业落户朝阳。在整体营销过程中,政府应保证推广资金的持续投入和传播专家的智力支持,确保营销传播的系统性和持续性。

建立专项发展资金、给予专项补贴或税收减免优惠,吸引国际著名品牌展会及会展公司落户朝阳,学习和借鉴其先进的经营理念与管理模式,加快朝阳区会展业的国际化进程。展会举办期间,政府要出面协调各有关部门的工作,举全部力量保证展会的顺利举办。朝阳区应致力于构建一套市场化、专业化、国际化的会展服务保障体系,为参展商、与会者提供完备的会展服务。同时,政府应简化审批程序,为会展组织者提供一站式服务,建立"绿色通道",改变目前的多头审批、多头管理现象,协调海关、税务、商检、工商、公安、交通、城管等部门工作,提高办事效率和服务水平,为会展业发展提供良好的服务和运行保障。

三、金融——营造国际金融家园

截至 2014 年 10 月,朝阳区金融机构已达 1415 家,其中外资机构 294 家,占全市的 65% 以上。苏黎世保险(中国)有限公司、韩国企业银行北京分行、西班牙桑坦德银行北京分行等一批具有国际影响力的金融企业入驻朝阳。

在当前经济增速回落、资本市场行情动荡的情况下,朝阳区金融业始终保持稳健持续发展。2014 年 1—9 月,金融业实现税收 173.2 亿元,较上一年度同比增收 32.5 亿元,同比增长 23%;实现区级收入 40.6 亿元,较上一年度同比增收 6.8 亿元,同比增长 20%,高于全区增速近 9 个百分点,占全区收入的 12.8%,完成全年区级收入任务的 83%。上半年,金融业实现增加值 211 亿元,占全区 GDP 的 10.3%;较上一年度同比增长 17.1%,高于全区 GDP 增速 5 个百分点,对全区 GDP 增长的贡献率达 19.8%,增速与贡献率在全区各行业中均排第三位。

同时,国际货币基金组织和世界开发银行都在朝阳。北京 CBD 国际金融论坛、博鳌论坛、国际金融机构交往品牌论坛、国际金融博物馆等是金融交流的新平台。

朝阳区在确保金融业支柱 CBD 大力发展的同时,应根据驻外企业的国籍,发展相应国籍服务的高端酒店、中介信息机构等,保障金融业对全区经济的拉动作用,突出自己的特色服务,向全球金融人才和金融机构展开大的怀抱,努力营造"金融人的第二个家"的温馨氛围,吸引更多国外金融企业入驻,使 CBD 更具发展潜力。

四、商务——共建世界商务联盟

区域商务氛围浓厚。2013年,第三产业增加值占全区GDP比重达到89.9%,基本形成了现代服务业主导、高新技术产业支撑、文化创意产业集群发展的多元化产业格局。以商务服务、信息服务、科技服务为代表的现代服务业持续快速发展,区域内聚集了世界十大律师事务所中的八家、世界四大高端地产服务公司中的三家、世界二十强咨询公司中的十五家、世界十大会计师事务所中的四家,成为北京市商务氛围最浓厚的区域。

北京CBD国际商务节是北京市政府的重点国际活动之一,每年举办一次,迄今已经举办十二届。CBD国际商务节通过展览、论坛、投资洽谈和文化交流等多样化的系列活动,为国内外地区、政府、企业间的交流合作搭建了合作平台,也逐步树立了"名节效应"。

2010年北京CBD国际商务节上,北京CBD当选为世界商务区联盟新一届轮值主席,成为继法国巴黎之后,世界CBD联盟的第二届轮值主席城市,跻身全球CBD发展阵列。2013年,北京CBD成功连任中国商务区联盟主席单位,任期三年。世界商务区联盟成员增至21家。

五、文化——经典现代兼容并包

朝阳区2014年基层文化辅导中心提供文化配送服务605场(次),持续广泛开展"社区一家亲""书香朝阳·全民阅读活动""北京民俗文化节""潮流音乐节""万人交谊舞展演"等文化活动,形成77项特色文化活动。2014年开展各类文化活动4000余场,"2014打工春晚"得到中央、市区级领导及社会各界广泛关注,从各方面满足了群众文化需求。

在传统文化的保护方面,朝阳区从国有可移动文物试点工作中获取经验,加大文物修缮和保护力度,完成东岳庙琉璃牌楼、海阳义园西院正房修缮,完成普门寺、上辛堡文昌宫、上辛堡观音寺等设计招标工作,出版《小红门地秧歌》《张三功夫》两本书,等等。

在国际文化交流方面,朝阳区把奥林匹克中心区打造成以中国文化为主体的国际文化交流区,并支持798艺术区、潘家园古玩市场等文化园的主体交流活动,力求建好国际商务节、国际旅游文化节、潮流音乐节、东岳论坛等国际文化交流平台。相继接待了美国纽约市布鲁克林区区长埃里克·亚当斯一行九人、韩国青少年学生代表团 90 人、香港大学中文学院"民俗学与现代中国文化"研修班师生等到北京民俗博物馆体验中国传统文化；2014 年 1 月 29 至 2 月 7 日，在英国爱丁堡大学展出漂亮的兵马俑灯笼；4 月 22 日，在北京民俗博物馆，海峡两岸联合举办北京第一届两岸妈祖巡安庆典。

奥林匹克公园举办各类活动 800 余项，其中国际性活动近 200 项，包括京交会、龙马巡游、国际泳联世界跳水系列赛、演唱会等大型活动以及"鸟巢吸引"等驻场演出。2014APEC 峰会在国家会议中心和国家游泳中心顺利召开，亚太地区 21 个国家的领导人参加了本次会议，向全球展现了悠久的历史文化和现代文化的完美融合。

坚持引进时尚与引领时尚并举，鼓励具有特色的现代文化集聚区发展，进一步提升朝阳公园、798 艺术区、三里屯等国际时尚区域的知名度，扩大时尚消费业对国际、国内文化要素的聚集效应，促进时尚文化产业发展，提高区域引导文化创新和时尚的能力。积极举办大学生戏剧节、大学生动漫节、大学生电视节等时尚活动，打造青春、时尚与充满活力的区域形象。

朝阳应找出自身文化资源的特色，在文化交流中凸显自身的优势和蓬勃的发展趋势，吸引更多文化合作交流，实现传统文化和时尚文化并举。如开展"传统的时尚日"的讨论、交流或展示，鼓励人们在深刻了解传统文化的基础上，从传统中找到时尚文化的影子，或者从时尚文化中找到传统文化的根基，在坚持多元文化共同发展的同时，坚守民族文化的本体地位。维系与世界文化发展趋势的呼应，保持"民族文化的开放性"，并在对话、借鉴中激发新的活力。

六、教育——参加全球教育项目

积极开展与国外友好城市间的教育交流合作。鼓励建立示范性中外合作办学机构，探索中外合作办学新途径，完善中外合作办学新机制。推动一批重点学校与境外友好校建立实质性的长期合作关系，促进国际合作向纵深发展。积极引进国外名校来朝阳区投资办学。探索多种形式的教育对外交流平台，建设一批教育外事窗口学校。

朝阳区有 17 所国际学校，并提出了"十百千工程"，即培养 10 名国际化的领军人才，100 名国际化的校长，1000 名国际化的教师。2010 年，朝阳区加入了"全球化教育领导者"项目。2010年10月，由朝阳区教委主办的"全球教育领导者"项目北京会议暨"教育国际化与领导力建设"国际论坛顺利举行，来自美国、英国、加拿大、澳大利亚、新西兰、韩国等国家的60多名教育行政部门官员及教育专家齐聚朝阳区，共同分享21世纪教育变革的目标、挑战和策略。2013年4月，分别在朝阳外国语学校和芳草地国际学校举办了"澳中之桥"项目课题系列研讨会，澳大利亚驻华大使馆教育参赞陶婕菲女士出席研讨会，该项目是发展区域教育，提升教师教学水平的良好平台。朝阳区约有10所学校与澳大利亚的学校定期举办类似的交流活动。近年来，朝阳区教育国际化程度日益加强。

七、人才——汇集世界高端精英

近年来，朝阳区牢固树立"人才优先发展，人才引领发展"理念，大力实施人才区域化、国际化、集群化战略，积极构建"国际人才宜聚区"和"创新人才宜聚区"，区域人才工作水平不断提升。人才结构持续改善，重点产业和行业的高层次人才加速聚集，教育、卫生、文化等领域高层次人才逐年增多，人才贡献率逐步提升，为区域发展提供了强有力的人才保障和智力支撑。

第一，培养高端人才，引领发展。注重发挥好高端人才的引领带动作用，把握国际化特征，从国际高端人才入手，制定并实施吸引海外高层次人才的"凤凰计划"。截至目前，共认定海外高层次人才94名，其中10人入选国家"个人计划"，15人入选北京市"海聚工程"；认定团队5个，资助区内重点企业70余家，引进硕士研究生1414名、博士研究生113名，聚集了一批掌握先进科学技术、熟悉国际市场运作的科技创新人才和产业领军人才。

第二，培育产业人才，促进发展。大力推进产业人才集群化发展，依托功能区、产业园区等重点区域，大力实施"项目＋人才"、产学研联合的科技人才培养模式。加快在重点领域、重点区域、重点产业形成人才集群化发展态势，初步形成了以电子城园区、CBD商务区、定福庄传媒文化走廊为聚集区域，高新技术、金融、现代服务、文化创意四大重点产业人才集群化发展模式，促进了产业人才集聚。2013年，全区金融人才达到7.33万人，较上一年度同比增长了10%；规模以上文化创意企业从业人员达到20余万人；专利申请达到2万多件，较上一年度同比增长28.4%。

第三,加强社会领域人才建设,保障发展。根据区域内教育、卫生和文化工作的实际情况,采取大力引进、专项培养等方式,加强社会领域人才队伍建设。针对提升区域教育质量和水平的迫切需要,坚持开展引进培养名校长、名教师的"双名工程",面向全国公开招聘名校长、特级教师,目前特级教师达到120人,实现了以优秀教育人才提升区域教育品质。

八、居民——集聚不同国籍活力

根据朝阳区第六次全国人口普查数据显示,居住在朝阳区的我国港澳台人口和外籍人口(指居住三个月以上或能够确定将居住三个月以上的,不包括出差、旅游等短期停留人员)达到6万人,占全市登记港澳台地区人口和外籍人口的55.6%。

居住在朝阳区的我国港澳台人口和外籍人口中,香港特别行政区居民4108人,澳门特别行政区居民143人,台湾地区居民4029人;外籍人员涉及184个国家和地区,达到51508人,占全国登记外籍人口的近十分之一。从人口普查数据这一侧面,彰显了朝阳区在北京市乃至全国的国际化地位。

朝阳区要根据常住外籍人口国籍的多少,国际高端人才的聚集区位,制定相应国籍和地区的鼓励和吸引政策,形成源源不断的国际化动力,提高朝阳区国际化程度。

九、环境——形成绿色生态景观

朝阳区在"十二五"期间加强城市中心区集中绿地建设,改善居住区、停车场等绿化环境,在有条件的地区推广屋顶绿化。加强河湖水系建设,不断推进区域内生态湿地、滞洪区建设,推进清河奥运景观水系、温榆河生态走廊水系、坝河绿色空间水系、通惠河运河文化水系、萧太后河历史文化水系五大水系建设,实现集城市防汛安全、景观功能与生态建设于一体的区域水生态体系。

加强城市风貌设计,建设一批标志性的区域景观。加强对文物古迹、工业遗址、奥运遗址和传统民居的保护利用。完成主要大街和重点区域户外广告设置规划及实施工作,规范户外广告、牌匾标志管理,实现户外广告设置符合城市规划并与城市景观相协调。加强地下管线和架空线管理,推进架空线入地工作。提升城市照明环境,科学规划道路照明、广场照明、建筑物照明、园林绿地照明及景点景区照明等，提升照明节能水平，推进节能城市亮化工程建设。进一步完善和改善城市生态环境。

朝阳区借鉴城市生态环境管理经验，融合自身发展和历史特点，规划了下一步生态环境与保护的活动。如，借鉴下世纪西雅图绿色基础设施远景规划，定位朝阳区为绿色金融区，成立规划和实施小组，根据目前的生态环境制订不同的评分标准，让全民参与生态环境的建设与保护，并根据实施效果给予一定的鼓励和优惠，在减轻政府负担的同时促进区域生态景观更具吸引力。

建设国际一流和谐宜居之都是首都发展的根本方向，目的是实现生态良好、生活宜居、社会和谐有序。2014年，朝阳区在围绕APEC会议环境保障任务的同时，重点加强大气、水务、绿化等生态文明建设，并通过水环境治理、绿化美化、基础设施维护等措施，全面提升城市综合品质。

（一）"一区九线四周边"提升区域整体景观

朝阳区环境整治工作重点为"一区、九线、四周边"，主要开展环境整治、绿化美化、基础设施维护等工作。

"一区"。奥林匹克核心区，西起北辰西路，东至北辰东路；南起北四环，北至北五环。完成围栏更新粉刷、设备设施与标志标牌和景观照明维修、安保设施完善、绿化景观提升等12项工作。辐射区为京藏高速—北五环—北辰西路—北四环—北辰东路—安立路—土城路围合区域，面积11.8平方千米，主要完成建筑物外立面粉饰、基础设施维护、广告牌匾整治、景观建设等工作。

"九线"。长安街及其延长线、二环路、三环路、四环路、五环路、京承高速公路、京密路、京藏高速公路、机场高速路（含机场高速公路、机场南线）9条道路沿线。落实道路沿线24栋楼的老旧小区综合改造，道路两侧210栋建筑物200多万平方米外立面粉饰和沿线渣土清运、围栏粉饰、绿化美化、牌匾整治、公共服务设施维护改造等环境整治工作。

"四周边"。在确定的驻地、宾馆、进京第一印象区域、旅游区等地，完成堆物堆料清理、广告牌匾规范、破损路面维护、环境秩序整治等工作。

截至目前，朝阳区建筑外立面粉饰240万平方米，综合改造老旧小区24栋楼，围栏粉饰5.1万平方米，道路硬化铺装6.7万平方米，规范整治牌匾标志和户外广告近2000块，更新废物箱550余个，清理三环路沿线早餐车49个，清洗信筒286个；并实施绿化景观建设约60万平方米，完成道路沿线32.6万平方米绿化改造提升，实施增密加厚的平原造林工程104.56万平方米。

同时，朝阳区自2014年8月初启动了APEC会议环境整治百日行动，通过实施环境秩序整治、环境景观提升等"十大行动"，实现重点区域卫生脏乱死角和环境违法行为基本消除，一般区域市容秩序明显好转，城乡接合部环境明显改善，全区整体环境建设水平明显提高。

（二）六公主坟棚户区"变身"休闲公园

六公主坟棚户区改造和环境整治项目位于北四环望和桥与京承高速公路交汇处，占地面积46.7公顷，原为历史遗留3个大市场，安全隐患突出。

2014年启动的该区域棚户区改造、环境整治等工作已全部完成，回迁安置房建设、绿化美化工作正在进行。该区域在改造后将变身为绿地公园，被命名为望和公园，2014年10月正式面向市民开放。

望和公园将与周边的太阳河公园、北小河公园等一系列公园衔接起来，形成"望京绿道公园环"，将是京承高速公路沿线一条生态风景线，公园建设有篮球场、健身步道、环湖健康跑道等，为市民提供体育文化休闲场所。

（三）坝河千亩湖工程年蓄雨洪20万吨

坝河千亩湖雨洪利用工程，位于酒仙桥电子城与东坝边缘集团之间，五环路绿化带内，是北京东部地区一个蓄滞雨洪的重要湿地。

坝河千亩湖雨洪利用工程通过坝河、亮马河两条河道在东坝地区形成的汇流区，新建了蓄滞洪湿地95600平方米，削减坝河、亮马河洪峰，缓解下游排水压力，实现了蓄洪与水资源利用，并通过人工湿地深度净化酒仙桥污水处理厂退水，提高了坝河水质。

水下种植了由"停水植物—浮叶植物—沉水植物"组成的水生态修复体系，对酒仙桥污水处理厂退回的中水深度净化后再排入坝河。每年可净化退水550万立方米，提高了坝河水体水质，全面改善了这一地带的生态环境。

如今，坝河千亩湖清澈见底的湖水被芦苇丛包围着，堤坝碧草如茵，一条色彩纷呈、水美景秀，蜿蜒流淌于朝阳区中部的风景玉带呈现眼前。该区域已经成了周边市民的休闲场所。

十、交通——建成立体高效枢纽

朝阳区管辖下的北京首都国际机场建成于1958年，运营50多年来，年旅客吞吐量从 1978 年的 103 万人次增长到 2013 年的 8371 万人次，目前排全球第 2 位。2012 年，首都机场对北京市的总体经济贡献达到 1351.11 亿元，占北京市 GDP 总额的 7.56%；为北京市总共带来 69.52 万个就业岗位，占北京市总体就业人数的 6.73%。作为欧洲、亚洲及北美洲的核心节点，北京首都国际机场有着得天独厚的地理位置、方便快捷的中转流程、紧密高效的协同效应，使其成为连接亚、欧、美三大航空市场最为便捷的航空枢纽。

朝阳区在首都机场的管理中，应加大和顺义区政府的沟通和协调，在机场主要的国际航站楼以及候机厅设置一些体现"速达朝阳"的展牌标语，在机场品牌和服务效应中突出重点，一语双关，既指朝阳区交通便利，体现朝阳区的通达性，又比喻蓬勃发展如朝阳，体现发展的具体潜力。

北京首都国际机场承担着最主要的空运任务，经过多次大规模的改扩建，目前拥有 3 个航站楼、3 条跑道，日航班超过 1400 次，与世界 223 个机场紧密连接，空运承载能力逐步增强，国际航线网络日益完善。2010 年年末，全市城市快速路达到 263 千米，干线公路里程达到 3462 千米。2011 年年末，全市公路里程达到 21319 千米，全市公共电汽车运营线路为 740 条，全市轨道交通运营线路为 15 条。①

综合考虑朝阳区第六次全国人口普查关于年龄、受教育程度、收入来源、职业、居住地所在街道办事处五方面的人口数据，结合相关区域社会经济发展水平及发展潜力等资料，计算得到朝阳区的日均交通量为 960.12 万人次，为合理估计区内路网密度及轨道建设的达标程度提供了参考；特别计算了朝阳区早晚高峰时段的交通发生量（包含向周边各区域），分析了朝阳区早晚高峰持续时间长的原因；建立了交通生成模型及分布预测模型，通过对模型数值结果的分析，得出以下结论：朝阳区为北京市核心城区，地处要害，人口分布复杂。人口构成多元化以及城区功能全面化是影响朝阳区交通分布的最主要因素。巨大的区域内部交通需求使得对区内的路网密度、轨道交通线路建设提出了更高要求。

从区内人口聚居分布来看，朝阳区的对内交通是该区域交通压力的最主要来源，朝阳区西北部、西南部的拥堵主要由本地居民出行引起。朝阳区东临顺

---

① 崔萍、任盼盼：《世界城市交通状况比较及对北京的启示》，载《2012 城市国际化论坛——世界城市：规律、趋势与战略选择论文集》2012 年。

义区，西邻东城区、西城区，北临海淀区、昌平区，南邻丰台区、大兴区，这些区域都是北京经济、文化发展的重要地区。

朝阳区特殊的地理位置使得它成为北京过境交通的主要承载区之一，多条高速公路及快速路从中穿过。朝阳区汇集了北京各区之间和北京通往我国东北地区、华东地区的主要交通流量，机场高速公路、八通铁路线、京通快速路、京沈高速公路、京津唐高速公路和京承高速公路等都经过朝阳区。

十一、管理——推进国际社区建设

围绕世界城市试验区建设，根据区域特点和发展需求，坚持试点先行，"环境＋服务"双轨推进，在外籍人士工作或生活较多的地区，建设环境优美、治安良好、生活便利、中外居民和睦共处的国际化社区。

第一，完善社区硬件设施。按照国际通行标准，以满足中外居民共同需要为原则，建设完善社区硬件设施。规范社区和公共服务场所的双语牌匾标志，完善文体活动等社区公共服务设施。依托社区服务中心、社区服务站等平台，建立外籍人士服务中心（站），完善社区对外服务功能。

第二，打造国际化社区服务体系。以建立具有国际水准的公共服务体系为目标，围绕生活、就业、消费、娱乐等方面，实现服务内容的多样化和服务水平的国际化。在外籍人士集中的区域，建立外籍人士服务管理协管员队伍和国际化的社区社会组织，以特色文化交流活动为手段，促进中外居民的融合，提升区域的国际化服务管理水平。

第三，深化国际安全社区建设。总结和推广国际安全社区建设经验，倡导"安全、健康、文化"的社区理念，以"人人都平等地享有健康及安全的权利"为出发点，以实现安全生产、公共安全、校园安全、社区群众安全为主要目标，积极开展国际安全社区创建工作，提高居民在安全及健康方面的生活质量。

第四，建设优美人居环境。加强城市规划和管理，以开展垃圾减量、分类工作为契机，推进节能减排与资源再利用体系建设，建设绿色社区；以生态环境协调与融合为导向，绿化城市环境，美化城市空间；以人文环境建设为重点，注重公共环境与秩序以及文化生活方面的感受，加强公民教育，培养公共意识，规范公共行为。

第二章 全球典型城区提升国际交往功能经验借鉴

提升北京市的国际交往中心功能，离不开对伦敦、巴黎等国际性都市的国际交往中心功能的比较和借鉴分析。现代化国际都市是协调、营运和指挥全球经济活动的中枢，具有极大的集聚和扩散国际经济能量的功能，是世界经济一体化、全球化的产物。其发展历程自西向东，从太平洋西岸的农业大国中国，向地中海的欧洲长子意大利，继而又向大西洋的基督国家西班牙、葡萄牙，随后再向"海上马车夫"荷兰、以"世界工厂"闻名于世的英国、具有"机会之乡"之称的美国发展，目前又重返太平洋并动态定位于美国、俄罗斯、日本、新加坡、韩国，以及我国香港和台湾地区等组成的环太平洋经济圈内，从而在我们居住的这个星球上划出一道世界经济中心的温带传递轨迹。

接下来，我们对国际中心城市的崛起与世界经济中心的转移进行时序梳理，见表2-1。

表 2-1 国际中心城市的崛起与世界经济中心转移时序表

长波周期	国际区域	时期	主要创新	先导产业部门	世界经济中心	国际中心城市
I	太平洋西岸	公元前后若干世纪	劳动力、铁器、水利	农业	中国	历代国都
II	地中海	15—16世纪	观念意识生产关系	贸易	意大利	威尼斯
II	大西洋	16世纪中叶	新航路新大陆体制统一	贸易	葡萄牙西班牙	里斯本安特卫普
II	大西洋	17世纪	农业革命、尼德兰革命	贸易	荷兰	阿姆斯特丹

续　表

长波周期	国际区域	时　期	主要创新	先导产业部门	世界经济中心	国际中心城市
Ⅲ	大西洋	18世纪中叶至19世纪初	蒸汽机技术	棉纺织业	英国	伦敦
	大西洋太平洋	19世纪中叶至20世纪初	电燃机技术电力技术	铁路电力	英国、美国	伦敦、纽约
	太平洋大西洋	20世纪初至20世纪70年代	原子能、电子计算机、空间技术	电子、航空航天	美国、英国、日本	纽约、伦敦、东京
Ⅳ	太平洋大西洋	20世纪70年代以后	微电子技术、生物工程技术、新材料技术、新能源技术、空间技术	新产业群	美国、西欧、日本、中国港台地区	纽约、芝加哥、伦敦、东京、大阪、新加坡、香港、台北、首尔

本章拟从世界地图自西向东的方向，遴选伦敦、巴黎、布鲁塞尔、阿姆斯特丹、新德里、东京、新加坡、墨西哥城、纽约等国际性都市的国际交往中心功能，分类梳理、系统总结，作为朝阳区提升国际交往中心功能的全球借鉴。

第一节　主要国际化大都市典型城区发展情况

伦敦、巴黎、纽约、东京等国际化大都市的形成过程中，虽然各具特点，但伦敦金融城、巴黎拉德芳斯、纽约曼哈顿等城区的发展对于本市的国际交往均起到了巨大的提升促进作用。

本节在阐述城市发展历程的基础上，总结借鉴主要国际化大都市典型城区的国际交往情况。

一、伦敦金融城国际交往历程

（一）发展背景

从18世纪中期开始，世界经济中心随着以蒸汽技术为主要标志的第一次科技革命以及由此导致的产业革命而转移到英国，正是这次革命改变了经济中心的内涵，人类从此进入了工业社会。英国的科技革命和工业革命首先从棉织工业的技术进步开始，并形成了以社会分工深化、商品经济发达、工业经济结构形成和发展为特征的，具有强大聚集和辐射功能的城市"发展极"，从而骤然崛起，成为国际贸易、金融、保险、航运的世界工业经济中心。在此过程中，英国首都伦敦在经济、文化等方面发展迅速，国际交往功能得到巩固和提升，逐渐发展为世界知名的国际化大都市。①

（二）城市基本概况

伦敦（London）是大不列颠及北爱尔兰联合王国的首都及欧洲第一大城和最大经济金融中心，也是英国政治中心，英国王室、政府、议会及各政党总部的所在地，国际海事组织、国际合作社联盟、国际笔会、国际妇女同盟、社会党国际、大赦国际等国际总部所在地。两千多年前，罗马人建立了这座都市。城市的核心地区伦敦市，仍保持着自中世纪起就划分的界限。然而，最晚自 19 世纪起，"伦敦"这个名称同时也代表围绕着伦敦市开发的周边地区，这些卫星城市构成了伦敦的都会区和大伦敦。

伦敦是四大世界级城市之一，与美国纽约、日本东京、法国巴黎并列。从 1801 年到 20 世纪初，作为世界性帝国——大英帝国的首都，伦敦因在政治、经济、人文文化、科技发明等领域的卓越成就，而成为当时全世界最大的都市。伦敦是欧洲最大的经济中心。金融业是伦敦最重要的经济支柱。伦敦是一个非常多元化的大都市，其居民来自世界各地，具有多元的种族、宗教和文化；城市中使用的语言超过 300 种。同时，伦敦还是世界闻名的旅游胜地，拥有数量众多的名胜景点与博物馆等。

在对外交流方面，大伦敦与以下城市结成姐妹城市（Twin cities）：纽约、柏林、莫斯科、巴黎；与以下城市结成友好城市：北京、德里、孟买、伊斯坦布尔、德黑兰、东京、波哥大、阿尔及尔、布加勒斯特、洛杉矶、索菲亚、布宜诺斯艾利斯。

（三）国际交往功能发展历程

首先是中世纪以前的伦敦古城。公元 1 世纪，罗马人开始在泰晤士河北岸大规模建设聚居区，把聚居区定名为伦迪涅姆城（Londinium）。5 世纪以后，

---

① 《全球现代化国际都市的发展历程与功能分类》，载城市联合信息网。

盎格鲁－撒克逊人替代了罗马人，成为伦迪涅姆城的主人，这时期的古城基本占据着泰晤士河的北岸，总面积有2.9平方千米。10世纪以后的诺曼王朝，在伦敦古城中大兴土木，建造了一些堪称大手笔的建筑。例如：在泰晤士河边建造的伦敦塔、西郊的西敏寺神堂（西敏寺大教堂的前身），以及全部采用石材建造的伦敦桥。整个中世纪时期，伦敦的人口增加较快，1300年人口达到8万，但是城市规模基本未变，只是开发了泰晤士河南岸的局部土地，如图2-1所示。

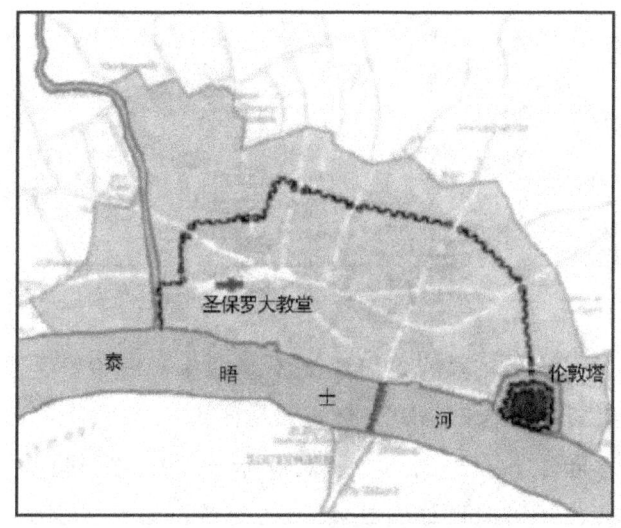

图 2-1　14 世纪初的伦敦古城

其次是成为欧洲商业中心的伦敦城。16世纪早期的宗教改革运动促使伦敦城的城市发展出现了一次的跳跃。当时，英国北部英格兰地区的新教徒常常往来于伦敦城，这些人为伦敦城带来了新知识和新思想。加上国王亨利八世对宗教严厉的限制甚至打压政策，迫使宗教势力迁移到伦敦城以外。由于这次历史机缘，伦敦城的商业贸易得到了快速发展，出现了一些野心勃勃的商业公司，如莫斯科威公司（Muscovy Co.）、东印度公司（British East India Co.），这时期的伦敦城已经成为欧洲的商业中心。当时，伦敦城的商业贸易很是繁荣。圣保罗老教堂成了商业贸易的中心，商人们在教堂廊道里谈生意，在圣水盆上面交割金钱；律师们倚靠在教堂柱子旁与客户谈论案情；进城的农民在教堂里面盲目地找寻雇主；大教堂里人头攒动，喧闹异常，一派忙乱景象。实际上，17世纪初叶，伦敦城的人口已经达到20万。伦敦城已经承受不了这种人口压力，开始自由地向外围扩张。官僚贵族们先是沿着泰晤士河北岸向西敏斯特（Westminster）地区扩张，后来这种扩张变得肆无忌惮，开始在米德尔塞克斯（Mid－dlesex）、埃塞克斯（Essex）等地区置办产业，建造别墅。同时，泰晤士河南岸地区的土地也作为庄园被开发出来。这一时期，伦敦的范围比伦敦古城要大3倍以上，如图2-2所示。

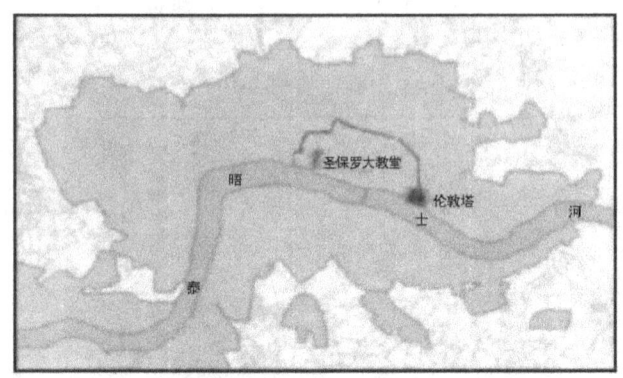

图2-2　1745年的伦敦古城和城郊范围

18世纪初叶，伦敦的城市发展速度不断加快，银行、交易所、律师行、保险公司、商船公司、仓储码头等金融贸易机构不断涌现，资本主义商业运营的架构体系不断成熟。根据历史资料显示，这时期的伦敦城掌控着英国80%的出口贸易、69%的进口贸易和86%的转口贸易。强大的英国商船队几乎航行到了世界的各个角落，来自亚洲和美洲的丝绸、瓷器、茶叶、香料、烟草、可可和蔗糖成为伦敦城内市场上奢侈的舶来品。伦敦城在商业贸易和城市经济方面的作用已经逐渐取代了阿姆斯特丹，成为世界主要的金融和商业中心。

最后是成长为世界城市的伦敦。19世纪以来，伦敦的城市发展出现了三个转折性特征：第一，城市中居住区域的阶层分化，伦敦城外的东部地区形成了大片的工人居住区，伦敦东区成为贫穷落后的代名词；相反，在伦敦城西部开发出来的梅菲尔上流社区，形成了富裕舒适的伦敦西区。第二，科学技术的发展催生出伦敦现代城市的功能街区。例如：电报电话和印刷技术的进步使得伦敦城舰队街发展为新闻报社的专业街区。第三，伦敦大规模地进行城市基础设施的建设，城市交通开始摒弃中世纪以来以马车为主体的城市交通理念，现代城市设施开始有计划地在城市中大规模地建设起来，如图2-3所示。

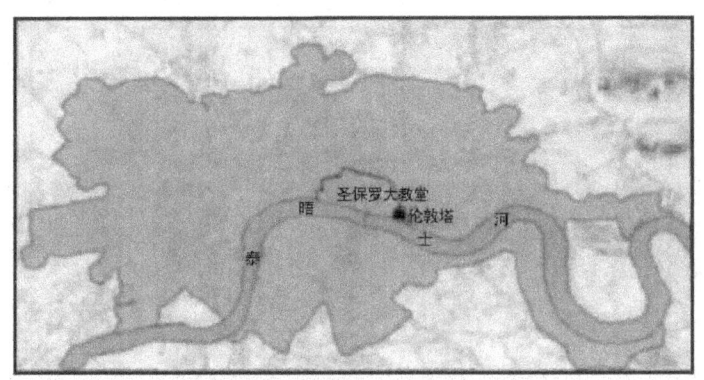

图 2-3　1844 年的伦敦古城和城郊范围

伦敦城市建设的成就极大地鼓舞了英国人。1851 年，在伦敦举行了世界博览会，用生铁和玻璃建成的水晶宫（the Crystal Palace）成为名噪一时的建筑杰作。这次博览会吸引了全世界的游客，伦敦把大英帝国的威风抖擞得淋漓尽致。世界博览会以后，伦敦政府充分认识到城市建设与管理的重要性。为了提高城市建设与管理的效率，1888 年，伦敦正式划定出伦敦市（County of London）的行政区域范围，总面积达 303 平方千米。实际上，20 世纪以后伦敦的卫星城就是在伦敦市的镇区基础上发展起来的。从 19 世纪中叶到 20 世纪中叶，伦敦是世界上规模最大、活力最强的城市，人口从 200 多万陡增至 800 多万，号称世界的政治、金融和贸易之都，进入了世界城市的时代。1965 年，伦敦市郊区用地扩张并逐渐超出了伦敦市的行政辖域，为了重新整合伦敦的城市功能，更好地提振城市的效益，开始规划大伦敦（Greater London）区。大伦敦区包括原来的伦敦市以及 32 个镇区，规模达到 1572 平方千米；同时建立大伦敦区的行政管理机构——大伦敦区委员会（Greater London Council）。2000 年，布莱尔（Tony Blair）政府将大伦敦区委员会更名为大伦敦区行政管理局（Grater London Authority），成为具有更为独立的行政权力的机构，如图 2-4 所示。①

伦敦金融城是伦敦市国际交往程度最为深入的城区（The Square Mile）。该地集聚了 500 多家外国银行、180 多个外国证券交易中心，每日外汇交易量

---

① 刘临安、刘致韵：《伦敦：成为世界城市的概要史论》，载《北京建筑工程学院学报》2011 年第 1 期。

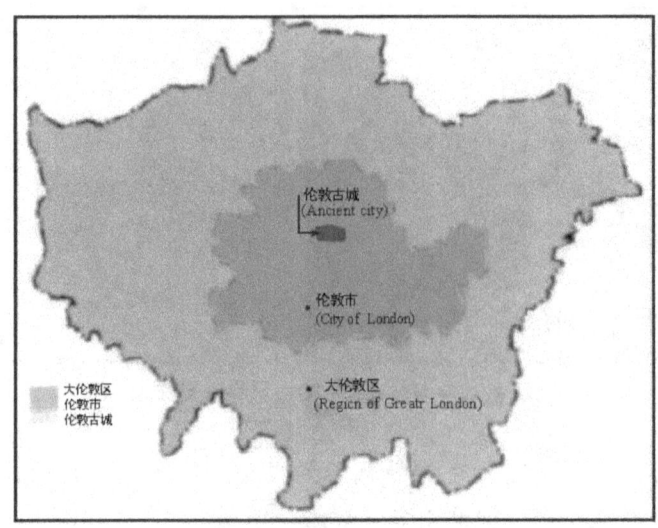

图 2-4 伦敦的历史扩展

达 6300 亿美元,是华尔街的两倍。金融城和整个伦敦市一样,不像纽约曼哈顿那样高楼林立。金融城里大都是老房子,房屋一般只有四五层,二三十层的高楼大厦寥寥无几。全城只有一座摩天大楼,名为"42 号大楼",它高 185 米,因有 42 层而得名,是瑞士再保险公司等许多国际公司的所在地。

金融城最初只是商人们聚在一起喝咖啡、谈生意的地方。渐渐地,货物运输和保险业在这里发展起来,使之成为英国经济活动的中心。从 17 世纪下半叶起,这里已经成为英国乃至全球金融垄断资本的心脏。目前的世界 500 强的企业有 375 家都在金融城设了分公司或办事处。有 481 家外国银行在这里开业经营。在保险业方面,世界上第一家保险市场,著名的"劳合社"就诞生在金融城,全球 20 家顶尖保险公司也都在这里有自己的公司。金融城的外汇交易额、黄金交易额、国际贷放总额、外国证券交易额、海事与航空保险业务额以及基金管理总量均居世界第一位。世界各国元首、政府首脑访问伦敦时也大都要到这里做客。由金融带动起来的律师服务业也收入惊人,金融城每年创造出的律师业收益达到 9.75 亿英镑。此外,这里还管理着高达 28290 亿英镑的全球资产,是名副其实的全球经济动力中心。

显然,伦敦金融城的国际交往建立在国际贸易、金融服务、管理咨询等经济发展的坚实基础上,通过伦敦和英国的国际交流延伸到全球各地。

二、巴黎拉德芳斯区国际交往历程

(一) 城市概况

巴黎是法国的政治中心。从历史上讲，1789 年 7 月 14 日以前，巴黎是法国历代王朝的京都。此后，便一直是法国权力机构的所在地。今天，法国总统府爱丽舍宫、国民议会和参议院等也都设在这里。

巴黎是法国的经济和金融中心，在政治、科技、文化、教育、时尚、艺术、娱乐、传媒等领域对世界都有重要影响力。巴黎的纺织、电器、汽车、飞机等工业都非常发达，时装和化妆品工业更是举世闻名。巴黎设有许多世界性的大银行、大公司、大交易所，它们以巴黎为基地，积极开展国际性业务，构成了一个国际性营业网。

巴黎还是一座"世界会议城"。它以明媚的风光、丰富的名胜古迹、多姿多彩的文化活动以及现代化的服务设施，迎来了众多的国际会议。据统计，1987 年在巴黎共举行了 365 次国际性会议，超过了纽约、伦敦、布鲁塞尔、日内瓦，居世界首位。联合国教科文组织（UNESCO）（如图 2-5 所示）、经济合作与发展组织（OECD）（如图 2-6 所示）、国际商会（ICC）、巴黎俱乐部（ParisClub）等国际组织的总部均设在巴黎。

图 2-5　联合国教科文组织第 37 届大会

图 2-6　经济合作与发展组织（OECD）总部

（二）国际交往功能发展历程

巴黎始建于公元前 53 年塞纳河中西岱岛上的一个小渔村，大概是由高卢人创造的，著名的巴黎圣母院就建在这个岛的东南端。起先是墨洛温王朝的驻跸之地，后来是加洛林王朝的国都，巴黎成为真正意义上的首都是在 987 年。

由于生产力的发展，巴黎早期成为欧洲许多国家的经济贸易交往中心。巴黎发展为五万多人的城镇是在 9 世纪中叶，那时，巴黎吸引着欧洲各国许多富商巨贾。巴黎的城市雕塑是由西岱岛附近的商业中心向外扩散出去，到 1120 年，形成了巴黎至今尚存的最古老的建筑——圣日耳曼教堂，它位于巴黎的中心，建于 1080 年。法国波旁新王朝初期，这个城市不断沿着塞纳河两岸向南北扩展，路易十三、路易十四时代，巴黎的居民有 50 万。

1790 年前后，巴黎又向外扩散，形成现在的近郊区即第五区到第十区。1804—1880 年，巴黎日益扩大，法国人建造凯旋门、旺多姆柱、协和广场，扩建了卢浮宫。拿破仑三世时，巴黎已经成为文明全世界的大都会。[①]

拉德芳斯区位于巴黎市的西北部、巴黎城市主轴线的西端。拉德芳斯 CBD 于 1958 年建设开发，全区规划用地 750 公顷，先期开发 250 公顷，其中商务区 160 公顷，公园区（以住宅区为主）90 公顷。规划建设写字楼 250 万平方米，供 12 万雇员使用，共容纳 1200 个公司。截至 1992 年，国家已投资 160 亿法郎。目前已建成写字楼 247 万平方米，其中商务区 215 万平方米，公

---

① 姚士谋、陈彩虹、房国坤：《"城市中的皇后"——巴黎》，载《现代城市研究》2003 年第 4 期。

园区 32 万平方米，法国最大企业的一半在这里，共 10 家；建成住宅区 1.56 万套，可容纳 3.93 万人，其中在商务区建设住宅 1.01 万套，可容纳 2.1 万人，在公园区建设住宅 5588 套，可容纳 1.83 万人；建成了面积达 10.5 万平方米的欧洲最大的商业中心；成为欧洲最大的公交换乘中心，RER 高速地铁、地铁 1 号线、地铁 2 号线、14 号高速公路等在此交汇；建成 67 公顷的步行系统，集中管理的停车场设有 2.6 万个停车位，交通设施完善；建成占地 25 公顷的公园，商务区的 1/10 用地为绿化用地，种有 400 余种植物；建成由 60 个现代雕塑作品组成的露天博物馆，环境的绿化系统良好。优美的环境以及完善的设施每年吸引约 200 万游客，使拉德芳斯的 CBD 景观具有生活气息。

在拉德芳斯区的交通系统中，行人与车流完全分开，互不干扰，这种做法在世界是绝无仅有的。拉德芳斯的规划和建设不是很重视建筑的个体设计，而是强调由斜坡（路面层次）、水池、树木、绿地、雕塑、广场等所组成的街道空间的设计。拉德芳斯的主轴线有很强的凝聚力，特别是巨门建成后，成为拉德芳斯 CBD 的标志性建筑和游客的必经之处。

相比伦敦、纽约等城市中心区，拉德芳斯区的特点更在于通过市政规划、环境建设、历史文化来进行国际交流，通过旅游、会展等活动推进国际交往。

三、布鲁塞尔下城区国际交往历程

（一）城市概况

布鲁塞尔（英语：Brussels；法语：Bruxelles；荷兰语：Brussel）是比利时的首都和最大的城市，也是欧洲联盟的主要行政机构所在地，有"欧洲首都"之称，欧盟与北约的总部都在此安营，如图 2-7 所示；另外还有 200 多个国际行政中心及超过 1000 个官方团体在此设立办事处，每年名目繁多的国际会议在此召开。

布鲁塞尔有 1000 多年的历史。979 年，以森纳河流域为封邑的查理公爵，选择森纳河的圣热里岛为定居点，在岛上筑起要塞和码头，为自己修建了豪华的住所，从此这里出现了城市的雏形，当时称"布鲁奥克塞拉"，条顿语为"沼泽上的住所"之意。"布鲁塞尔"的名字，就是由此演化而来的。

在不同的语境中，布鲁塞尔有着不同的外延。它可能代表布鲁塞尔市（比利时的布鲁塞尔首都区中最大的地方自治体及首府，常住人口 14 万），也可能

图 2-7 欧盟总部大楼

代表布鲁塞尔首都区（据 2008 年 2 月 1 日统计，常住人口约为 106.72 万），或者也可能用于表示布鲁塞尔城市圈（常住人口 135 万）。北大西洋公约组织的总部也设在布鲁塞尔。

布鲁塞尔是一个双语城市，通用法语和荷兰语，法语的使用者占较多数。另外，土耳其语、阿拉伯语等语言被布鲁塞尔的穆斯林广泛使用。布鲁塞尔拥有全欧洲最精美的建筑和博物馆，摩天大楼和中世纪古建筑相得益彰。整座城市以皇宫为中心，沿"小环"而建，游览以步行为佳。

（二）国际交往功能发展历程

城市的建立，要从 979 年算起。979 年，查理公爵选择塞纳河上圣热里岛的沼泽地带定居，并筑要塞和码头，称布鲁奥克塞拉，意即沼泽中的居民点，后演化成今名。由于河运便捷，商品在此集散，港口贸易兴起，至 13 世纪时成为有相当规模的手工业城市，所产呢绒、挂毯和花边驰名全欧。15 世纪为勃艮第公国行政中心之一。18 世纪进行了大规模城市建设。1815—1830 年与海牙同为荷兰首都。1830 年 10 月 4 日，比利时独立，定为首都。由于人口增加，城市不断扩展，几经变迁，遂形成今日的格局。

作为全国文化中心，布鲁塞尔设有布鲁塞尔自由大学（2013QS 世界大学最新排名第 72 位）、皇家科学和医学院、法语语言文学院等高等院校。布鲁塞尔艺术宫为绘画、音乐、戏剧等艺术爱好者提供活动场所，大部分街区都有类似的小艺术宫。每年举办国际音乐比赛。有 30 所剧院，其中国家剧院最大。

还有原子型博物馆、滑铁卢纪念馆、雨果旧居等。以中央大街为界,全市分为上城和下城两部分。上城为皇宫、议会、政府机关和大商号、大银行所在地,并有美术馆、图书馆等;下城为商业和闹市区。市中心有中世纪大广场,广场周围有众多的古建筑群。

中世纪时,布鲁塞尔相继成为布拉班特公爵和查理五世的领地,但由于特殊的地理位置,众多政治力量都想把它据为己有,展开了长达数百年的争夺。特殊的历史使布鲁塞尔形成了包容、开放的城市性格和在大国之间保持独立发展的高超技巧。

下城区作为布鲁塞尔的商业中心,通过经济贸易、商务服务以及国家外交活动等形式进行国际交流。

图 2-8 所示为布鲁塞尔五十周年纪念公园。

图 2-8 布鲁塞尔五十周年纪念公园①

四、阿姆斯特丹南阿克西斯区国际交往历程

(一)发展背景

由于新航路和新大陆的发现,欧洲的商路和贸易中心由地中海区域转移到大西洋沿岸。17 世纪,荷兰在完成农业革命并奠定其强盛基础以后,又实施

---

① 布鲁塞尔五十周年纪念公园(银禧公园、五十周年公园)是一个大型城市公园,占地面积约 30 公顷,位于比利时布鲁塞尔欧洲区最东部。其 U 形综合建筑是利奥波德二世国王为 1880 年国家展览会纪念比利时独立 50 周年而修建的。公园的中心装饰物是于 1905 年竖立起来的凯旋门。

了尼德兰革命，从而解放了生产力，并奠定了其资本主义生产关系的发展基石，加上优越的地理位置和舟楫之利，从而使"海上马车夫"荷兰迅速崛起并成为世界贸易中心。

（二）城市概况

阿姆斯特丹是荷兰最大的城市，位于该国西部省份荷兰省，如图 2-9 所示。它是欧洲第四大航空港（前三位分别为伦敦、巴黎、法兰克福），市区人口约 110 万。其名称源于 Amstel dam，这表明了该城市的起源：一个位于阿姆斯特尔河上的水坝，即今水坝广场址。

图 2-9　阿姆斯特丹全貌

由于贸易的发展，从 12 世纪晚期一个小渔村，阿姆斯特丹在荷兰黄金时代一跃而成为世界重要港口。在那个时代，该城是金融和钻石的中心。19—20 世纪，该城扩展，许多新的街坊与近郊住宅区形成。

阿姆斯特丹有很多旅游景点，包括历史悠久的运河网、荷兰国家博物馆、梵高博物馆、安妮之家、红灯区以及许多大麻咖啡馆。每年有大约 420 万游客来此观光。

（三）国际交往功能发展历程

"阿姆斯特丹"一词最早于 1275 年 10 月 27 日被记录在册。当年，荷兰伯爵弗洛瑞斯五世免除了这座大坝的过路费。据记载，最早居住在大坝周边的居民被称为"homines manente sapud Amestelledamme"。到了 1327 年，这个名称演化为"Aemsterdam"。从 14 世纪起，与汉萨同盟的贸易使得阿姆斯特丹开始蓬勃发展。

17 世纪被认为是阿姆斯特丹的黄金时期。荷兰商船从阿姆斯特丹开往波罗的海、北美洲和非洲，以及今天的印尼、印度、斯里兰卡和巴西，由此构建了世界贸易网络的基础。荷兰东印度公司与荷兰西印度公司发行的大量股票为阿姆斯特丹商人所拥有。这两个公司所夺得的海外属地后来演变为荷兰的殖民地。阿姆斯特丹也在此时成为欧洲航运和世界融资的中心。1602 年，荷兰东印度公司的阿姆斯特丹办公室开始出售自己的股票，并成为世界上第一家证券交易所。然而，从 18 世纪开始，荷兰与英国和法国之间的战争使得城市发展停滞。

19 世纪末，该市建成了一些博物馆、中央车站以及阿姆斯特丹音乐厅。与此同时，它也迎来了工业革命。阿姆斯特丹—莱茵运河（Amsterdam－RhineCanal）的成功开掘也使这座城市直接连接了莱茵河；同时，北海运河也缩短了城市与北海的距离。两项工程极大地促进了与欧洲及世界其他地方的商业交流。1906 年，作家约瑟夫·康拉德用"海之镜"从海边眺望阿姆斯特丹。第一次世界大战前，该城市的规模开始拓展，建立了一些新的郊区。

1977 年，阿姆斯特丹兴建了第一条从市中心通往拜尔摩尔的地铁。现在市中心已经基本恢复了黄金时代的原貌，并且成为城市历史保护区。这里许多建筑已经被划为文物，其中如荷兰运河等正在申报世界遗产，如图 2-10 所示。①

阿姆斯特丹是欧洲第四大航空港。目前，南阿克西斯区（Zuidas）是阿姆斯特丹的金融和法律枢纽。该区域坐拥阿姆斯特丹世界贸易中心、荷兰前五大律师事务所和包括波士顿顾问集团以及埃森哲公司在内的多家咨询机构，通过海上贸易、管理咨询服务等高端服务业进行国际交往活动。

五、新德里康诺特广场区国际交往历程

（一）发展背景

20 世纪 70 年代中期以后，以微电子技术、生物工程技术、新材料技术、新能源技术、空间技术等为主要标志的第三次科技革命的延续，使新的产业群正在形成发展之中。1973 年爆发的世界经济危机，动摇了美国在第二次世界

---

① 参见维基百科。

图 2-10 阿姆斯特丹运河

大战后的霸主地位，代之而起的是新的多中心并存、互相制约而又相互补充的世界格局。从地理上看，这个格局覆盖了大西洋和太平洋，形成两军对垒的态势，一端是美国、西欧等实力雄厚的昔日劲旅，另一端是以日本、韩国、新加坡、巴西、墨西哥，以及我国港台地区等新兴工业化国家和地区为核心的后起之秀，加上继"亚洲四小龙"之后，东亚又出现的泰国、马来西亚等几条新"小龙"，以及70年代后期中国这条亚洲巨龙的再度崛起，东亚已成为世界经济新的增长中心。人们预言，21世纪是太平洋世纪，世界经济重心将逐渐从欧美转向东亚。如果亚太地区特别是中国能够在第四次科技革命——信息革命的世界大赛中力拔头筹，那么，世界经济中心的运行轨迹可能会像太阳转动一样，自东向西，最后回到原来升起的地方，实现接力棒的首轮中国终点回归。

(二) 城市概况

新德里（New Delhi）是印度共和国首都，是全国政治、经济和文化中心，在印度有着举足轻重的地位，也是印度北方最大的商业中心之一。主要产业为IT、电信、餐饮、住宿、服务、金融、媒体和旅游业。作为印度的中央直辖区，它还统辖着饱经沧桑的老德里。新德里是一座既古老又年轻的城市。新德里原是一片荒凉的坡地，1911年开始动工兴建城市，1929年年初具规模，1931年起成为首府，1947年印度独立后成为首都。如今，新德里是印度的政治、经济、文化中心，也是重要的交通枢纽，如图2-11所示。

图 2-11 新德里全貌

(三) 国际交往功能发展历程

德里有着光荣的过去和悠久的历史，作为古都和文化名城，深深地吸引着无数各地来的游客。据印度史诗《摩诃婆罗多》记载，公元前 1000 多年以前，班度族曾在此建都。

老德里历史悠久，建都于公元前约 1400 年，取名"因陀罗普拉斯特"，即"因陀罗神（雷神）之住所"。8 世纪初，土邦王迪里重建此城。由于古代诸侯割据，征战不休，德里几经兴衰，历尽沧桑。这里曾先后出现过七个德里城，到公元前 1 世纪，印度王公拉贾·迪里重建此城，德里由此得名。12 世纪末，征服印度的外来穆斯林开始在这里建都。1648 年，莫卧儿王朝皇帝沙贾汗从阿格拉迁都到此，用 10 年时间建成了七个德里城中的最后一座，把德里改名为沙贾汗纳巴德。19 世纪中期，英国吞并印度，英属印度的首都迁至加尔各答。1911 年，德里再次被宣布为首都，随即在德里城外的西南开始兴建一座城，并于 1931 年完工，这就是新德里。

1950 年 1 月 26 日，独立后的印度宣布成立印度共和国，定都新德里。它是印度的政治中心，印度中央政府各部门都设在这里。新德里是一座身披绿装的花园城市，街道宽阔整齐，到处是花坛草地，它与世界上一些名都相比也毫不逊色。市中心顿西纳小山上，矗立着一座豪华雄伟的宫殿，原名维多利亚宫，是印度总统府。总统府规模宏大，有觐见厅、宴会厅、图书馆等华丽的厅堂，还有无数喷泉水池、亭榭长廊。小山东北的议会大厦和王子公园里的印度门，也都是壮丽的建筑，如图 2-12 所示。从总统府到印度门的大街两旁，分布着许多政府机构，如外交部、国防部等，另外还有几十座富丽堂皇的王宫。这里环境优美，绿树葱茏，碧草如茵，终年有花，清静幽雅。

图 2-12　印度门

新德里是一座典型的放射型城市，康诺特广场是新德里的中心点，也是商业、旅游业与交通中心。各式商店、游览局、航空公司及各邦政府开办的物产经销处都设在这里。广场西南的国会街上，银行、广播电台及政府机构林立。

通过国家外交活动、经济贸易往来、历史文化旅游和管理咨询服务活动，康诺特广场区不断深化国际交往程度。

六、东京新宿区国际交往历程

（一）发展背景

二战后的 20 世纪 50—60 年代，以原子能、电子计算机和空间技术为主要标志的第三次科技革命，使美国经济发展达到顶峰并随后进入边际增长，从而为世界经济多极化、多中心发展创造了契机。西欧和日本利用美国忙于朝鲜战争的空隙和国际政治环境自二战后转入冷战，国际经贸环境相对宽松，通过政府主导型的市场经济运行机制，大力引进、消化技术，采用大进大出的战略，着重发展战略产业部门并促使经济结构不断升级,当美国人在 70 年代后期开始警觉并限制技术输出时,西欧和日本已强大起来,从而在短时间内崛起并成为世界的两大经济巨人。此时,美国觉醒为时已晚,世界经济中心已旁落并向日本转移。

(二) 城市概况

东京是日本的首都,全称东京都,东京都人口 1301 万,东京都市圈人口达 3670 万。东京是日本的政治、经济、文化中心,是日本的海陆空交通枢纽,扩张相连的繁华都市区是全球规模最大的巨型都会区。东京有许多名胜古迹和著名国际活动场所。市中心的丸之内是东京银行最集中的地方,如图 2-13 所示;乐町区的剧场和游乐场所最多;银座区的商业因世界百货总汇而闻名,如图 2-14 所示。这三个区是繁华东京的缩影。

图 2-13　日本丸之内

东京位于本州岛关东平原南端。古时的东京是一个荒凉的渔村,最早的名称是"千代田"。1192 年,日本封建主江户在这里建筑城堡,并且以他的名字命名。1603 年,德川家康将军在武士混战中获胜,下令在江户设立幕府,成为当时的全国政治中心。1868 年明治维新,德川幕府被推翻,在这一年,明治天皇从京都迁到江户,改称东京,1869 年定都于此。

东京不但人口密集,同时也是各种物资与各类资讯的巨大集散地。除了长期作为亚洲金融、贸易等经济活动的要地之外,亦为亚洲流行文化最大的传播

图 2-14 东京银座区

中心。尽管东京在都市发展方面如同许多国际大都市,经常出现日新月异的变化,但在发展的同时仍旧保留了许多历史文物古迹与一些传统仪式活动,现代与传统共存成为这座城市的一大特征。

(三) 国际交往功能发展历程

19 世纪后半期,日本开始了明治维新。在"大政奉还"以及戊辰战争末期,江户不流血开城后幕府体制瓦解,日本社会随之进入了明治维新时期,开始积极吸收并引进西方的科技与文化,建设自己的现代化民族国家。在此期间,皇室从京都迁至江户,并改称江户为东京,自此东京成为新的日本首都。江户城成为国家象征——天皇的居住地,并相继改名为东京城、宫城与皇居,依君主立宪制创建的国会亦于东京开始运作。在明治政府实行现代化政策之时,城市也开始出现西化后的面貌(特别是建筑)。1872 年,日本首条铁路落成于东京与横滨之间,成为交通上的新创举。从此,东京逐渐朝着现代化与国际都市化的发展方向前进。

1923 年发生的关东大地震,与二战末期美军战机群的密集轰炸,虽然使得东京都中心两度受到毁灭性的破坏,但随后都迅速进行重建工作,在 20 世纪 60 年代更进入城市的高速发展期。1964 年,奥林匹克运动会在东京举办,这在亚洲尚属首次。为了迎接奥运会的到来,除了体育场馆等所需设施外,其他多项重大公共建设(如首都高速道路)也同时开始兴建,整个城市进入大兴土木的阶段。自此以后，东京正式跻身国际代表性都市行列。20世纪90年代后，随着泡沫经济崩溃，日本经济陷入长期不景气局面，但临海副都心的大规模开发，新宿副都心随着都厅移转而进一步发展，交通系统的持续整备，以及多项都市更新与大型复合地带改造计划的执行，使得东京的发展脚步依然不断前进。

借助于城市更新计划，新宿区不断发展。新宿位于东京都中心区以西，距银座约6千米，是东京市内主要繁华区之一，仅次于银座和浅草上野。目前建成的商务区已经形成东京的超高建筑群景观。

目前，新宿的经济、行政、商业、文化、信息等部门云集于商业区，金融保险业、不动产业、零售批发业、服务业已成为新宿的主要行业。在以新宿站为中心，半径700米的范围内，聚集了160多家银行，成为名副其实的CBD。

20世纪50年代，随着日本经济的高速发展，作为首都东京原都心，即原中央商务（CBD）的中心三区（千代田区、港区和中央区），已不能适应形势需要，政府机关、大公司总部、全国性的经济管理机构和商业服务设施等高度集中，交通拥挤，建筑高度密集。为控制、缓解中心区过分集中的状况，同时为适应周边地区发展需要，1958年下半年，东京都政府提出建设副都心（即新宿、涩谷、池袋）的设想，并首先从新宿着手。

经过近30年的规划建设，新宿副都心已经在东京都的西部形成。目前，建成的商务区总用地面积为16.4公顷，商业办公写字楼建筑面积为200多万平方米，并形成东京的一大景观——共有40栋大厦的超高层建筑群，其中不乏百米以上的摩天大楼。

目前，新宿副都心的经济、行政、商业、文化、信息等部门云集于商务区，金融保险业、不动产业、零售批发业、服务业成为新宿的主要行业，人口就业构成已接近东京都中心三区。新宿副都心的开发建设，尤其是东京都部分政府办公机构的迁入，使副都心的魅力大增，各行业更加积极地涌入新宿，首当其冲的是金融业。据统计，目前新宿商务区的日间活动人口已超过30万人。由于新宿是东京都的一个交通枢纽，共有9条地铁线路由此经过，日客流量超过300万人。

金融保险业、不动产业、零售批发业、服务业以及东京的历史文化底蕴和日本的经济贸易往来，构成了新宿区国际交往的主要内容和沟通渠道。

七、新加坡市商务区国际交往历程

(一) 城市概况

新加坡 (Singapore),全称为新加坡共和国,旧称为"新嘉坡""星洲"或"星岛",别称为"狮城"(Lion City),是东南亚的一个岛国,政治体制实行议会共和制。位于马来半岛南端,毗邻马六甲海峡南口,南隔新加坡海峡与印度尼西亚相望,北面有柔佛海峡,与马来西亚紧邻。新加坡的国土除了本岛之外,还包括周围数岛。

自1965年独立后,新加坡逐步摆脱仅依靠转口贸易维持生计的局面,逐渐发展成为新兴的发达国家,并因此跻身"亚洲四小龙"之列。新加坡是一个多元种族、多元宗教、多元语言和多元文化的移民国家,促进种族和谐自然是政府治国的核心政策。新加坡也是全球最国际化的国家之一。

新加坡是亚洲重要的金融、服务和航运中心之一,是继纽约、伦敦、香港之后的第四大国际金融中心。新加坡在绿化和保洁方面治理成效显著,故有"花园城市"的美称。新加坡是东南亚国家联盟(ASEAN)10个成员国之一,也是世界贸易组织(WTO)以及亚洲太平洋经济合作组织(APEC)成员经济体之一。

(二) 国际交往功能发展历程

历史上有关新加坡的最早记载是在3世纪。当时人们对新加坡的了解甚少,中国人则把新加坡称为"蒲罗中"(意为"半岛尾端的岛屿")。到了14世纪,新加坡已成为强大的Sri Vijayan帝国的一部分。

由于新加坡坐落在马来半岛南端,是航海必经之地,所以不断有中国帆船、印度船、阿拉伯独桅帆船、葡萄牙战舰和武吉士人的纵帆船造访。因此,人们也贴切地把它称为"淡马锡"(Temasek)(意为"海城")。

之后,这个占据重要战略位置的小岛又获得了一个新名字——新加坡(SingaPura),即狮子城的意思。据传说,一位来访的Sri Vijayan王子在这里看见一头野兽,把它误认为狮子,由此产生了今天的新加坡名称。

新加坡接下来的重要历史篇章是由英国人书写的。在18世纪,英国人急需一个战略性的"中转站",以便为日益强大的帝国舰队提供维修、补给和保护,从而遏止荷兰人在这一地区的扩张。史丹福莱佛士(Stamford Raffles)爵士正是在此政治背景下将新加坡塑造为一个贸易中转站。新加坡的自由贸易政策吸引了亚洲各地以及美国和中东的商人。到了1824年,即现代新加坡成立5年之后,国民已从150人增至1万人。

在1832年,新加坡成为槟城、马六甲以及新加坡海峡殖民地的行政中心。苏伊士运河于1869年的通航,以及电报和蒸汽船的发明,加强了新加坡作为东西方贸易中心的重要性。14世纪的新加坡卷入了暹逻(现泰国)和爪哇的Majapahit帝国争夺马来半岛的斗争中,因此其领土也成为战场的一部分。

5个世纪后,新加坡又卷入了第二次世界大战。尽管它曾被认为是固若金汤的堡垒,但还是于1942年被日本占领。二战后,新加坡成为英国直属殖民地。随着民族主义情绪的不断高涨,自治政府在1959年成立。1965年8月9日,新加坡获得独立。

新加坡独立后,政府对外采取睦邻政策,改善同邻国的关系,加强区域合作,1967年参加东南亚国家联盟,努力开拓海外市场。自1976年以来,中国与新加坡的关系不断发展,两国领导人多次互访。1981年,两国互设商务代办处。新加坡对内继续执行缓和社会矛盾的政策,发展教育并建立国防,1967年开始实行国民服役制;在经济上,大力吸引外资,执行第二个经济发展计划(1966—1970年)和十年经济发展计划(1971—1980年),开辟工业区,积极发展炼油、修造船业和电子、机械、纺织等工业;同时,根据自己的特点,努力发展金融业、航运业、旅游业和建筑业,建立8个卫星镇,并对城市进行大规模重建,使70%以上的居民都住进政府修建的廉价公寓。

新加坡是一个岛国,传统经济以转口贸易为主。1965年独立后,李光耀从本国国情出发,并对其他国家进行深入研究比较,确立了新加坡外向型经济发展道路。20世纪70年代末,由于国内劳动力成本的上涨以及国际贸易保护主义的兴起,新加坡制定了"重组经济结构"的战略,决定淘汰劳动密集型产业,发展技术密集型产业,增强外向型经济的国家竞争力。经过四十多年的发展,新加坡已经从一个香料、橡胶的转运场,发展成为一个资本技术密集型的新型工业化国家,开始"受到美国人、苏联人、中国人和最先到达新加坡的欧洲人巨大的注意"。不管是出口导向,还是地区的服务中心,以及大规模的海外投资,都体现了新加坡经济外向型的特征。

新加坡市场狭小，自然资源缺乏，粮食严重依赖进口，采取了贸易立国的政策，是世界上少数几个对外贸易大于国内生产总值的国家。为了促进对外贸易的发展，同时因为 WTO 多边自由贸易进展缓慢，以及东盟自由化进展缓慢等原因，新加坡致力于同各国签订自由贸易协定，如今已同 24 个贸易对象签署了 18 个自由贸易协定。在 1999 年 9 月 11 日于奥克兰召开的 APEC 领导人会议上，新西兰同新加坡领导人商议签订《新新紧密伙伴关系协定》，经过 6 个回合的谈判，于 2001 年 1 月正式生效。2002 年 1 月，新加坡同日本签署了《日本和新加坡新时代经济伙伴关系协定》，于 2002 年 11 月 30 日正式生效。新加坡于 2003 年 2 月 17 日与澳大利亚签订了《新加坡—澳大利亚自由贸易协定》，于 2003 年 7 月 28 日生效。2008 年 10 月 23 日，经过 8 轮艰苦而坦诚的磋商之后，新加坡终于和中国签订了贸易协定。

在自由贸易协定签订对象的选定上，新加坡遵从"从易到难"的原则，从缓解国内压力、发挥互补作用和扩大经济利益的角度进行选择，先从新西兰入手，然后同日本、澳大利亚、美国、欧盟及中国等签署了自由贸易协定。先从邻近国家入手，是因为新加坡与其有着文化认同感，有着相同的文化氛围和共识，相对容易达成协定。[①]

新加坡商务区位于新加坡河南岸，占地面积约为 82 公顷，拥有全岛最密集的写字楼群，面积超过 500 万平方米，聚集了大量的金融保险业、房地产业和商务服务业的企业；20 世纪 80 年代以后开始建造酒店、新加坡国际会议中心和会展中心等设施，建有地铁系统。

因此，商务区的全球性交往，也是基于新加坡的城市发展，以金融保险、商务服务、会议会展和旅游等形式全面进行的。

八、墨西哥城圣达菲区国际交往历程

（一）城市概况

墨西哥城是墨西哥合众国的首都，位于墨西哥中南部高原的山谷中，海拔 2240 米，其与周围的卫星城市被共同划分为一个联邦行政区，称为墨西哥联邦特区。

[①] 李晓：《新加坡的"小国大外交"研究》，山东师范大学 2011 年硕士学位论文。

墨西哥城面积达 1500 平方千米，人口达 1800 多万。它集中了全国约 1/2 的工业、商业、服务业和银行金融机构，是全国的政治、经济、文化和交通中心。

这里是西半球最古老的城市，遍布着古印第安人文化遗迹。穿行于古老的街道，欣赏古老的建筑，品味古老的风韵，墨西哥城的魅力悄然显现。

墨西哥城人口众多，是美洲人口最多的都会区。因为海拔超过 2200 米，墨西哥城成为海拔最高的都会区。1968 年夏季奥运会在墨西哥城举办。

墨西哥是世界十大著名的旅游国之一，气候宜人，风光秀丽，名胜古迹甚多。来这里旅游的人每年已达 300 万～400 万人次之多。而且从业人员达 124 万，所创产值占国民生产总值的 56%，居世界前五位。到墨西哥旅游，首先要去游举世闻名的旅游胜地墨西哥城。这里的国家宫（如图 2-15 所示）、主教座堂、阿兹特克大神庙遗址、加里波的广场、查普尔特佩克森林公园、查普尔特佩克城堡、玫瑰区、奎库尔科金字塔神庙均较著名。

图 2-15　国家宫

美国芝加哥、西班牙马德里、中国北京、日本名古屋等城市为其友好城市。

（二）国际交往功能发展历程

墨西哥城的前身是 1325 年建立的特诺奇提特兰城（Tenochtitlan），在它的创建者阿兹特克人（Aztec）的语言中，"墨西哥"是由"墨西特里"演变而来的，意为"太阳和月亮之子"。阿兹特克人在这里创造了辉煌的文明。他们填湖建城，修筑水道，建起了一座座宏伟壮丽的庙宇、宫殿，整个城市相当繁华。1521 年西班牙侵入后，又修建了许多欧洲式宫殿、教堂、修道院等建筑物,此时定名为墨西哥城,并"宫殿之城"誉满欧洲。如今的墨西哥,既保留了浓郁的民族文化色彩,又是一座绚丽多姿的现代化城市。

据说,1325年,墨西哥北部的游牧民族阿兹特克人向南迁移、寻找新的定居点时,曾得到太阳神的启示:一直向南走,只要看见一只立在仙人掌上的老鹰正在啄食一条蛇,便可在那里定居,部落一定会兴旺起来。于是,阿兹特克人在首领特诺奇的率领下往南行走。有一天,他们来到墨西哥谷地的特斯科科湖畔,看见湖心有个小岛,岛上花香草茂。他们登上岛后,发现红、蓝两河交汇处耸立着一块巨石,上面有一棵巨大的仙人掌,一只矫健的雄鹰正站在仙人掌上啄食一条长蛇。于是,他们认为这是太阳神预示的地方,便定居下来,先后建造了羽蛇神庙、特拉洛克水神庙以及无数座金字塔,取名为特诺奇蒂特兰城。

1521年和1546年,西班牙殖民者数次入侵,纵火烧毁了这座城市。后来,印第安人又在城市的废墟上建起墨西哥城,并建筑了一批欧洲式教堂、宫殿和修道院等。18世纪后期,市内开始出现近代化楼房。1821年被定为独立的墨西哥合众国首都后,墨西哥城更是大兴土木,市区不断扩大,人口急剧增加,逐渐成为世界名城,如图2-16所示。

图 2-16 墨西哥城全貌

墨西哥城的金融和商业中心区位于圣达菲地区,该区国际酒店林立,拥有众多外资银行、文化机构和商业设施,通过墨西哥市以及本区的金融文化设施进行国际交流活动。

九、纽约曼哈顿区国际交往历程

(一)发展背景

19世纪中叶至20世纪初,起源于西欧,特别是英国和德国,并以内燃机和电的发明与应用为主要标志的第二次科技革命,其所产生的科技文明最终被美利坚合众国最充分、最有效地吸收,从而使世界经济中心从欧洲转移到美国。当第二次科技革命刚刚展开时,西欧国家既要恢复受第一次世界大战和经济大萧条的打击而大伤元气的国民经济,又要匆忙应对第二次世界大战,因而第二次科技革命的发源地未能品尝此次文明的成果,得到的却是战后废墟。同时,美国本土没有直接遭受炮火的劫难,加上战争对需求的强烈刺激,从而使美国在其他国家彻底崩溃的情况下一举占据世界经济中心地位。

(二)城市概况

纽约是纽约都会区的核心,也是美国最大的城市。为了与其所在的纽约州相区分,被称为纽约市(New York City,官方名称为 The City of New York)。

纽约位于美国东海岸的东北部,是美国人口最多的城市,也是个多族裔聚居的多元化城市,拥有来自97个国家和地区的移民,在此使用的语言达到800种。截至2012年,纽约大约有800万人,居住在789平方千米的土地上。纽约地铁是世界上最为发达的快速交通系统之一,提供一日24小时、一周七日的服务。纽约拥有哥伦比亚大学、纽约大学和洛克菲勒大学等名校,也是联合国总部所在地。

纽约是一座世界级城市,直接影响着全球的经济、金融、媒体、政治、教育、娱乐与时尚界。纽约在商业和金融的方面具有重要影响力。纽约的金融区,以曼哈顿下城的华尔街为龙头,被称为世界的金融中心。纽约证券交易所是世界第二大证交所,它曾是最大的交易所,直到1996年其交易量被纳斯达克超过。纽约时报广场位于百老汇剧院区枢纽,被称作"世界的十字路口",亦是世界娱乐产业的中心之一。

在对外交流方面,纽约与众多国际大都市结成了友好城市,详见表2-2。

表 2-2　纽约友好城市及建交年份

国　家	城　市	建交年份（年）
日　本	东　京	1960
中华人民共和国	北　京	1980
埃　及	开　罗	1982
西班牙	马德里	1982
多米尼加	圣多明各	1983
匈牙利	布达佩斯	1992
意大利	罗　马	1992
以色列	耶路撒冷	1993
英　国	伦　敦	2001
南　非	约翰内斯堡	2003

（三）国际交往功能发展历程

第一，发现纽约（1492—1609年）。1492年，哥伦布发现美洲大陆后，欧洲各国殖民者纷纷涌来建立殖民贸易点，这里逐渐形成自由港，这就是纽约的前身。

1524年，意大利人乔瓦尼·达韦拉扎诺来到河口地区，成为历史记载的第一个造访纽约的欧洲人。达韦拉扎诺是一名来自佛罗伦萨的探险者，效忠于法国。他乘太子妃号进入今日的纽约港区，宣布此地为法国所有，并将之命名为新昂古莱姆。1602年，荷兰派遣亨利·哈德逊前往北美洲找寻新乐土，1609年抵达纽约湾并沿着河流北上。隔年，哈德逊带着北美洲的土产和毛皮回到荷兰。许多荷兰商人对这片拥有丰富资源的土地产生高度的兴趣并定居于此，荷兰人以"新尼德兰"（New Netherland）为之命名。

第二，曼哈顿诞生（1624—1626年）。1624年，荷兰人在加弗纳斯岛建立皮草贸易点，由此，欧洲人在新尼德兰开始了正式的永久居留。1625年，阿姆斯特在曼哈顿岛上开始兴建。1626年，荷兰殖民总督彼得·米纽特从当地勒纳佩人手中，以 60 荷兰盾买下曼哈顿岛，建立贸易站，并按荷兰首都的名字，将这个地方命名为"新阿姆斯特丹"，荷兰人在此建立家园，落地生根，居民约 300 人。

第三，纽约诞生（1651—1770 年）。1651 年爆发英荷之战，原住民之间的内战和欧洲殖民者带来的疾病使得勒纳佩人的数量在 1660—1670 年间大幅减少。1664 年，英国舰队开到这里，荷兰人自知无力与之抗争，新尼德兰总督彼得·斯特伊维桑特投降，将新阿姆斯特丹拱手相让。英国国王查理二世将这片土地交给他的弟弟管辖，于是，国王的弟弟便将自己的领地从英国的约克郡迁到新阿姆斯特丹，并将地名改为"纽约"。17 世纪下半叶，纽约人口越来越多，并成为商业中心，丰富的农产品的出口、工业制品的进口，带动了当地经济的发展。在缺乏劳力的情况下，至 1770 年，勒纳佩人的数量已经下降至 200 人。于是，纽约成为黑奴市场的大本营，人口贩卖活动相当盛行，却也种下美国日后反黑奴的种子。

第四，地位陡升（1785—1790 年）。1785 年，邦联会议将纽约定为美国首都。纽约是《邦联条例》下的最后一个美国首都，也是美国宪法下的第一个美国首都。1789 年，美国第一任总统乔治·华盛顿在华尔街联邦厅宣誓就职。在同一地点还召集了美国第一届国会和最高法院，起草了《美国权利法案》。1790 年，纽约超越费城成为美国第一大城市。

第五，世界中心（1904—1950 年）。1904 年，纽约的地铁系统开始合并运作，帮助巩固了这座全新的城市。20 世纪上半叶，纽约成为世界工业、商业和通信业的中心。1890 年，纽约的非白人人口约为 3.66 万。20 世纪 20 年代，纽约成为非裔美国人从南部移民的重要目的地。到 1916 年，纽约已成为北美最大的非裔人口聚居地。在禁酒时期，哈莱姆文艺复兴运动展开，黑人文学和文化生活得以兴旺。经济的繁荣推动了大量摩天大楼的建设，塑造了纽约的 20 世纪天际线。

20 世纪 20 年代初，纽约超越伦敦，成为世界上人口最多的城市区。纽约城市圈的人口在 30 年代超过 1000 万，成为世界上第一座特大城市。大萧条时期，改革家菲奥雷洛·拉瓜迪亚当选市长，带领纽约复苏，同时坦慕尼协会垮台，结束了其 80 年的政治霸权。第二次世界大战后，纽约经济再次繁荣。在战时，该城毫发未伤，由此也成为世界的领头城市，华尔街也成为美国经济霸权的龙头。1950 年，联合国总部的建设奠定了纽约的政治地位，如图 2-17 所示，抽象表现主义艺术的崛起使纽约超越巴黎成为世界艺术中心。

图 2-17　联合国总部大厦

曼哈顿是纽约的市中心，纽约的主要商业、贸易、金融、保险公司均分布于曼哈顿，如图 2-18 所示。华尔街金融区集中了几十家大银行、保险公司、交易所，以及上百家大公司总部和几十万就业人口，也是世界的金融中心。所以，纽约曼哈顿区的国际交往，以全球性的国际组织、金融机构为坚实基础，也以纽约和美国的经济发展为主要动力。

图 2-18　纽约曼哈顿

第二节　全球现代化国际都市区的形成特点

全球现代化国际都市的形成和世界经济中心的转移，不是一步到位与随机转移的，而是随着经济国际化程度的逐步加深而形成，随着区位经济优势的丧失而转移，随着现代化水平的提高而加速的。其形成、聚焦、扩散和转移的历程具有如下特征。

一、交通依托，舟楫之利

综观全球，当今世界上的国际性都市 90% 以上位于海岸线和大河河口的三角洲上，"以港兴城、港兴城荣"成了近百年来国际性都市发迹的共同走势。

世界的国际贸易海港现有 2000 余个（不包括地方小港）。其中，吞吐量不足百万吨的占 3/4，吞吐量超过千万吨的有 100 多个，吞吐量五千万吨以上的有 20 多个，一亿吨以上的只有 9 个。目前，世界上吞吐量在千万吨以上的大港有 80% 以上集中在发达国家，这些国家往往以港发迹，集聚经济实力，扩散经济能量，从而又成为世界经济中心。

就世界四大洋来看，以大西洋最为发达，拥有世界 3/4 的港口、2/3 的货运周转量和 3/5 的货物吞吐量。世界大港口主要集中在北大西洋沿岸，一般都有大河通向发达国家的腹地，如荷兰的鹿特丹、西班牙的安特卫普、葡萄牙的里斯本、法国的马赛、英国的伦敦和德国的汉堡等，另外还有意大利的热那亚，苏联的列宁格勒和敖得萨，美国的纽约、新奥尔良、休斯敦、巴尔的摩、费城、波士顿，等等。

太平洋拥有世界 1/6 的港口、3/10 的货运周转量和 1/4 的货物吞吐量，如日本的神户、千叶、横滨、川崎、名古屋、北九州、大阪等外贸货物吞吐量都在 7000 万吨以上。新加坡是具有国际意义的大转运港，按进出港船舶总吨位计，自 1982 年已成为仅次于鹿特丹的世界第二大港。美国太平洋沿岸的大港有洛杉矶、旧金山和西雅图等。这些拥有世界级大港的国家，都以港口为依托，逐步走向世界经济中心的旋转舞台。

世界 1981 年货物吞吐量在一亿吨以上的港口详见表 2-3。

表 2-3　世界 1981 年货物吞吐量在一亿吨以上的港口

港口（国别）	吞吐量（亿吨）	港口（国别）	吞吐量（亿吨）
鹿特丹（荷兰）	2.93	横滨（日本）	1.24
神户（日本）	1.48	休斯敦（美国）	1.11
千叶（日本）	1.46	马赛（法国）	1.09
纽约（美国）	1.38	名古屋（日本）	1.09
安特卫普（比利时）	1.26		

世界海洋航运业几乎完全被发达国家，特别是美、英、日、俄等当今世界经济大国所控制，这些国家以港发迹，垄断了世界商船队。20 世纪 50 年代以来，发达国家登记的商船总吨数一直占世界 70％以上，加上"方便旗船"[①]，发达国家登记的商船总吨位将超过 94％。

1982 年世界拥有商船队一千万总吨以上的国家状况详见表 2-4。

表 2-4　1982 年世界拥有商船队一千万总吨以上的国家状况

国　名	吨位（万吨）	
	注册总吨	载重吨
利比里亚	7072	13925
日　本	4159	6853
希　腊	4004	7023
巴拿马	260	5480
苏　联	2379	2663
英　国	2251	3596
挪　威	2186	3876
美　国	1911	2893
法　国	1077	1873
意大利	1038	1704
中　国	1028	1555
世界总计	42474	70198

---

① 方便旗船（Flag Of Convenience），是指在实施开放登记的外国登记、悬挂该国国旗在航运市场上进行营运的船舶。是一种经营不定期船的特殊方式。方便旗船起源于 20 世纪 20 年代，但真正迅速发展起来是在第二次世界大战以后。国际上从事这种开放登记的国家和地区主要有：利比里亚、巴拿马、塞浦路斯、巴哈马、百慕大、直布罗陀、开曼群岛等，在这些国家登记的船舶真正所有人主要有美国、香港、希腊、日本、挪威、德国、瑞士、意大利、荷兰、南朝鲜等。

二、区位优势，温带传递

综观世界经济中心运行的轨迹，迄今为止成为经济中心的国家都位于北半球的温带地区，大都位于北纬 20 度到 50 度之间，可以说温带成了经济中心活动的舞台。

从经济角度来看：首先，温带气候温和，淡水资源充足，从而等同于资金、劳力，成为经济发展的适度生产要素。其次，温带气候形成的四季不冻港，为温带国家提供了全天候的航运便利。最后，温带自然条件的多样性、复杂性，有利于社会分工、地域分工的形成和发展，从而导致经济结构的转变和创新。因此，温带也就脱颖而出，成为世界经济中心生长、发育的温床。

此外，曾经充当或当今作为世界经济中心的国家，如意大利、西班牙、荷兰、英国、美国和日本，它们不仅是半岛或岛国，更具有联系各大海洋或各国交通枢纽所形成的地理优势。

在地中海沿岸的国家有位于欧洲的西班牙、法国、摩纳哥、马其他、意大利、南斯拉夫、希腊、阿尔巴尼亚，位于西亚的土耳其、叙利亚、黎巴嫩，位于非洲的埃及、利比亚、突尼斯、阿尔及利亚、摩洛哥，等等。其中，意大利的地理位置最为独特，位于欧洲南部的亚平宁半岛，这个半岛像一只长靴子，连同西西里岛一起伸向地中海中央，把地中海分为东西两部分，并构成了由中欧到非洲的天然陆桥。意大利的国界有 4/5 是海岸线，其海岸带系数（某一国家的陆域面积平方千米和所占海岸线长千米之比）为 0.0233，这为意大利的海上贸易提供了天然港湾。当国际贸易汇流在地中海沿岸时，意大利顺理成章地成为东西方贸易的交汇点。

位于比利牛斯半岛的西班牙、葡萄牙这两个地处欧、亚、非几大洲中间地带的国家，扼守着地中海与大西洋交接要冲处，当新航线开辟以后，西、葡两国就自然把几大洲的贸易融为一体，从而使世界贸易真正实现全球性。

荷兰与西、葡两国相比，则不仅具有海上交通的便利，而且具有内陆交通的便利。它是西欧最重要的水上枢纽，位于大西洋航路和北海、波罗的海航路的交汇处。它既是莱茵河、马斯河和斯凯尔特河的入海处，又是德国、卢森堡、比利时东部、法国东北部的便捷出海口。这种交通枢纽的优越地理位置就是荷兰成为世界经济中心不可替代的条件。

自从世界经济中心转向大西洋以后,英国的地理位置就显得特别重要,它由一个偏僻的边陲小岛一跃成为世界贸易的通衢大道。英吉利海峡和多佛尔海峡是西欧和波罗的海沿岸各国远洋航运的要冲,英国处在这条航线的枢纽位置,同时英吉利海峡的对面又是西欧大陆许多河流的入海口,因此,独特的地理位置一举将不列颠岛推向世界经济中心。

随着世界经济中心由大西洋向太平洋转移,美国的东海岸和西海岸作为同时具有大西洋和太平洋交通便利的国家,一跃成为世界唯一具有"一国两都"的国家——以波士顿、纽约、费城、巴尔的摩、华盛顿为轴心的美国东北部都市带;以旧金山、洛杉矶、圣迭戈为轴心的美国西部都市带。

日本是亚洲大陆东缘太平洋西北部的一个岛国,位于亚欧与太平洋之间,海岸线总长约30000千米,是世界上海岸线最长的国家之一。它沿岸曲折,多天然优良港湾,尤以太平洋沿岸和濑户内海为最好,那里港口毗连,港市栉比。世界上海运货物吞吐量在一亿吨以上的9个港口中有4个位于日本,它作为环太平洋沿岸的航运中心,将澳大利亚和东南亚的原料以及中东的原油在日本进行集散,从而支撑起世界经济中的环太平洋区。

由此可见,凡是作为世界经济中心的国家,都有着独特的地理位置,不是位于海上、陆上的交通枢纽,就是扼守国际贸易通道的咽喉。

三、瓶颈创新,改革机遇

经济中心是创新因素与改革机遇相碰撞所形成的创新机制在经济发展中的投影。在一定的条件下,创新诸因素与改革机遇彼此有机结合,最后形成创新机制。因此,新的创新机制取代旧的创新机制,从而使旧的经济中心向新的经济中心转移,就成为不以人的意志为转移的客观规律。

创新因素,特别是密集创新剖面,大部分出现在经济发展的瓶颈领域,而瓶颈领域又往往是人类活动希望突破的新领域,它们承受着强烈的利润刺激和需求压力,这就使得新领域能够集聚各类"精英"奋发创新,一旦受到机遇改革的"催化",就会使该领域迅速发育、膨胀、沉淀并融合转化为再生机能,从而形成新的创新机制,至此一举成为经济发展的中心,而中心的集聚和发散功能的形成,就标志着新的世界经济中心的发育形成。

世界经济中心的"接力棒"转移就是这一规律的真实写照。若仅有优越的地理位置和国际市场创新的开拓，而没有资本主义萌芽的体制转移，也许意大利就不会成为世界经济中心；若仅有新大陆、新航线的发现，而没有1492年统一大业的实现，也许西班牙还无法接过由意大利传来的世界经济中心的"接力棒"；若荷兰仅扼守世界经济贸易咽喉要冲，而没有"尼德兰革命"，也许世界经济中心的宝座会旁落他乡；若英国仅充分吸收第一次科技革命的成果，而不彻底改革整体经济结构，建立资本主义生产体系，并形成新的创新机制，"工业革命"也许会姗姗来迟而改变人类历史进程；若没有第二次世界大战硝烟的洗礼，而使战胜国美国和战败国日本的国家机器彻底改革，即使有第二、第三次科技革命，也不会有当今美国的霸权和后起日本的嚣横。因此，要想成为世界经济中心，创新因素是必要条件，而改革因素则是充分条件，只有不断创新、不断改革才能永远占据"中心"地位。

四、圈层集聚，一带多城

城市，作为与乡村社会形成鲜明对比的一种人类社区空间组织构架，其"国际性"不是自然拥有的，只有当世界经济走向一体化，国际分工和交换开始出现，世界市场和世界货币基本形成时，某些城市才被赋予"国际性"名誉，也只有那些具有优势区位的城市，才能最终在改革与创新的机遇中脱颖而出，一举成为真正的国际性城市。

贸易国际化是国际性城市时代的第一原动力。贸易国际化所带来的第一次国际分工使意大利的威尼斯、西班牙的安特卫普、葡萄牙的里斯本、荷兰的阿姆斯特丹，在国际贸易枢纽点与国际市场大拓展中相继传递世界经济中心的优势区位皇冠。

机器大生产的诞生是国际性城市时代的第二原动力。工业革命所带来的第二次国际分工使英国的伦敦、美国的纽约、法国的巴黎，在国际大贸易与机器大生产的双重驱动下，相继成为制造业和工业大生产的世界经济中心。

20世纪，世界性的新技术革命和信息革命，尤其是第二次世界大战，使世界经济格局重组，改变和刷新了城市版图和城市空间的范围，从而带来第三个国际性城市时代的崛起——这就是以纽约、洛杉矶、伦敦、巴黎、东京、"亚洲四小龙"等为代表的当代国际性城市时代。

第三国际性城市时代与第二、第一国际性城市时代相比较，一个最显著的变化就是：圈层集聚使一系列国际城市带相继出现。在第一个国际性城市时代，威尼斯、安特卫普、里斯本、阿姆斯特丹等城市都以单城名义参与国际贸易大融通。而在第二个国际性城市时代，伦敦、纽约、巴黎虽仍以单城名义参与国际分工，但其作用已呈政治、经济、文化的综合集散。而在如今的第三个国际城市时代，单个的国际性城市已被国际性城市带所代替。根据法国著名地理学家戈德曼在20世纪60年代初的研究，战后已经形成的国际都市带主要有以下几个。

一是由波士顿、纽约、费城、巴尔的摩、华盛顿组成的美国东北部城市带。

二是由旧金山、洛杉矶、圣迭戈组成的美国西海岸城市带。

三是由东京、横滨、名古屋、大阪、京都、神户组成的日本东海岸城市带。

四是由伦敦、利物浦、伯明翰、曼彻斯特组成的英国城市带。

五是由阿姆斯特丹、鹿特丹、鲁尔、巴黎组成的欧洲西北部城市带。

一个国家同时或相继崛起一个以上的国际大都市也已成为现实，美国东海岸的大纽约国际城市带和美国西海岸的大洛杉矶国际大都市带的相继形成就是最好的佐证。

五、功能递增，地理递减

世界经济中心的转移发展史就是城市国际化的功能进化史，哪个城市率先把握机遇获得功能集聚的优先进化，那个城市就会优先成为世界中心。纵观世界经济中心的转移进化史，其功能集聚也是从单一到多样，从简单到综合，从农业中心依次向贸易、航运中心，工业、金融和科技中心，然后向集工业、农业、金融、贸易、科技、信息、政治、思想文化为一体的综合经济中心转移，如今又向多中心、多极化环绕集聚的进化发展的功能递增态势转移。

与世界经济中心功能递增呈明显反差的是地理约束递减。查尔斯·P.金德尔伯格说："土地对于交通是变革函数。"随着科学技术的发展，现代交通工具的出现，大大缩短了各地的相对距离。天涯海角也不再难以抵达，地理条件的优越成为相对的概念。这一变化带来两个结果：一是联系各大洲的交通枢纽被海洋国家所垄断的历史已成过去，内陆国家凭借着现代化的交通工具同样可以实现这样的功能。二是国际性交通枢纽，已进入多元化、分散化的时代，一个国家能否成为国际性的交通枢纽更多地取决于本国经济发展的程度。随着经济发展同步性的增强，将产生众多的国际交通枢纽。

不仅地理位置、地貌对经济发展的约束在递减，自然资源条件亦同样呈递减态势。自然资源贫乏的国家可以成为发达国家，自然资源丰富的国家也可能是不发达国家。自然资源的丰富程度已不再与国家的繁荣富强成正比。诚然，资源可以影响一个国家经济的强盛与衰弱，但不能决定它的未来与命运。日本的情况就是如此，其工业消费的绝大部分资源仰仗进口，其中10种主要资源依赖外国进口的比率，1960年为71%，1965年为81.4%，1970年为90%，成为世界最大的资源进口国。一个国家可以生产、出口那些资金密集型、技术密集型、信息密集型的产品，通过对外贸易输入所需要的自然资源，这同样可以形成新的经济增长点，带来持续的经济繁荣。由此可见，现代科技的进步使越来越多的国家具备了成为世界经济中心的"自然"基础，但地理环境对经济发展的约束是永恒的，其地理约束递减极限永远不会为零。[①]

第三节 全球典型国际交往中心区案例分析

国际大都市从来都不是孤立存在的。从世界性中心城市发展的历史看，国际城市交往中心职能的形成离不开政治中心职能、商业贸易活动、文化交流往来、交通通达性带来的人口和产业自然集中等多种因素的共同作用。对全球典型城市国际交往中心功能的形成和发展趋势的借鉴，有助于朝阳区从承担北京"三个中心"职能的必要性和可行性中，找到建设首都首善之区的特色路径和创新驱动的原动力。

20世纪50年代以来，经济全球化成为带动全球经济一体化的主导因素。国际分工格局的重组、政治从单极化向多元化的转变、产业组织的扁平化，重

[①] 倪炎、章伟锋：《全球现代化国际都市的发展历程与功能分类》，载城市联合信息网。

塑了世界经济体系。而作为其地域载体的城市，在经济体的整合发展过程中逐渐超越了权利空间和国家的范围，世界城市成为全球经济的指挥中心和产业集聚中心。跨国公司总部通过世界城市的运营总部、研发总部、分支机构等，频繁往来于世界各地，同时带动各国市场参与全球化的竞争，形成了独特的全球化生产网络。而北京作为国家首都，在世界全球化盛宴中，随着中国的崛起，不可避免地成为世界性的重要中心城市。

全球典型城市分布在世界各国，案例众多又各有特色，但任何一个国际城市，其国际交往中心的功能都并非短时间可以实现。因此，借鉴典型城市交往经验，首先要解决的问题是北京自身"国际交往中心"建设有哪些需求，而非一股脑地"搬""抄""仿""效"。其次，在了解世界典型城市国际交往中心形成的国家基础、文化基础、产业基础和社会基础的同时，还要厘清城市发展中面临的特殊历史阶段、本国城镇化进程、技术革新下全球产业链分工的一系列新特征等现实而具体的客观前提。再次，在学习和借鉴其他城市经验的过程中，既要尊重历史发展的客观规律，又要不盲目认为发达国家市场化经验的某些结果注定是北京发展的客观必然。

北京构建世界性中心城市的进程中，既有计划时代"社会经济综合体"规划的影子，也有全球经济一体化下市场经济的活力基因，在新常态的历史转型阶段，还包含着中国从"引进来"向"走出去"战略转型的历史发展新任务。回顾北京城市的发展，虽然始终紧密围绕国家发展战略要求，但是从计划经济向市场经济转型的过程中，甚至是深化市场化改革成果的过程中，显现出了很多有别于发达国家城市市场化演变的特点，表现为：①中心的职能定位的反复与重组；②市场与政府职责边界的不清，政府长时间干预地区经济，导致市场失灵；③产业发展定位的"去工业化"和"弱化金融中心"目标同时存在，或交替出现①。北京市曾经是我国北方最大的重工业中心城市，在"去工业化"的发展目标下，工业比重日益降低，产业结构得到优化，金融、传媒和文化创意产业逐步成长为带动北京城市发展的主导力量。

---

① "去工业化"是北京产业结构调整的必然选择，也是城市化进程中"退二进三"提效增质的必然选择。特别是北京的生态环境，不可能在承载重工业体系的同时满足经济人口（第三产业就业人口）的持续爆发式增长。国际金融服务交往已经是北京城市的一张重要名片。2014 年，北京金融业增加值占全市 GDP 的比重已经超过 15%，应是名副其实的主导产业。

因此，本文从世界地图中自西向东的方向，遴选伦敦、巴黎、布鲁塞尔、新德里、新加坡、东京、纽约、华盛顿、墨西哥城等国际性都市的国际交往中心功能，对特色城区进行分类梳理、系统总结。此外，跳出现有大都市发展方式的藩篱，从一些特例中挖掘独特的国际交往模式，如穿越千年的古都长安、沙漠深处的世界时尚之都、其他国家世界城市中的"中国梦"与"中国城"①，作为朝阳区提升北京市国际交往中心功能的全球借鉴，以期能更全面细致地梳理实现朝阳区国际交流中心职能的总结和借鉴。

表 2-5　新中国成立以来北京历次城市职能定位变动总结

年份	北京职能定位	时代背景
1953	强大的工业技术基地和技术中心	首都五年计划出台、《改建与扩建北京市规划草案要点》出台
1954	赞成北京成为国家政治、经济、文化中心，不赞成成为工业基地	中央转批计委审议，通过北京新职能定位
1958	北京成为中国政治中心和文化中心，还要迅速成为现代化的工业基地和科学技术中心	《北京城市规划初步方案》形成
1973	"多、快、好、省"地把北京建成一个具有现代工业、现代农业、现代科学文化和现代城市设施的清洁的社会主义首都	《北京市建设总体规划方案》制定出台
1978	北京成为北方重工业城市之首	北京按照计划经济的要求，成立了健全完备的工业体系，工业占比64.5%
1980	北京成为政治、文化和国际交往中心，明确不再发展重工业	中央对北京进行重新定位
1982	以第三产业为主导的可持续经济	北京市第五次代表大会召开
1983	北京是全国政治中心和文化中心，不再提经济中心和现代化工业基地	《北京市总体规划方案》出台

---

① 全球典型城市的国际交流中，华人的力量不可忽视。"中国梦"代表华人、华裔等交往主体的中国情结，"中国城"则是以华人为主体在某个城市外在化形成的具体城市形象。通过对这种自发形成的"中国城"发展前提、条件和规律的总结，旨在帮助朝阳区最大限度扩展城市交流空间，落实以人为本的城市发展内核，促进国际交往的多元化和持续发展。

续 表

年份	北京职能定位	时代背景
1988	调整北京市经济发展的方式,实现经济增长方式转变	北京新技术产业开发试验区成立
1997	北京以发展知识经济为方向,高新技术为核心	北京市第八次党代会提出"首都经济"发展战略
2004	"三为发展"转变为"四个服务":为党政军领导机关工作服务、为国家国际交往服务、为科技教育发展服务、为改善人民群众生活服务	提出在2008年奥运会后,将奥运三大理念转变为"人文北京、科技北京、绿色北京"
2010	要努力把北京打造成国际活动聚集之都、世界高端企业总部聚集之都、世界高端人才聚集之都、中国特色社会主义先进文化之都、和谐宜居之都	习近平视察北京,针对世界城市建设提出相关要求
2014	坚持和强化首都全国政治中心、文化中心、国际交往中心、科技创新中心的核心功能,深入实施人文北京、科技北京、绿色北京战略,努力把北京建设成为国际一流的和谐宜居之都	习近平来北京考察调研并主持召开座谈会议,对北京未来发展管理提出新的要求

资料来源:陈志楣:《首都特色的发展战略演变》,《前线》2014年第5期。

下面将从国际交往中心形成的基础、国际交往中心承载主体(地区)、国际交往中心形成的内在作用机制和交往空间选择的特征等方面进行分类梳理和总结。在前有工作的基础上,总结世界典型城市国际交往可借鉴经验,最后对朝阳区"十三五"期间可落实和操作的方向给出相关建议,以供参考。

一、国际交往中心功能的形成

(一)客观基础

一般来说,国际交往中心的形成需要有国家基础、文化基础、产业基础、社会基础等客观基础。

其一,国家基础。

国际城市国际交往功能形成、综合水平对比见表2-6。

表 2-6　国际城市国际交往功能形成、综合水平对比表

	伦敦金融城	巴黎波旁宫区	布鲁塞尔上城区	新德里新城	新加坡	东京大手町新桥一带	华盛顿	墨西哥城
所在国家	英国	法国	比利时	印度	新加坡	日本	美国	墨西哥
发展背景	工业革命	法国大革命	马斯特里赫特条约签订	经济自由化改革	1965年独立建国	明治维新	美国建国	加入北美自由贸易区
经济实力（2013GDP/亿美元）	5535	6950	5081	2113	2957.4	7740	4152	2541.4
人口规模（万人）	820	223	115.5	1675.3	540	1329	540	1850
形成时间（年）	1840	1945	1991	1947	1998	1980	1791	1821

资料来源：根据中华人民共和国外交部网站、基维百科、百度百科整理，数据时间为2013年。

伦敦、巴黎、布鲁塞尔、新德里、新加坡、东京、纽约、华盛顿、墨西哥城等城市的发展，特别是国际交往功能的实现，无一例外地依靠国家信用作为支撑，作为本国重要的大城市，人口规模、经济水平和文化交往能力都代表着国家的水平。其背景是，国家综合实力的提升和作为国际分工重要节点中心的形成。

其二，文化基础。

全球典型城市国际交往构筑具有鲜明的文化基础和时代底蕴。综观全球城市的崛起，古老的罗马帝国即使衰落了，其城市的文化精神仍影响着西方城市发展。海洋文化的崛起，促进了西方城市的发展。而中国经济的奇迹被国外城市研究者认为是全球"海洋文化"发展的转折点。特别是新工业革命带来全新的信息技术交流模式，使得全球网络化连接成为可能。各国文化相互渗透，彼此交流。国际化大都市必须加强国际关系领域中的沟通与合作，实现积极、有益的交流与互动，形成一种城市、地区和全球网络式的协调协作型互动关系。

全球典型城市都不约而同地将文化战略作为整体城市乃至国家形象整体发展的战略核心。英国政府在 21 世纪之初就制定"创造机会——英格兰地方文化战略指南",伦敦的文化战略定位是创造新的文化多样性,维持伦敦作为世界都市的地位,具体方式是构筑世界领先的知识经济实体。新加坡的文化发展定位是"新亚洲文化创意中心",通过文化创意产业提升城市竞争力,发展目标是成为全球文化和设计中心。东京制定的文化战略则更明确,建设一个不亚于纽约、伦敦和巴黎的新东京。

包容性和多样化是国际城市文化发展的基础,具体表现为,城市在价值观、体制上创造出一种兼容并蓄的文化发展环境,汇聚各种文化思潮,集聚各类知识经济产业,吸引各类人才。同时,创造性是国际城市发展的核心价值。任何一个国际城市都是国家的名片,也是最具竞争力的中心。应当形成一种机制,让社会创新的理念、观点和思维得到发展孕育的文化土壤。伦敦(制定文化发展战略指南)、东京(五次推动首都圈基本规划)、巴黎(世界设计之都)、新加坡(新亚洲设计之都)等国际城市都不约而同地将文化提升与科学技术发展结合起来,成为国际文化交流中心。以上这些国际大都市同时也是教育、科技、文化、信息的交流中心,更是新思维、新理论、新技术层出不穷的地方。此外,文化已经成为一种重要的产业,在国际城市中占有越来越大的比重。

其三,产业基础。

国际城市经济结构和产业转型是主导产业快速发展的前提,随着经济体量的增大,需要有效的空间载体和政策平台,现代服务业的集聚式发展既是市场经济资源配置的结果,也是城市内在产业发展动力的需要。

城市的主导产业对国际交往影响巨大。在 20 世纪初,纽约、巴黎、伦敦是世界的航运中心,航运业地位举足轻重。随着服务业的迅速集聚,国际城市服务产品供给能力得到快速提升。一方面促进了全球市场的需求,另一方面也在城市中心形成了金融商务服务业集群。如纽约的曼哈顿,占纽约市面积的 7% 和纽约市经济总量的 82%。伦敦金融区的 GDP 占伦敦的 14%,占整个英国的 2%,其中伦敦金融和商业服务部门的产出占总产出的 40%。伦敦金融服务业集群在模式上与纽约存在很大的差异,形成了城市中心、内城区、郊外新兴商务区产业的多点空间分布发展模式。

日本东京同样拥有雄厚的产业基础,是世界航运中心、金融中心之一。但是日本产业分布存在有别于西方城市的特点。一方面，日本始终坚持城市中心功能疏解，多核多圈层的城市规划模式占主导地位，使得东京中心形成了千代田区、中央区和港区的不同功能区。另一方面，东京有别于其他国际城市的是，它还一直是日本的工业中心。东京新宿地区，一直是日本最大的工业中心。日本经历了从"贸易立国"向"技术立国"的转变，工业发展重点转向知识密集的高新技术产业，将批量生产的工厂转变为新产品开发研究型工厂。但无论怎样，东京的工业产业集聚仍然是重要的经济动力，也支撑了东京高新技术制造产业和核心竞争力。

其四，社会基础。

引领国际城市发展，除了体现在推动城市政府规划和引导产业集群的发展，为企业和创新主体营造良好的环境等方面外，还包括整合社会环境，构建和谐社区。科学合理的社区管理模式和机制对大城市的社会整合与构建和谐城市起着极为重要的作用。在美国，负有社区管理职责的机构主要是地方政府、社区管理委员会和非政府组织。以纽约市为例，整个纽约被划分为几十个社区，按规定，每个"社区区域"人口不得过万，一般把居住、工作和其他日常人口以及旅馆、饭店或其他夜间人口都考虑在内。社区委员会是社区工作的核心机构，对社区事务拥有很大的发言权。新加坡也是"社区治理"的典型国家。拥有 300 多万人口的新加坡，分设了 23 个社区"市镇理事会"，社区平均服务人口约 13 万。"社区规划"正是在此基础上开展的。英国伦敦市的社区委员会，类似中国的居民委员会，有基层政府的职能，国家的社会福利政策基本都通过社区实现。我们需要根据社会的发展变化，不断完善社会整合机制，通过改善旧机制、建立新机制来实现对新的社会阶层的整合，只有如此，才能形成全体市民各尽其能、各得其所而又和谐相处的城市。

(二) 历史定位

要成为国际交往中心，则需密切地适应世界经济发展的大趋势。国际交往中心既代表所在国家的经济水平和开放程度，也代表着世界经济发展、交流的大趋势。从世界经济发展的角度看，从英国工业革命到第二次世界大战这一时期，具备良好的交通和贸易条件是成为国际交往中心的首要因素，世界经济交往的基本特征是以大宗商品和原材料等掠夺式的流动，带动国际经济发展。第二次世界大战到苏联解体的冷战时期，世界城市经济交往受到政治的影响，城市间的往来向单极化方向发展，被分为两大社会阵营。这个时期，科技的竞赛和军备的竞赛，带动了全球科技水平的快速提升（运输条件也发生了革命性转变），人类历史上的多次壮举都发生在这个时期。科技交往也成为国际城市交流的重要内容，其重要性甚至超过了实物贸易。从冷战结束至今，是国际城市创新带动时期。虽然美国推动霸权主义，世界经济格局显现出整体和谐、局部不和谐的特征，但是全球经济一体化的深化，加速了全球市场一体化进程。科学技术数次革新，使得全球城市网络化连接成为现实。知识经济成为各国重点发展的核心（产业），国际交往的内容也日趋多元化、日益频繁。最显著的是，国际城市成为国际交流中心的先决条件，而不再是单纯的地理和贸易条件，决定着一国是否具有市场优势，是否处于世界市场未来发展的核心地位。产业链和价值链成为连接世界经济的重要手段，也自然成为划分世界城市交流质量和水平的要素之一。

无论是否承认，国际城市的国际交往在全球经济发展进程中，一定具有其历史使命，且是有时间限制的。如英国伦敦，成为世界航运中心用了133年，而发展成为世界金融中心用了211年[①]，其占据世界金融中心的（绝对）领先地位只有78年。1918年第一次世界大战结束，美国纽约超越英国伦敦成为世界最大的金融中心。这样计算，从1817年纽约《梧桐树协议》的签订到1918年，美国纽约用了102年的时间成为当时世界最大的金融中心。纽约世界金融中心的地位，同样受到日本东京的挑战，1960—1990年，日本经济飞速崛起，东京成为与纽约并驾齐驱的世界金融中心。但是1990年，以太阳神户三井银行（现樱花银行）合并为标志，日本又经历了"失去的二十年"。而纽约至今仍然是世界金融交易和金融市场最活跃的地区。为什么？一方面，世界市场发展变化瞬息万变，国际城市保持竞争力的唯一手段是跟上世界市场发展变化的节奏。另一方面，也是对北京市朝阳区发展建设有借鉴作用的方面是：城市发展的内部空间整合和地区产业发展的空间规划需要有更长远的发展规划，分散式的产业布局加上线性思维或摊大饼式的空间发展蓝图，无助于提升区域自身

---

① 成为世界航运中心：（1707—1840年）1707年，英格兰和苏格兰合并为一个国家，使得伦敦成为英国最大的贸易中心，且80%的贸易出口都是在伦敦进行的。第一次工业革命发起于英国，1840年，英国率先实现大机器生产代替手工劳动，工业用品大规模出口。

成为世界金融中心：（1707—1918年）1918年，第一次世界大战结束，纽约代替伦敦成为全球最大的金融中心。

竞争力。北京作为国际交流中心，一定有其历史特征和任务（中国文化走出去、科技创新中心、国际魅力城市、大国崛起战略）及最优发展时期。无论从哪个角度讲，加强国际交往都必须依托于北京市特有的科技创新基础、文化基础和产业发展基础，从朝阳区角度看，其金融商务国际交往中心的职能不可替代，且无法复制到其他区域。

二、国际交往中心交往模式

（一）单中心功能承载模式

华盛顿哥伦比亚特区（Washington D.C.）是美国首都所在地，是城市单中心（政治）功能发展的典型代表。华盛顿是美国的政治中心，国际交往功能也紧密围绕华盛顿政治中心功能。在行政管辖权上，华盛顿是特别划设的地区，不隶属于美国任何一个州，由美国国会直接管辖。美国统计局 2010 年统计数据表明，华盛顿市区面积 178 平方千米，特区总面积 6094 平方千米，人口约 60 万。黑人约占 50%，白人占 38.5%，亚洲人占 3.5%，印第安人占 0.3%，其他种族占 4.1%，太平洋岛屿居民占 0.1%。居民主要为联邦政府官员、雇员及其家属；勤杂人员等占 30%（大部为黑人）。

美国国会、白宫、最高法院等联邦政府机关、各国驻美大使馆、世界银行、国际货币基金组织、美洲国家组织等国际组织都设在华盛顿。其单一政治中心功能的产生有独特的历史背景。美国建国后，南北两方对建都地发生了激烈的争议。最终由麦迪逊（James Madison）和汉密尔顿（Alexander Hamilton）商议确定"由华盛顿总统亲自决定在波多马克河沿岸划出 100 平方英里的菱形区域"，最终选定为美国首都所在地，如图 2-19 所示。

单一的政治功能，也为华盛顿的发展带来一些特有的色彩，这里与美国第一大城市纽约不同，几乎不会遭受经济危机的影响。华盛顿的经济在很大程度上同联邦政府或国防部、能源部、国家健康署、食品药品管理局等政府机关相关，因而大幅经济波动对当地生活影响很小。作为政治中心，人们在华盛顿生活十分便利，而且从就业人数看，华盛顿的就业规模仅次于纽约。

此外，华盛顿还是美国的文化中心之一。全市有乔治敦、乔治·华盛顿等 9 所高等院校。创建于 1800 年的国会图书馆是驰名世界的文化设施，华盛顿歌剧院、美国国家交响乐团、肯尼迪艺术中心等都是美国著名的文化机构。此

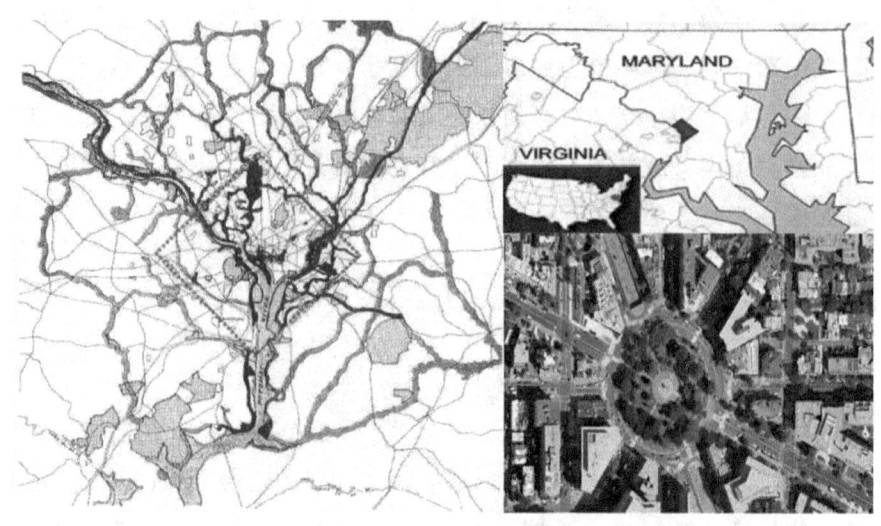

图 2-19 华盛顿城市功能区规划分布

地有相当多的博物馆，国际女性艺术博物馆就是其中之一。华盛顿还有美国国家艺术博物馆、自然历史博物馆、宇航博物馆等许多著名博物馆，每年吸引大批的国内外旅游人口来到华盛顿。同时，华盛顿也是国际知名的会议、旅游、外国游客赴美首选地。

（二）点轴发展模式

巴黎是仅次于伦敦的欧洲第二大金融中心。其城市中心形成独特的点轴发展模式，有着深刻的国际城市交往与竞争格局变迁的背景。从内部空间发展来看，1958 年，在市区外规划建设了副中心拉德芳斯，使巴黎城市的历史轴线向西延伸，自卢浮宫小凯旋门（1808）—协和广场方尖碑—凯旋门（1836）伸展到拉德芳斯大拱门（1989），长达 8 千米；从整个城市的发展方向来看，1960 年在城市外围规划建设新城，欲对以往无序蔓延的城市化空间进行重整。城市中心区空间变迁和调整的背后，是通过城市规划调整来维持自身城市的国际地位的点轴发展，对北京市、朝阳区都有一些可借鉴的经验[①]。

在 20 世纪之前，巴黎城市空间基本是单中心格局的，但是随着金融商务交流增长和规模增大，商务活动空间在城市中出现向西移动的趋势，逐步形成

---

① 参见肖一卓：《国际城市空间扩展模式——以东京和巴黎为例》，载《城市问题》2003 年第 3 期。

了较为典型的点轴发展模式,如图 2-20 所示。巴黎的中心商务区位于第一、第八、第九区。从 1954 年到 1974 年,以建筑面积论,巴黎工业所占面积减少了近三分之一,而商务商业用房面积增长了 22%,整个巴黎有变成商务中心的倾向(Norma,1979)。为满足迅速增长的商务办公活动对空间的需求,保护旧城区的历史风貌,1958 年,规划部门对商务办公活动"西移"倾向加以确认,决定在城市轴线西端紧邻巴黎城的近郊区拉德芳斯建设新的商务区。拉德芳斯的规划、建设由中央政府所主导的开发机构负责。在开发建设的前十多年中,主要资金来源是政府财政资金,这使得政府背上了沉重的财政负担。为增加开发收入,政府在后续的开发中对已有的规划方案进行了调整,将开发密度提高了一倍。

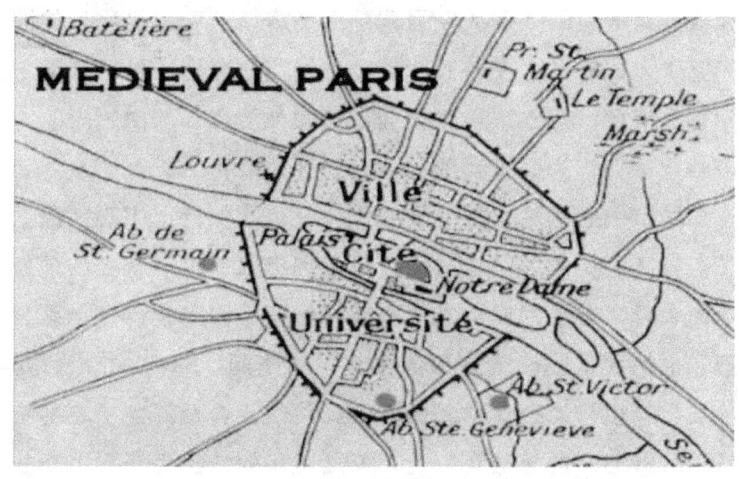

图 2-20 巴黎城市规划国际交往中心——点轴式分布

20 世纪后半期,欧洲城市间的竞争日趋激烈,尤其是欧盟东扩后,巴黎位于由伦敦—法兰克福—米兰构成的欧洲核心区以外,这使巴黎的欧洲中心地位受到严峻挑战。因此,城市发展规划调整成为保持巴黎国际城市地位的有效措施之一。1950 年年末,为解决战后的房荒,在巴黎郊区匆忙建起的高层公寓楼群,虽然满足了居民的住房需求,改善了居住条件,但由于配套设施不完善,社区生活单调,被越来越多的专业人士所诟病。1965 年,巴黎在区域规划中首次提出建设新城,"解除快速城市化和城市蔓延对巴黎形成的制约"(Dresch,1993),向外围地区疏散中心区过于集中的人口,并对自发形成的郊区进行重整,新城作为郊区的"中心",为周边居住区提供必要的公共服务和商业娱乐设施。这一计划最初规划了九座新城，由于20世纪70年代经济发展速度放缓，人口增长变慢等诸多因素，减少为五座，并且调低了新城的人口规模，从原先乐观估计的50万人调整为10万人。

目前，在巴黎城的外围地区，沿塞纳河、马恩河、卢瓦兹河河谷方向的城市扩展轴向，形成了五个新的功能扩展区（新城）。这些新功能区的共同特点包括：①合适的通勤尺度。功能区的平均距离在25千米左右。②便利的通达性。拥有便利的轨道交通和地上交通系统。③强调新城的就业功能，新城集聚了众多的商务、服务业、研发和轻工业等产业活动，成为地区经济增长极。例如：在圣康坦—昂伊夫林，金融、保险和房地产业的就业人数占总就业人数的三分之一，服务业就业更接近70%。④对城市中心区进行功能疏解的同时，注重中心区核心竞争力的提升。在强调外围经济增长和发展质量的同时，特别注重中心区竞争力的提升。在核心区鼓励发展商业金融服务、金融中介，维持巴黎在国际货币市场、资本市场、黄金市场和外汇市场的国际影响力，并把提升中心区核心竞争力作为城市发展的中心任务之一。

巴黎选择城市中心区域点轴发展的优势是：既保持了中心区的繁荣，较完整地保护了老城区的历史风貌，又为经济发展提供了组织有序的增长空间。从国际交往功能来看，点轴的城市规划方式使得核心区商业、金融服务业空间分布更加合理，也扩大了城市旅游和各类交往的空间，使得城市总体富于变化，增强城市的文化品位。通过点轴式的发展，将巴黎金融商务中心的核心功能有序疏解，既保留核心区的金融竞争力，又通过规划拉德芳斯再造新的商务中心区。对于朝阳区"三区十基地"的空间发展格局，将国际交往中心功能内化到对应区域的发展当中，可以有效提升该地区发展的内涵与核心竞争力，又能通过汇集朝阳区现代服务业发展的整体竞争力，强化国际金融、现代传媒和商务服务的产业竞争力，进而承载北京市对外经济交往中心功能区的历史任务。

（三）多中心分工地区互动模式

第一，日本东京。东京城市的规划和发展对北京具有显著的借鉴作用，不仅因为同是亚洲国家，文化同根同源；还因为在城市发展过程中，东京经历的很多特大城市特有的发展规律、困境和问题，值得北京思考和借鉴。在中心区域的功能选择上，东京经历了数次摇摆，从功能向城市中心集中—防止蔓延增长—多中心—多功能—核心（金融）功能向中心集中的屡次变动中，既可以看到东京作为新兴世界城市的崛起,也可以看到人口、产业过度集中造成的环境、空间、交通等共性问题的无奈。从国际交往来看,东京的城市多中心规划,使其在日本政治、经济中心的基础上,形成新宿世界级科技交往中心、新桥汐留一线金融业务中心和东京港航运交往中心的空间格局,并优化了利用效率。日本东京《2020 年城市发展战略规划》①(2011 年 12 月 23 日公布),提出建设海陆空一体的、具有超强国际竞争力的城市,并强调核心功能(国际金融控制力、文化影响力和科技实力)的集中。保持东京国际城市地位和控制功能过度集中引起的城市规模膨胀始终是一个两难矛盾,而中央政府及其与大企业财团的联盟在东京国际化策略和日本经济发展中的支配性地位,应是症结所在。图 2-21 所示为东京城市功能中心空间发展示意图。

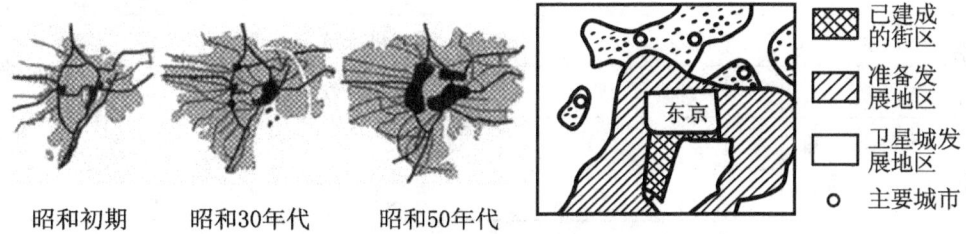

图 2-21　东京城市功能中心空间发展

在 1958 年公布的第一次首都地区总体规划中,仿效 1944 年大伦敦规划,试图通过在距东京市中心半径 16 千米处,设置 5~11 千米宽的绿带,阻止城市的无限制蔓延。同时计划将新宿、涩谷、池袋建成综合性副中心。在绿带外围设立城市发展区,建设 13 座卫星城。但由于 20 世纪 50 年代末 60 年代初,东京地区的人口及就业增长速度远超过规划估计,郊区居住区的建设侵占了大量绿化用地,导致建设绿化带的设想基本落空。1968 年的第二次总体规划建议将生产、周转功能和教育、研究设施向东京外围地区疏散,继续建设新宿、涩谷、池袋等副中心,分散老商业区丸之内、有乐町的压力。1976 年的第三次总体规划再次强调分散中枢管理功能,建设多中心城市,提出在更广阔的地域范围内建立多中心结构。通过向周边地区疏散工业、大学和大型综合服务机构,合理安排功能,适度增加人口,并以此为依托建设副中心,减轻对东京中心区的依赖。副中心一般选择位于交通节点、有大量未利用土地、未来有发展

---

① 东京都官网:www.chijihon.metro.tokyo.jp。

潜力的地区。副中心不仅是商业中心，而且应成为高度独立的具有多种功能的地区综合中心，尽量满足地区的职住平衡。在最新一轮规划中，东京港滨水区被规划成第七个副中心，面积大约为 4.4 平方千米，计划建设世界最大的电讯港（Teleport）、东京国际中心（TIC）和东京科学园（Tokyo Academic Park），包括办公、休闲、会展等多种功能，如图 2-22 所示。

名　称	主要功能定位
中　心	政治经济中心、国际金融中心
新　宿	第一大副中心、带动东京发展的商务办公、娱乐中心
池　袋	第二大副中心、商业购物、娱乐中心
涩　谷	交通枢纽、信息中心、商务办公、文化娱乐中心
上野—浅草	传统文化旅游中心
大　崎	高新技术研发中心
锦系町—龟户	商务、文化娱乐中心
滨海副中心	面向未来的国际文化、技术、信息交流中心

图 2-22　东京计划

目前，大东京都市区正在形成中心—副中心—郊区卫星城—邻县中心这一多中心构架，各级中心多为综合性的，但又各具特色，互为补充。在传统中心区域，专门发展作为世界城市须具备的国际金融功能和国内政治中心功能，并向其他次级中心疏散次级职能。新宿、涩谷、池袋等七大副中心，位于中心周边 10 千米范围内，主要发展以商务办公、商业、娱乐、信息业为主的综合服务功能。新宿经过近 30 年的建设，已成为以商务办公和娱乐功能为主的东京第一大副中心，池袋、涩谷等中心也已基本形成。郊区卫星城以多摩地区的八王子、立川和町田为核心，距中心约 30 千米，以居住功能为主。在东京外围县确立川崎、横滨、千叶、筑波等 8 个邻县中心，距中心约 50 千米。其中，位于茨城县，距东京约 60 千米的筑波，自 1963 年起，只接纳从东京建成区迁出的科研教育机构，建设以研发为主的科学城。东京多中心城市结构的形成，改变了原有的单中心模式，一定程度上实现了通过建设副中心，集中容纳国际控制功能，扩散次级功能，控制城市规模过度扩张，建设国际城市的设想。但是，有两种矛盾倾向一直交替主导东京城市发展的规划。当经济景气，就业增长带动人口向东京集中，城市发展面临的压力增大时，主张分散功能的意见占上风，此派多为规划人员和迫于国土均衡发展政治压力的中央政府；而当经济不景气，市级财政紧张时，认为首要任务是在全球化中保持东京在经济、金融领域的领导地位，担心过度分散功能将影响东京的竞争优势，主张强化东京国际商务功能的声音则更强，此派多为产业界人士、房地产商、大土地所有者和东京市政府。20 世纪 90 年代以来，围绕着"迁都"问题，两派展开了激烈得而辩论，以致 1990 年日本国会通过的迁都决议，1996 年通过的迁都决议修正案，至今仍停留在纸上，无法实施。东京 2030 年城市规划，则再次强调功能集中，提高东京国际竞争力。

第二，英国伦敦。伦敦是国际金融中心，金融业和金融区的发展对大伦敦地区和英国经济发展具有重要的牵引作用。伦敦大都市区分为伦敦城（The City）、内伦敦和外伦敦地区，伦敦商务区主要集中在伦敦城外和内伦敦西区的西敏寺区（Westminster）两个相对独立的中心节点区，办公建筑面积 1400 平方米。伦敦现代服务业历史悠久，产业分布形成了城市中心、内城区、郊外新兴商务区的多点发展模式，而且伦敦金融区的发展不仅突出了现代中心城市对管理决策、金融控制和要素集聚的要求，更强调产业集群功能的可持续发展，即强调综合功能和生态功能。如图 2-23 所示。

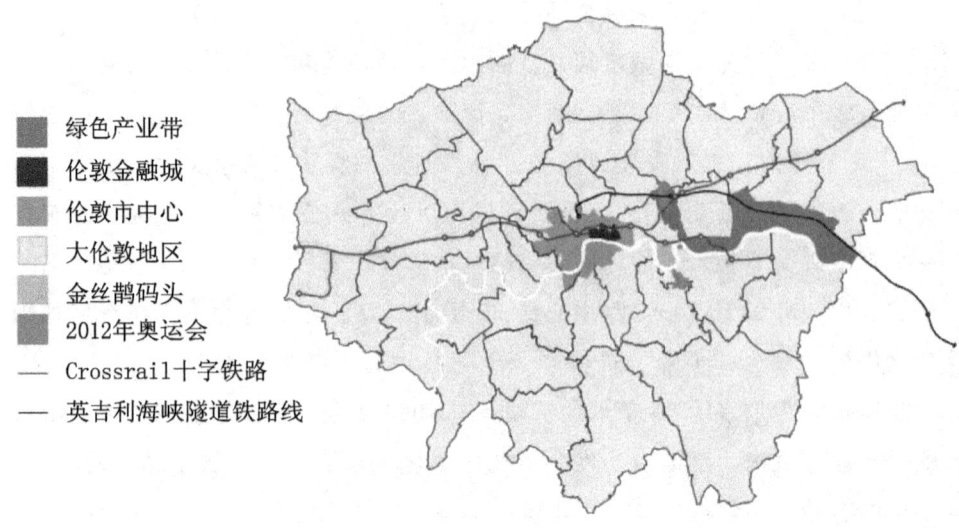

图 2-23　伦敦城市功能分布规划

在伦敦城市规划中，突出了金融中心的特点，致力于建设能够集中商贸活动的特别分区。进入 20 世纪后，制造业的就业与居住人口逐渐外流，伦敦的国际商务机构大量增加，并逐渐向原有的住宅区方向扩展，并在西敏寺城区形成了与伦敦城金融中心相对应的以公司总部和专业服务业为主体的商务活动集中区。办公区对居住社区的不断侵蚀，引发了英国社会与政府的广泛争论。为保证公众利益和公共环境不受高强度和高密度开发破坏，伦敦开始采用抑制市场的策略对待商务区的渗透，在伦敦制定了"限制性分区"（The Strategy of Containment by Zoning），将商务活动分区限制在伦敦城和西敏寺区等单纯的 CBD 内，此区域内提供公司总部、专业服务和零售、娱乐等活动场所，而对广大居住社区（Communities）进行严格保护。在此立法和有关政策颁布之后，伦敦中心区有限制的 CBD 战略很好地保留了伦敦城市历史风貌（Fabric），但同时也带来了伦敦在吸引国际性资本投资方面的劣势。因此，为了在保护中心区历史风貌的同时，进一步适应商务办公区的膨胀需求，20 世纪 70—80 年代，伦敦形成了以泰晤士河码头区城市更新为代表的新城市化中心区，并逐渐成为伦敦第二个中央商务区。这是伦敦金融服务业集群与纽约的显著区别，出现城市中心、内城区、郊外新兴商务区的现代服务业集群多点发展的新模式。

三、典型国际交往中心功能提升分析

(一) 纽约：以联合国为中心发展国际交往

纽约曼哈顿成为世界金融中心、国际交往之都已有近百年的历史。但回顾其发展历史，仍然可以看到很多与当前北京朝阳区类似的地方。甚至联合国的出现都不是偶然的，而是以深刻的经济、金融发展背景为基础。

首先，纽约通过国际经济中心向金融中心转变，才带来了世界经济的话语权和国际交流中心的地位。第一次世界大战后，美国经济增长速度惊人。1913—1918年，美国GDP从360亿美元增加到771亿美元，经济翻了一番还多。但此时经济的快速崛起并不代表纽约成为世界级的经济中心，美国在世界经济中的领导地位仍然较弱。从当时商业银行的国别分布就可以看出，最大的10家商业银行甚至没有一家是美国的，如图2-24所示。

银　行	总资本(百万英镑)
1. 里昂信贷银行(法国)	113
2. 德意志银行(德国)	112
3. 米德兰银行(英国)	109
4. 劳埃德银行(英国)	107
5. 西敏寺(英国)	104
6. 兴业银行(法国)	95
7. 巴黎国家贴现银行(法国)	75
8. 国民银行(英国)	74
9. 德累斯顿银行(德国)	72
10. 通用银行(比利时)	72
11. 巴克莱银行(英国)	66
12. 德国贴现银行(德国)	58
13. 国民城市银行(美国)	57

图 2-24　1913年世界商业银行排名，图为一战时的纽约

资料来源：王玉铮：《纽约国际金融中心的形成与发展 (1919—1945)》，华东师范大学2013年硕士学位论文。

其次，战争使得美国从债权国变为债务国，为纽约曼哈顿提供了快速发展的经济上升通道。更重要的是，当时美国国内各个城市金融市场发展都比较滞后，缺乏大量的金融人才，而曼哈顿恰好成为国内金融人才的培训地，战争期间曼哈顿的稳定发展为金融人才提供了难得的发展机会，也为美国日后成为国际金融中心创造了条件。

再次，国际经济实力的提升对曼哈顿地区发展至关重要。经济地位的提高，令美国更加频繁地参与国际分工，也必然要求金融服务做相应的配合，这为曼哈顿的发展提供了良好的契机。联合国的成立，在巩固纽约城市国际金融中心地位的同时，也丰富了其国际交往中心的历史功能，如图2-25所示。

图 2-25　纽约联合国大厦

所以说，国际金融中心的发展与一个国家的经济实力密切相关。纽约曼哈顿的发展证明，世界城市不是偶然形成的，但一个想成为世界城市的城市首先要完善自身建设。纽约在一战时期面对突如其来的责任，明显没有做好应对的准备。但是当时其拥有战时的有利条件，美国国内环境安定，在当时而言这点就足以超过其他因素。但是，面对如今较为安定的国际环境，此类优势荡然无存。从经济发展情况看，世界发达国家深陷债务危机和金融危机，中国经济是世界经济的增长新动力。北京城市是中国崛起的标志和名片，而朝阳区应该做北京的曼哈顿，不但要成为国际分工的积极参与者、倡导者，还要承担更多的国际交往任务，推动人民币的国际化，成为北京城市的新名片。

1946年，联合国将总部设置在纽约。随着联合国在国际政治中的影响日益显著，机构不断增多，纽约因此受益匪浅。联合国主要机构共有6个，其中5个在纽约；常设辅助机构12个，也有5个在纽约，这使纽约成为拥有联合国主要机构数量最多的城市，纽约的国际政治中心地位大大提高。联合国的存在给纽约带来了巨大的利益。在1995年联合国50周年庆典之际，时任纽约市市长朱莉安尼不无自豪地说："正是因为联合国总部的存在，纽约才当之无愧地被誉为'世界之都'。"联合国及其下属的各种组织机构已经成为纽约市经济发展的一个重要组成部分。根据纽约市经济发展部门2005年的统计，联合国平均每年对纽约市经济的直接贡献达到25亿美元，提供18000个就业岗位。

（二）新加坡：立足地理区位形成亚洲金融中心

国际金融危机后，全球城市在痛苦的阵痛中不断反思，特别是风暴中心的纽约，开始反思金融监管和金融创新的代价。然而新加坡"逆势而动"，提出建设世界级金融中心的战略，通过十年的发展，新加坡竟然成为亚洲新金融中心。新加坡提出发展以资产管理（财富管理）和债券市场为金融中心的目标，以及通过政府（新加坡金融管理局，Monetary Authority of Singapore，MAS）有力推动的经验，对同样希望成为世界总部集聚、资产管理中心的北京朝阳区来讲，有很强的借鉴意义。

自20世纪90年代的亚洲金融危机起，新加坡就开始重点进行自身金融中心的建设，包括资产管理中心、债券市场中心、证券衍生品交易中心、外汇交易中心、银行业中心、保险业中心和个人金融服务业中心。新加坡的有益经验是，通过政府主导，积极调整相关金融政策和监管组织，有效培育和提升了新加坡的城市经济发展环境和金融市场环境，大大提升了城市的综合竞争力。具体措施包括以下几点。

第一，改革金融监管体系。亚洲金融危机爆发前，新加坡对金融业实施的是多元化的分业监管模式。分业监管往往造成监管部门互相扯皮，监管职能交叉，责任不明，从而使监管效率低下。因此，以统一监管为指导思想，从1998年开始，新加坡对金融监管体制进行了调整和改革，改革的首要内容是加强金融管理局的权力，建立统一的金融监管体制。改革后，将原来分属于财政部、银行监督委员会、保险监督委员会、证券监督委员会、货币局的各类金融监管职责统统转移到MAS。MAS的金融监管职能由金融机构监管组团实施。该组团是 MAS 最大的组团，由银行署、保险署、证券期货署、市场体系与风险顾问署、监管政策署、监管法律服务署组成。新加坡金融中心建设目标如图 2-26 所示。

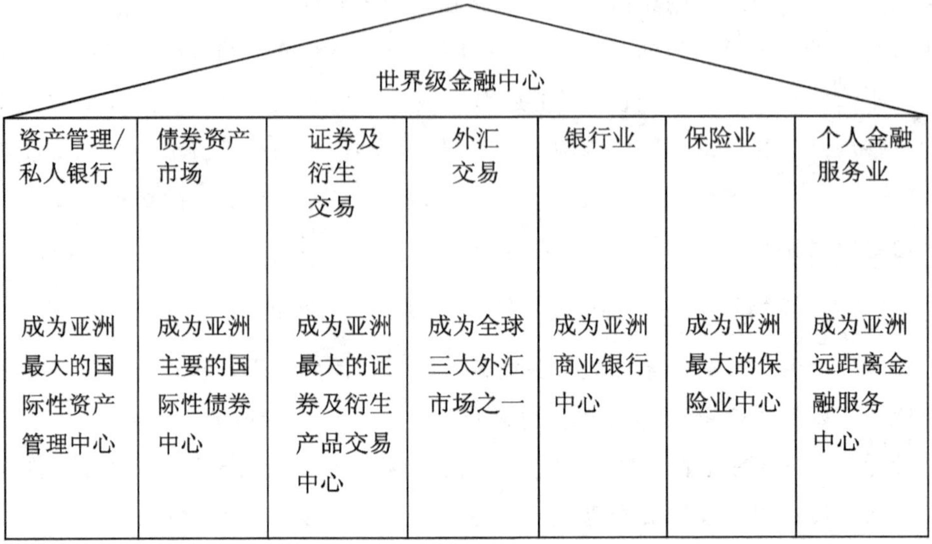

世界级金融中心						
资产管理/私人银行	债券资产市场	证券及衍生交易	外汇交易	银行业	保险业	个人金融服务业
成为亚洲最大的国际性资产管理中心	成为亚洲主要的国际性债券中心	成为亚洲最大的证券及衍生产品交易中心	成为全球三大外汇市场之一	成为亚洲商业银行中心	成为亚洲最大的保险业中心	成为亚洲远距离金融服务中心

图 2-26　新加坡金融中心建设目标

资料来源：周镇宏：《新加坡金融业考查报告》，载《广东经济》2000 年第 2 期。

MAS 除分别设置银行署、保险署和证券期货署外，还设置了市场体系与风险顾问署、监管政策署和监管法律服务署等专门为监管部门提供相关服务的技术部门，这就保证了其监管工作可以满足既精深又广博的要求，如图 2-27 所示。其中，银行署是 MAS 内部最大的一个部门，在银行署下还设 6 个监管组群，并明确每个组群的监管对象。在银行署内部还专门设置了由精通资本市场业务人员组成的资本市场部，以便与银行署内的有关部门合作，以有效监管银行信贷、资本市场相互交叉、渗透的业务。

第二，进一步完善金融法律体系。新加坡政府不断制定新的金融法律，如证券与期货法、支付体系监督法等。2001 年 10 月 5 日，新加坡国会通过了证券与期货法（SFA），该法首次将新加坡原有的证券业法、期货交易法、交易所法、公司法部分条文等，均并入同一个全新的法律中，以适应全球化、高科技浪潮及创新发展的需要。该法的实施确立了 MAS 作为证券与期货市场监管主体的地位。但随着证券与期货法 2005 年修改案的通过，MAS 对交易所的处

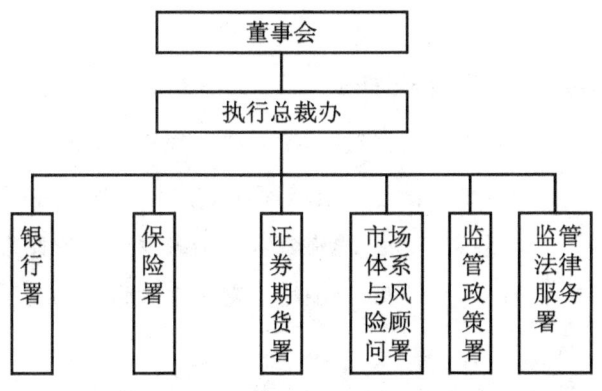

图 2-27　MAS 的金融机构监管

资料来源：汪康懋：《新加坡的金融监管体制》，载《华东政法学院学报》2005 年第 1 期。

罚程序和规则日渐减少关注，日常的市场监管由新加坡交易所（SGX）来负责。该法还非常重视保护中小投资者的利益。如依据该法，MAS 有权为了保护买卖证券的个人或为社会公共利益而禁止某些特定证券的交易。

第三，政府主导完善城市基础设施建设。完善的城市基础设施对于国际金融中心的建设是十分重要的。在亚洲金融危机之前，新加坡的城市基础设施建设已经在亚洲名列前茅，但为建成世界级金融中心，亚洲金融危机后新加坡进一步加强了城市基础设施的建设，尤其是在交通和信息这两个方面的基础设施建设。在交通方面，新加坡不仅重视道路、桥梁、机场等硬件的建设，更加重视通过加强软件建设来合理利用现有的交通基础设施。新加坡是世界上第一个在城区建立电子道路收费制度（ERP）的国家，该系统于 1998 年 9 月正式投入使用。自从 ERP 系统运行以来，新加坡高峰时期和全天的交通量都有很大程度的减少。数字显示，新加坡使用 ERP 系统一年后的日交通量就减少 15%，7：30 到 9：30 高峰时期交通量减少 16%。1999 年，新加坡国家电脑局和新加坡电信局合并组成新加坡资讯通信发展管理局（IDA），负责新加坡信息化建设的规划和实施。成立后，IDA 不断推出新加坡信息化建设蓝图，采取有效措施提高全社会的信息化程度。2006 年 6 月，IDA 向全球推出了其雄心勃勃的信息化建设蓝图的第五个版本"智慧国 2015 计划"。这是一个为期 10 年的计划，政府共投资约 40 亿新元。其规划的愿景可以用一句话来形容，就是利用无处不在的信息通信技术将新加坡打造成一个智慧的国家，一个全球化的城市。

（三）布鲁塞尔：提升城市层次，服务欧盟总部

布鲁塞尔位于森纳河畔，北部是低平的弗兰德平原，南部是略有起伏的布拉邦特台地，平均海拔 58 米。上城依坡而建，为行政区，主要名胜有路易十六式建筑风格的王宫、皇家广场、埃格蒙宫、国家宫、皇家图书馆、现代古代艺术博物馆。市中心的"大广场"周围屹立着许多中世纪的哥特式建筑，其中以市政厅较为壮观。

作为欧洲之都的布鲁塞尔，服务业占其产业的很大部分。除了一些著名的啤酒生产商如 Cantillon Brewery 之外，布鲁塞尔的产业都来自面向欧盟组织和众多国际组织办事机构的服务行业。欧盟总部等跨国机构落户前，布鲁塞尔的城市空间表现为明显的内城贫民和工人阶级分布区与郊区富人区的二元模式。随着跨国机构和国际精英的大量进入，布鲁塞尔发展为顶级世界政治城市，综合影响力也跃升至世界城市体系第二层级。在旧的社会经济过程与新的跨国动力相互作用过程中，城市空间发生显著重组。在布鲁塞尔"曼哈顿计划"等战略和措施的影响下，跨国机构的集聚区域逐渐形成，导致城市空间的二元模式完全转变，相关表现包括：①在本地居民与跨国力量的冲突和博弈过程中，实现城市更新和绅士化过程，城市中心"欧洲化"——欧洲首都区形成（如图 2-28 所示）；②以欧洲首都区为核心，建立垂直分离式的交通网络，成为连接布鲁塞尔和欧洲其他地方的交通枢纽中心；③布鲁塞尔的空间中心化趋势已从跨国机构所在的欧洲首都区扩展到布鲁塞尔整个城市区域。

布鲁塞尔是欧洲的城市花园，正是欧盟等国际组织的进驻才使得布鲁塞尔成为世界级的交往城市，也成为欧洲的政治中心，并成为跨国公司进驻欧洲的首选城市之一。

（四）迪拜：规划政策助推世界传媒消费都市

迪拜濒临海湾，是地理位置优越的天然良港。直到 18 世纪中期，迪拜的经济依然以传统的捕鱼和珍珠采集为主，但直到 18 世纪末它还只是一个仅有 3000 人口落后的小渔村。18 世纪末 19 世纪初，在英国商品大量在此倾销并成为重要的珍珠港口后，迪拜的发展进入新的阶段，并且逐渐发展成为当时中东地区的珍珠贸易中心。1830 年，迪拜附近的卡恩浩（Knhor）建立了珍珠收集

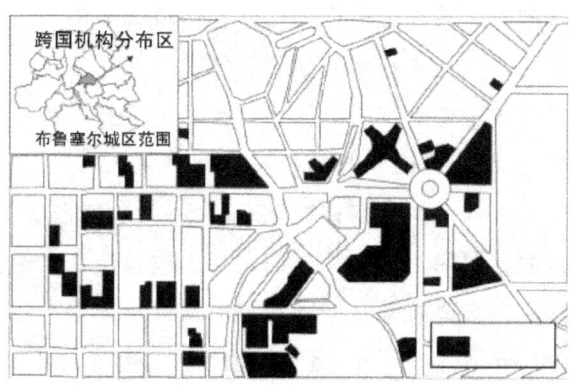

图 2-28 布鲁塞尔跨国机构集聚分布的欧洲首都区

资料来源：Sassen S. Local actors in global politics. Current Sociology，2004，52(4)．

港和贸易站，来自印度、非洲等地的商人纷至沓来，迪拜成为地区交易的主要场所，并为其发展成为当时中东地区的珍珠贸易中心起了巨大的推动作用。1902年，波斯帝国提高税收导致大量商人移民迪拜，极大地促进了迪拜的繁荣。1904年，迪拜取消了5％的海关税，成为"自由港"，并一跃成为海湾地区重要的商品交流中心，吸引了大量国外投资，贸易成为国家的经济支柱，迪拜港也成为繁荣的商品交易中心。20世纪50—70年代是迪拜经济发展的转折时期。20世纪60年代，石油资源的发现与出口为迪拜向现代化过渡奠定了经济基础。发现石油资源后，凭借石油美元，迪拜经济迅速崛起。1960—1977年，阿联酋的石油收入从3300万美元增加到80亿美元，到1980年更增至192亿美元。现任迪拜酋长希望把迪拜打造成为"世界之最集锦"，地处沙漠深处的迪拜城成为时尚奢华的代名词。图2-29所示为迪拜建筑博物馆。

图 2-29 迪拜未来建筑博物馆

"迪拜模式"，即通过政府的大规模贷款和融资，发展房地产和金融业拉动经济迅速发展，试图通过政府强力规划，摆脱对单一石油经济的依赖，走经济多元化道路，事实证明还是有很多可借鉴的经验。

迪拜是世界知名的奢侈品消费之都，但很多人不知道迪拜也是世界级媒体城之一，如图 2-30 所示。媒体城是阿拉伯媒体产业的一种全新现象，其发展有着特殊的历史背景，即阿拉伯媒体的地理转型。在 20 世纪 70 年代前后，由于政治、社会多方面的原因，一些阿拉伯出版人被迫流亡，他们在阿拉伯以外的地区（主要是欧洲）设立媒体，向阿拉伯民众传播政治主张，这些媒体被称为"离岸媒体"（offshore media），是阿拉伯新闻传播的核心力量。20 世纪 90 年代中后期，随着卫星电视的发展普及，在欧洲办媒体的优势不复存在，很多离岸媒体开始回归阿拉伯。

图 2-30　迪拜媒体城

迪拜媒体城成立于 2001 年，是迪拜酋长家族企业信息科技和通信投资公司（TECOM Investments），业务范围包括新闻、咨询、新媒体、传媒和营销服务、印刷发行、通讯社、广播电视等，目标是建设阿拉伯地区的传媒中心。迪拜媒体城发展速度很快，成立之初只有 99 家公司入驻，现在已经有来自 170 多个国家的超过 1400 家媒体公司落户，办公场所的入住率达到 93%。很多全球和地区顶尖的媒体机构都选择迪拜作为地区业务的区域中心，其中包括路透社、道琼斯、《泰晤士报》、CNN、CNBC、CCTV、索尼和贝塔斯曼等。此外，还有众多媒体行业的自由职业者活跃其间。经过十几年的发展，迪拜媒体城已经成为阿拉伯地区最具竞争优势的媒体集散地。

迪拜媒体城的发展，在很大程度上也得益于政府投资友好的政策导向。20世纪80年代以来，迪拜提出为摆脱对石油经济的依赖而推动经济结构转型计划。发展文化创意产业、开发自由贸易区以吸引外资等就是其中的重要举措。迪拜媒体城正是在这一宏观背景下发展起来的。迪拜的自由贸易区有大量优惠政策，比如工商注册程序简化、允许外资100%控股、税收减免、贷款激励等。这些政策使在迪拜投资经营更加简洁便利，对外资更有吸引力。2012年年底，迪拜又推出了全新的"迪拜3.0"发展计划，意在建立阿拉伯世界的文化、艺术、旅游和创业中心，在这种宏观政策的刺激下，迪拜媒体城的未来发展空间会更广阔。

（五）长安：经济文化传承塑造千年古都

"忆昔开元全盛日，小邑犹藏万家室。……齐执鲁缟车班班，男耕女织不相失。"杜甫《忆昔》诗中描述的景象，就是曾被誉为世界城市大都会的我国唐代长安城。遥望千年古都，"丝绸之路"和"海上贸易通道"那么久远，又似乎同"一路一带"复兴中华如此不谋而合，综观唐长安的国际交往，万国来朝，不拒来使，饮食、雕塑、绘画、舞蹈深深融入了异域之美。即便是千年以后，开元盛世的盛唐遗风，仍有很多值得我们学习借鉴的方面[①]。图2-31所示为古长安城市规划图。

唐代中国通过西向、西南向的陆路和东向、南向的海路，曾与三百多个国家和地区友好交往。陆路便是著名的丝绸之路，而海路，则主要是东向通往日本，以及南向通往东南亚、南亚，以及西亚、中亚各地的水路（海上丝绸之路）。与西方各地的陆路交通，到唐代发展到鼎盛时期。首先是完善了旧有的道路。如在今新疆境内，除位于天山之南的南、北二道外，在三国时期又增加了天山之北的一条新路，这就是《三国志》引鱼豢《魏略》中所说之新七新道。到唐代，这条道路一直通向唐王朝最西端的碎叶城（苏联中亚之托克马克城），自庭州（新租鑫木萨尔县）西行，沿途经过轮台（今米泉市）、张堡守捉（昌吉县）、叶河守捉（今乌苏市）、弓月城（霍城县东）等二十多个城镇。（见《新唐书·地理志》）。最可注意者，是唐代正式形成，由长安出发西南行转而

---

① 参见武伯纶、武复兴：《国际交往与唐长安的繁荣》，载《理论导刊》1991年第3期。

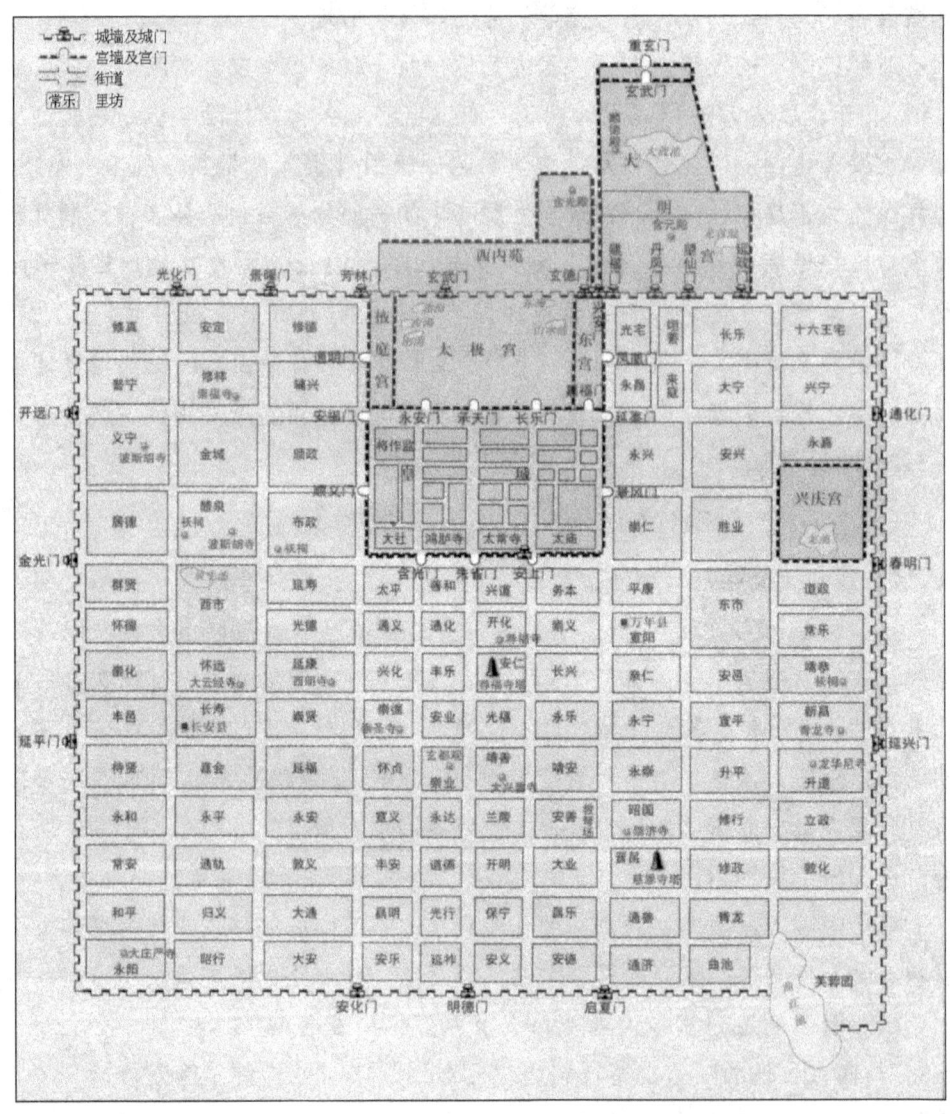

图 2-31 古长安城市规划

通往西方各地的"吐蕃路"和"永昌路"。居住于青藏高原的西羌(藏族)人所建立之吐蕃政权,"长时期中未始与中国通"(《新唐书·吐蕃传》上)。至唐代,开始与中原建立密切的关系。唐王朝曾先后将文成公主和金城公主分别嫁给吐蕃首领松赞干布和尺带珠丹。从此,由长安出发经今青海、西藏入西域的"吐蕃路"正式开通。最早称此路为"吐蕃道"的是唐代高僧义净。据义净《大唐西域求法高僧传》记载,唐代去印度等地的僧人中除三十余人是从广州由海路西去的以外,其余二十多人都是经由"吐蕃道"去印度的。唐太宗、唐高宗时的使臣王玄策等人前往印度,也走的是这条捷径。另据《新唐书·摩揭陀传》记载推知,印度的甘蔗熬糖法,也是由此道传入中国的。

除了开辟交往通道之外,唐长安还吸引了大量的"外国人",他们不但生活在长安,很多还成为镇守的将军、进士、高僧等。如波斯4000多遣唐使,没有一个愿意返回,被安排到神策军中;印度的密宗高僧善无畏、金刚智、不空三人被称为"开元三大士"。寓居中国的大食人李彦升竟能考中进士,表明了唐长安的文化凝聚力,也表明西方人对中国文化的向往和努力学习的精神。这值得我们在弘扬"北京精神",构建首善之区时深入思考,将单一的经济凝聚目标转变为以经济为基础、文化为核心的多层次、惠民化的发展目标,才是提升"北京精神"的根本。

当前,在北京国际交往中心建设中,有一个不可以忽视的地方是对世界华人的交流。朝阳区地处北京市的核心区,是北京的文化名片,也应是北京承接华人"中国文化"的最佳地点。通过对其他世界城市华人社区的借鉴,我们希望能够找到适合北京朝阳区的华人交往中心建设的可能。

世界华侨的价值认同的需要,进一步催生了本地国际交往的需要。在多元化的国际城市(纽约、伦敦、巴黎等)中,文化多元化发展是共同的特征。华人的价值认同,国家认同的构建,根基不在国外,恰恰应该在国内,应该在代表中国经济发展最高水平和文化最富集的地方(朝阳区有条件成为华人交流的中心)。历史上,其他国际城市形成的华人社区、中国城,如图2-32所示,有其历史的特点和必然,但是在中国崛起和"北京精神"的感召下,构建海外华侨的价值认同、文化认同、形象认同、话语认同和利益认同,也迫在眉睫。

在海外问卷调查中,有外国人讲,他们十分钦佩中国人的归属感(sense of belonging)——对家庭的归属感、对国家的归属感,他们认为:"谁说中国人没有宗教?归属感就是中国人的宗教,因为宗教就是解决归属感问题的。"这对我们的启发是,中国人内心最在乎"温暖和归属",而这一点也常常是外国人最为欣赏和认同的价值。中国梦是全体中国人价值的塑造与传播,关系每一个海外华侨,是属于全球共同的精神家园。要强调中国价值具有世界意义,能够被世界分享。现代化、信息化的负效应就是人与人之间关系的冷漠和疏离,

图 2-32　纽约中国城（左）伦敦中国城（右）

人内心的孤独和空虚；即使在西方发达国家，暴力、自杀等极端事件依然是社会顽疾。故此，以"向善关怀""正心修生"为内核的中国价值，能够对此作出独特的贡献。

2011年2月，美国参议院公布了前外交委员会主席卢格的报告，卢格认为："中国在传播文化时仍然以四大发明、长城和儒学为核心，这种方式过分强调传统，忽视现状，很难在流行文化当道的国际文化传播竞争中形成竞争力。"朝阳区是北京市跨国公司最多、大使馆最多、高学历就业人口最多的地区，也是中国大众文化的汇集中心，朝阳区有条件率先开展多角度、全方位的规划，将国际城市"中国城"的华人凝聚起来，共同致力于华夏复兴的"中国梦"，在承担北京国际交往中心职能的同时，更应惠及华人利益，为"中国声音"创造平台基础和交往条件。在中国经济国际化过程中，政治、军事、文化的崛起不可阻挡，更不可或缺。如何使中国在崛起的过程中赢得国际社会的认可和欢迎，是将来一个时期内我国必须认真规划、仔细谋略的重点议题。在这一进程中，海外华侨不仅是我国联系外国的一道桥梁，也是国际社会了解中国国情的一扇窗。做好对海外华侨的宣传和服务工作，增强其对祖国的认同感和归属感，一定会全面提升中国的国际地位，最终有利于不断夯实国际社会对华友好的民意与社会基础（赵磊，2014）。定期组织调查问卷，加强朝阳区对世界华侨的联谊，做世界华侨联谊的信息中心，不仅在宣传上可以获得国际交往国家形象的提升，更可以借助北京独特的区位优势，通过"韩国城""俄国城""华侨城""使馆服务社区"等特定社区，打造中国国际交往的社区名片。

第四节　国际交往中心功能提升经验借鉴

国际交往中心功能提升经验和借鉴，主要体现在城市本身发展的首位度、市场和政府在提升国际交往功能中的不同作用、通过本地经济文化发展达到全球性多元目标以及完善跨国总部经济发展环境等方面。

一、城市首位度决定国际交往层次

从世界城市发展历程看，国际城市交往的空间承载是随着城市经济发展的要求而不断更新的。国际城市区域国际交往功能必然随着城市经济发展（辐射能力）而不断变动，有时会出现城市内国际交往功能的区域性变迁。如法国的拉德芳斯地区、东京新宿地区是随着区域产业创新能力的提升，科技、金融、商务服务的国际交往成为所在城市国际交往的新主题。这种演变意味着，即便在不断提升国际首位度的世界级城市面前（如北京），区域性的国际交往中心功能仍然会随着城市产业格局、对外发展的客观要求而改变。

因此，国际城市单个区域在维持国际交往中心功能方面的最优选择，仍然是优化本地产业，提升创新吸引力，以提升和引领所在城市核心竞争力为第一目标，才有可能服务经济全球化的产业链革新、技术革命释放的创新需求和跨国公司全球一体化布局的区域市场需要。对于朝阳区而言，北京世界城市的国际首位度直接影响着朝阳区国际交往功能的服务基础（高端商务活动、跨国公司、科教交往）、产业基础（金融、文化传媒等现代服务业）和创新要素基础（高端人才集聚、资本集中、VC、PE、会计师、律师事务所等中介机构）。

朝阳区未来国际交往功能只有紧密结合北京核心功能定位，按照市场化的要求，积极承载跨国公司总部，同时创新金融等中介机构的服务能力，提升科技创新孵化能力，才能更有效提升国际交往的区域新引力。虽然存在单一功能的世界城市国际交往功能承载区域，但单一的国际交往功能设定，显然不适用于朝阳区通过创新引领经济发展方式转变的需要。

二、市场政府合力提升国际交往功能

城市国际交往的动因,无外乎政治交往、国际贸易往来、科技服务交往、文化教育交流、民间旅游、会展服务等一系列交往目标。但是从推动主体来讲,往往只有两个方面:市场推动和政府推动。朝阳区可以学习华盛顿,通过"中心—疏散"的城市规划来保证政府、议会和国际组织的会议"无障碍"服务;可以学习新加坡政府逆势扶植建设国际财富管理中心的经验;可以学习纽约曼哈顿地区通过产业升级置换,实现金融产业竞争世界优势,同时提供足够的安全保障,实现联合国总部等世界组织的正常运转;还可以学习巴黎点轴发展的国际级产业发展导向,将多点结合,利用产业竞争的国际化带动国际交往的世界化。推动跨国企业经济往来、强化国际组织合作、加强各国民间交流,已经成为促进朝阳区国际交往的直接动因。

因此,朝阳区政府应积极利用多目标、多手段的方式加速提升地区国际交往能力。如,通过推动跨国公司总部进驻、加强民间经济往来、推动国际展会的实施,是朝阳区可以积极利用的市场化推进手段。从政府角度,可以强化国际组织政治交往、吸引国际 NGO 机构、积极创建国际人才交流平台,维护市场经济活力等。

三、立足本地经济文化实现多元目标

第一,立足本地特色提升交往功能。即便是具备多中心城市国际交往功能的世界级城市,某区域的国际交往功能也应强调核心功能的集中。这种集中包括某个单一功能优势的地理集中、产业集聚、设施的空间集中和相关信息服务集中。如布鲁塞尔被誉为欧洲的城市心脏,其中心区集中了本国绝大多数的国际组织、银行总部和相关基础设施,国际人才居住地区的分布也紧密围绕国际组织的总部。伦敦金融城则突出金融产业的集聚,通过金融产业空间集聚汇集银行总部、国际组织,以强化服务世界级航运、金融、黄金交易、期货交易为核心产业,形成独特的金融国际交往区域中心。纽约曼哈顿地区国际交往中心功能既有市场主导的国际经济交往中心功能,也有政治主导的国际政治交往功能。但每个阶段发展重点鲜明,始终围绕市场化,以推进国际交往功能为目标,以经济发展促进国际政治交流为发展路径。经历了由国际经济中心向金融中心的经济结构转变，确立城市世界经济引擎地位，再向世界级政治交往中心演化的递进发展过程，国际交往功能并非一蹴而就，也非双管齐下、毕其功于一役。

此外，国际交往往往根植于本地实体经济发展的基础之上，从世界其他国际城市发展历史看，也是如此。英国伦敦金融城汇集了世界30%以上的外汇业务，36%的场外衍生交易，同时也是全球最大的黄金交易市场。纽约则是世界最大的证券交易中心，证券交易、金融保险服务十分发达。纽约和伦敦还是全球最主要的商品贸易集散地。产业（现代服务业）的发展是国际交往功能良性互动的基础之一。在学习外国先进经验全力扩大朝阳区金融、商贸和传媒产业的世界经济比重的同时，也要学习伦敦金融城通过限制性分区来保护本地居民、本地历史风貌。如，曼哈顿通过对格林尼治街和第五大道的政府规划调整，积极引导就业人口服务结构，改善投资环境，服务本地居民，引导区域平衡化发展。强调服务本地居民的规划实施，实际上有效增强了城市的吸引力。

第二，组织国际会议考虑发展影响。从国际城市发展来看，国际性会议的组织对提升城市知名度和提升城市投资价值有很大的"营销效应"。举办大型国际会议是城市对外交流的重要标志，被国际公认为现代国际交流的重要渠道和高级形式。但国际会议的组织是把双刃剑，主办城市需具备足够的条件和充分的准备，盲目组织也许适得其反。

如印度德里从2006年就开始试图建设国际性世界会议之都，主办了亚运会、英联邦运动会、国际F1汽车赛等国际活动，获得了良好的国际声誉。但是德里在城市场馆、基础设施、配套服务等方面差距仍然十分巨大，每次国际性城市活动都需要集结巨大的城市资源来支撑，使得德里在财政方面入不敷出，民生工程投入不足。基础设施滞后严重影响了本地发展，中心区之外的居民区往往给人留下"脏乱差"的印象，对城市国际形象也是一种削弱。

第三，持续推进系列国际交往规划。市场化程度高的伦敦金融城、纽约曼哈顿，政府在其发展过程中的规划作用起到了决定性的作用。更重要的是，规划持续性是城市国际交往能力提升的重要保障。如法国巴黎，经历了绝对君权时期、法兰西第二共和国时期和奥斯曼改造时期，城市形态、区域性功能和国际交往功能始终得到良好的维护。从北京城市发展的职能定位转变中，我们可以看到北京城市功能是随着国家对外交往战略地位的提升而不断改进的。但是，作为国际交往市场基础的产业和国际企业的引入和发展，仍需要制定长期的跨国企业及个人国际交往的相关规划。北京长期缺乏系统性的国际交往功能规划和区域性的职能分工，2014年北京市"十三五"规划启动国际交往中心发展规划研究，是个巨大的进步。

第四，顶层设计确立全球多元目标。国际城市加强国际关系领域中的沟通与合作，目标和手段应多元化，通过学习借鉴国际城市发展的历史经验，形成一种城市、地区和全球网络式的协调协作型互动关系。需要确立多层级的发展目标，而且实现的手段应多元化，总体提升城市魅力。如，纽约、巴黎和伦敦城市国际交往内涵目标设定中，既有规格设定清晰的国际政治、经济往来的国际会议组织交往机制，也有非政府组织进行的多元交流平台；既有国际企业经济、技术、服务贸易交流，也有城市间的互动发展推广平台（友好城市），还有以文化为交流内容的文化节、电影节、音乐节、艺术节等，更有定期的文化活动（百老汇），为城市提供多元化的国际交往机会。国际交往中心城市通常有独特的城市形象，这些标志性形象能给人留下深刻印象，朝阳区建设国际交往中心功能可以借鉴大型国际交流活动、国际性大型节庆活动的传统方式，如狂欢节、电影节、音乐节、艺术节等；还可以建立数字化朝阳的国际推广平台，通过互联网树立朝阳区的城市形象。

四、完善跨国总部经济交往环境

国际城市发展历史经验表明，每当一个国际城市崛起，就会有大量的跨国企业从一个国际城市向另一个国际城市转移。第二次世界大战后，美国经济全面超过英国，纽约成为世界经济中心，大量的欧洲跨国公司在纽约设立总部，纽约集中了大量的世界跨国企业。1965年2月《幸福》杂志列举的全球500家大公司中有128家总部设在纽约市，按纽约大都市区计，则有161家，几乎占1/3。20世纪70年代后，日本大公司崛起，使500家大公司中的美国公司逐渐减少，设在纽约的500家大公司总部也逐渐减少，至1988年仅剩48家，在纽约大都市区范围内减少至74家。但是，就美国大公司而言，同期将总部撤出纽约大都市区的公司只有24家，这表明决策管理机构的大量集聚，又吸引了与之有关的各种专业服务部门，如房地产、广告、税收、法律、设计、数据处理等各类事务所。1990年，纽约大都市区的就业结构中，从事银行保险业的有 31.5 万人，从事房地产业的有 23.8 万人，从事各种商业服务业的有 28.6 万人，后两个部门的就业总人数大大超过了银行保险业。纽约的经验说明，随着中国经济的快速发展，北京正迎来全球跨国企业入驻的高峰期，需顺应和把握跨国企业转移的规律。朝阳区可积极通过提升国际交往功能来加强跨国企业总部的引入与接触，调整就业人口结构，以适应跨国企业人才需求；引入国际物业管理企业，以提升国际企业服务标准；完善金融机构、事务所等中介组织，以提高区域经济活力；吸收国际化社区建设的国际经验，以解决跨国高管多元化生活需求。

五、评定新常态国际交往承载力

当前，我国经济发展方式转变的内在要求，促使经济增速进入新常态，新常态会带来经济结构的优化和调整，夯实创新增长的经济基础。新常态下，北京作为我国国际交往中心的地位会随着中国经济快速发展的脉搏而强力跳动，但经济发展的动力转换、国际交往的频度变化都可能使得北京国际交往规模出现波动式的起伏。

同时，致力打造世界级的国际交往之都，北京自身的发展已经面临城市空间利用过度与人口过度等特大城市发展的共性问题。对朝阳区来讲，有必要对自身国际交往承载力进行重新评估，率先转型，内容包括预测"十三五"时期北京市、朝阳区的国际交往人口规模、跨国人员流动结构、外籍人口常住人数、跨国企业服务水平等，为大规模提升朝阳区国际交往能力做好基础研究。同时，对北京境外旅游人口的增长冲击也应做好相应服务结构、信息服务系统、涉外饭店、外语人才以及相关法律人员培训等工作。在人口流动总规模的预测基础上，落实相应大型交流设施、国际交流中心区、现代航空口岸、城市标志系统等一系列发展规划。

第三章 北京十六区县国际交往中心功能对比分析

朝阳区国际交往中心功能的发展和发挥,和北京市其他15区县的发展是密切相关的。为进一步厘清朝阳区国际交往中心功能提升的发展环境、区位优势和发展态势,本部分将对北京市16个区县[①]在近十年内的国际交往发展态势进行归纳总结。

总的来看,北京市16区县的国际交往功能定位、发展路径和发展目标均有所不同,归纳情况见表3-1。

表3-1 北京市16区县国际交往发展定位、路径、目标一览表

序号	名称	功能定位	交往发展路径	发展目标
1	朝阳区	国际交往中心	城乡一体国际化	国际商务中心
2	东城区	政治文化中心	经济服务教育国际化	世界城市窗口
3	西城区	经济文化中心	服务金融文化国际化	国际金融中心
4	海淀区	创新科技中心	合作共赢全球化	中国特色世界城市窗口
5	丰台区	世界城市新空间	强化总部经济品牌	深化国际交往功能
6	通州区	城市副中心	发展外向型经济	首都国际交往新窗口
7	大兴区	区域发展支点	创新为主,民生绿色辅助	世界城市产业先行区
8	顺义区	国际枢纽空港	强化对外开放及智力引进	世界空港城
9	昌平区	国际科教新城	创新、开放、绿色包容	世界级科教生态之都
10	怀柔区	国际交往新城	文化与科技双轮驱动	国际交往新城

---

① 2015年11月13日获悉,国务院下发《关于同意北京市调整部分行政区划的批复》,批准北京市调整行政区划,同意撤销密云县、延庆县,设立密云区、延庆区。目前,北京市和密云、延庆两县均已开始相关工作。本文所叙述的内容,是根据密云、延庆两县此前的具体情况进行分析的。

续表

序号	名称	功能定位	交往发展路径	发展目标
11	密云县	绿色国际休闲之都	以高端项目改善旅游环境	旅游国际化
12	延庆县	国际旅游休闲区	加强国际合作交流	辅助北京国际交往建设
13	石景山区	首都文化娱乐休闲区	服务主导,创新绿色驱动	国际大都市标志区
14	门头沟区	首都高端山地旅游区	环境、文化、产业协同发展	首都高山旅游度假区
15	房山区	现代生态休闲新城	加强高端制造业,业城融合	开放融合的国际化新城
16	平谷区	京东发展门户	生态立区,三产带动	首都城市重要功能区

全市16区县的国际交往态势,可以简明归纳为以下三类。

第一类:国际交往起步早、发展好,包括东城、西城、朝阳、海淀四区。

第二类:属于发展中的国际交往新城区,包括丰台、通州、大兴、顺义、昌平、怀柔、密云、延庆八区。

第三类:国际交往参与度逐步提高的城区,包括石景山、房山、门头沟、平谷四区。

第一节 东西朝海:国际交往起步早、发展好

一、东城国际交往:政治文化中心区

(一)功能定位:政治文化中心区

东城区定位于首都文化中心区、世界城市窗口区、首都政务服务重要承载区、历史文化传承发展示范区、世界著名文化旅游城区、国际知名商业中心、北京高端服务业重要集聚区和宜居宜业文明城区。[①]

东城区主要承担以下6项职能。

第一,首都政务服务重要承载区。切实为中央和北京市党政军领导机关创

---

① 北京市东城区人民政府:《北京市东城区总体发展战略规划(2011年—2030年)》。

造一流的政务环境,把做好"四个服务"与促进区域发展相结合,进一步强化首都政治中心功能及国际国内交往功能。

第二,历史文化传承发展示范区。把保护历史文化名城作为第一任务,使东城区成为中国传统文化和古都风貌的集中展示区;积极探索历史文化名城保护与发展模式,破解城市历史文化街区更新改造难题,在北京、全国乃至全球类似区域发展中发挥典型示范作用。

第三,世界著名文化旅游城区。统筹整合区域旅游资源,丰富文化旅游内涵,打造皇家文化、民俗文化旅游核心品牌,不断提升旅游服务国际化水平,将东城区建设成为形象鲜明、特色突出、服务优质的国际一流文化旅游目的地。

第四,国际知名商业中心。坚持以文兴商、商旅结合,大力集聚国际、国内顶级商业品牌,不断提升"老字号"等本土品牌的国际影响力,将东城区建设成为民族与国际融合、古老商业文明与现代时尚魅力交相辉映的国际一流商业中心,成为北京"国际商贸中心"建设的核心组成部分。

第五,北京高端服务业重要集聚区。大力发展文化创意、金融、商务服务、体育等高端服务业,积极吸引跨国公司地区总部、国际知名机构、要素交易市场、高端人才等高端要素聚集,成为北京高端服务业发展的重要空间载体。

第六,宜居宜业文明城区。以人的全面发展为中心,不断完善城市基础设施和公共服务设施,创造公平公正、平安和谐、开放包容的发展环境,倡导科学文明健康的生活工作方式,将东城区建设成为基础设施完善、公共服务优质、生态环境优美的宜居宜业文明城区。①

(二)发展路径:经济服务教育国际化

围绕"国际化、现代化新东城"战略目标,着力实施"两新四化"② 战略,以科学发展为主题,以加快转变经济发展方式为主线,以深化改革创新为动力,以加强历史文化名城保护发展、壮大服务经济实力、提升民生保障水平、强化城市管理为重点,显著提升区域文化软实力和综合实力,推动东城区

---

① 参见数字东城:http://www.bjdch.gov.cn/。
② 两新四化:打造文化新引擎,拓展发展新空间;产业发展高端化,公共服务优质化,城市运行智能化,区域发展均衡化。

全面协调可持续发展，夯实"首都文化中心区、世界城市窗口区"的发展基础。

实施更加积极主动的开放与国际化战略，大力提升经济、文化、政治、社会等领域的国际交流与合作，逐步建立与国际接轨的、开放包容的城市环境，在更大范围、更广领域、更高层次上积极参与国际分工和合作，全方位融入世界，不断提升东城区在全球的知名度和影响力。

第一，大力提升对外合作与交流水平。优化投资环境，着力吸引跨国公司地区总部、国际性文化创意企业、国际性金融机构等符合区域产业发展方向的企业，提高利用外资水平和质量；围绕中医药、低碳、文化创意、高端体育等特色产业，定期组织或参与"国际低碳服务高峰论坛""国际文化品牌博览会"等大型、高层次的经贸交流活动。大力发展旅游、文化创意、中医药等高端服务贸易，着力培育一批具有国际经营能力的企业集团。加强与国际商会组织等中介机构的合作，为区内企业"走出去"提供专业服务。积极开展对外文化交流合作，打造国际交流合作平台，策划和举办一批国际性文化活动，传播与推广首都文化，提升首都文化国际影响力。积极开展教育、体育、医疗卫生等公共服务领域的交流与合作，加大国际优质教育资源、优质医疗资源等的引进力度，鼓励支持国外非营利性组织、志愿者、社会工作者等参与东城区社会建设与管理，显著提升社会领域的国际化发展水平。

第二，营造开放包容的国际发展环境。按照国际化城市的标准，加快服务型、法治型政府建设，完善与国际接轨的城市运行规则和制度环境，推进政府服务的标准化、规范化、法制化，不断提高政府服务效率和服务水平，为国际要素的流动营造诚信、公开、公正、透明的国际化制度环境和政策保障；完善涉外政府管理和服务体系，增加政府窗口部门和公共服务单位的多语种服务内容。引进一批涉外中介组织、国际医院、国际学校等社会公共服务设施，满足外籍人士多层次的社会公共服务需求。增设专门独立的国际服务中心，提供各类中介、咨询和直接服务项目，为外国投资者和外籍人士提供便利的工作和生活环境。

第三，扩大国际知名度和影响力。不断完善国际活动的服务保障体系，为中央各部门及北京市在区内举办的重大国际活动提供高水平的服务保障。大力吸引国际经济组织、国际文化组织、国际体育组织、国际公益组织等国际组织落户东城，为各类国际组织开展活动创造良好环境；积极承接各种国际会议在东城举办，策划组织一批具有较大影响力的国际性会议，不断提升东城区的国际影响力。按照区域功能定位要求，制订友好城市发展计划，进一步增加友好城市数量。促进对外关系向务实合作延伸，积极同国际友好城市在城市管理、教育、文化、医疗卫生、环境保护等领域开展交流与合作。通过互办文化年、图片展等多种方式，广泛开展民间友好交往，增强东城居民同友好城市居民间的相互了解和友谊。①

第四，打造国际化教育强区。坚持"教育优先、全面育人"的发展理念，着眼于"促进每个社会成员的终身发展"，构建惠及全民、功能完善、优质资源丰富且布局合理的现代基础教育和终身教育服务体系，形成各级各类教育优质协调、充足发展的新局面，充分满足群众对公平教育、个性化教育和优质教育的需求，建设现代化、国际化教育强区，使东城教育成为"首都文化中心区"的重要内涵、"世界城市窗口区"的鲜明亮点、中国特色现代教育的典型示范。此外，还应加强对外交流与合作，做好对口支援工作，推动教育国际化。②

（三）发展目标：世界城市窗口区

到 2015 年，在北京率先全面实现现代化，构建起"首都文化中心区，世界城市窗口区"基本框架，成为在全球具有一定影响力的"文化名区"。到 2020 年左右，基本形成具有较强国际影响力的现代国际城市中心城区。到 2030 年左右，具有鲜明特色的"首都文化中心区，世界城市窗口区"基本建成。③

二、西城国际交往：经济文化中心区

（一）功能定位：经济文化中心区

西城区定位于国家政治中心的主要载体、具有国际影响力的金融中心、传统与现代融合发展的文化中心、国内外知名的商业中心和旅游地区、和谐宜居

---

① 参见数字东城，http：//www.bjdch.gov.cn/。
② 《北京市东城区总体发展战略规划（2011 年—2030 年）》。
③ 《"十二五"区县新定位》，参见 http：//www.bbtnews.com.cn/news/2011－01/240000002853.shtml。

健康的首都功能核心区。①

（二）发展路径：服务立区、金融强区、文化兴区

立足发展的新阶段、新特征和新要求，坚持科学发展，深化改革开放，率先走出一条空间布局不断优化、区域经济持续发展、文化软实力和国际影响力不断提升、城市服务功能优化配置、社会和谐程度和宜居水平稳步提高的发展之路，全面开创西城科学发展新局面。要加快转变发展方式（全面实施"服务立区、金融强区、文化兴区"战略），统筹推进科学发展；要着力提高服务能力，做好"四个服务"；要大力加强文化建设，提升综合竞争力；要创新城市发展理念，提高生活品质；要提升公共服务供给能力，实现共享发展成果。

第一，建设具有国际影响力的金融中心。紧紧抓住经济全球化、新兴市场崛起等带来的重大机遇，发挥国家金融管理中心和决策中心作用，增强金融资产配置能力，拓展金融服务功能，促进金融及相关要素聚集，提升金融服务和辐射带动周边发展的能力，建设具有国际影响力的金融中心。一是集聚发展优势。充分发挥国家金融决策、管理、结算、信息等资源优势，强化融资结算、重组并购和资产管理等金融服务功能，积极吸引国内外知名金融机构和大型企业总部。大力发展新兴金融业，积极吸引各类投资基金等新型金融机构，培育券商直投等新业态，抢占新兴金融和特色金融发展先机。积极吸引国际一流法律、会计、评估、咨询等中介机构，丰富金融产业链。二是培育要素市场。强化债券发行中心和清算中心功能，巩固全国债券交易市场中心地位。支持金融衍生品市场发展，推进北京产权交易所、北京金融资产交易所、中国棉花交易所、中国林权交易所、北京环境交易所等要素市场发展壮大。推进中国知识产权交易中心发展，吸引场外交易市场管理机构落户。三是开拓发展空间。坚持增量资源开发与存量资源盘活并重，加快金融街拓展，挖掘核心区资源潜力，提高空间承载力和利用率，努力满足企业发展需求。发挥德胜科技园和广安产业园的政策和空间优势，承接金融街产业溢出，构建金融辐射圈。突出西单商业区时尚特色，加速聚集商业龙头企业，引进国际品牌，提高品牌丰富度，增强商业配套服务功能。稳步推进白塔寺地区和南闹市口地区保护性修缮，依托文化资源优势，适度植入文化消费、休闲娱乐、商务服务等产业，增强综合配

---

① 北京西城区政府门户网站：http://www.bjxch.gov.cn/XICslxc/XICxcgk/XICdwjw.html。

套服务功能。四是提升服务品质。积极争取国家和北京市的支持，将金融街发展纳入国家金融产业发展战略，营造金融创新先行先试的政策环境。提高金融街国际化程度，筹办北京金融文化节、金融发展论坛，开展金融街品牌国际推介活动，搭建国际性、高层次的对话交流平台，使金融街成为国际性重大金融活动首选地之一。探索构建金融信息资讯平台，研究设立北京金融街指数，出版相关刊物，加强业界信息交流，提升金融信息服务。完善配套服务，加强道路建设，全面完成金融街地下交通工程并投入使用，实现金融街内外路网与城市主干路网的有机衔接。加强区域电信及网络设施建设，实现双路由供电和无线网络全覆盖。

第二，建设国内外知名的商业中心和旅游地区。立足发展新阶段，推动商业、旅游业向精品化、特色化、便利化方向发展，不断提升商业、旅游业的规范化、现代化、国际化水平，有效扩大消费，促进区域经济内涵式增长。一是发展优势商业。增强西单商业区的品牌影响力，吸引国际知名商业企业落户，营造现代、国际、精品、动感、繁华的商业氛围，建设国际化、综合性、生态型现代商业中心区。扩大菜百的黄金珠宝交易优势和影响力，提升交易能力，延伸设计、展示、认证、拍卖、商务服务等产业功能，探索建立黄金珠宝艺术品交易中心。着力调整商业业态，优化商业结构，不断提升区域发展品质。二是做强特色商业。依托大栅栏传统商业区，吸引更多的老字号品牌入驻。引导老字号企业通过产品创新和营销创新，向主题化、多元化、体验化方向发展，增强中华老字号集聚区品牌影响力和对消费者的吸引力。完善马连道地区基础设施，优化商务环境，提升茶交易市场的辐射力，建设集产品展示、商贸洽谈、茶品拍卖、消费体验、文化交流于一体的茶业交易中心。积极推动特色街专业化、差异化发展，提升烟袋斜街、护国寺小吃街等街区品质，增强特色街发展活力。三是完善便民商业。因地制宜发展社区商业，建设社区商业服务中心，提高社区商业便利程度。引进电子商务网络销售模式，促进网上销售与社区实体便利服务网点相结合。积极引入品牌零售、品牌餐饮、特色店铺和超市等连锁企业，促进现有社区商业业态升级。推进社区生活服务行业发展，满足居民消费需求。四是提升旅游服务水平。突出区域历史文化特色，深入挖掘会馆、王府、胡同等资源，开发多种类型的旅游产品，促进文化旅游产业内涵式发展。加强酒店业标准化建设，发展主题特色酒店，引导社会旅馆向标准化、主题化、规模化发展,提高区域住宿业发展质量。发挥旅游企业营销主体作用,积极开发文化创意旅游商品,丰富特色旅游商品体系,促进消费结构升级。全面提升旅游基础设施和公共服务水平,加强旅游标志系统和导览系统标准化建设,科学布局"中心、站、点"三级旅游咨询服务网络,建成集旅游咨询、购物引导、文化展示、创意商品展卖于一体的多功能旅游服务咨询体系。①

(三)发展目标:具有国际影响力的金融中心

西城区拥有丰富的金融发展资源,依托国家金融管理中心的地位,以金融街等重点功能区为载体,充分发挥国家金融决策、管理、结算、信息等资源优势,做大做强金融业,提升品牌价值,扩大国际影响力,不断增强金融服务首都、服务全国和服务国际的能力,打造具有国际影响力的金融中心。②

三、朝阳国际交往:国际交往中心区

(一)功能定位:国际交往中心区

朝阳区定位于国际交往的重要窗口,中国与世界经济联系的重要节点,对外服务业发达地区,现代体育文化中心和高新技术产业基地。

(二)发展路径:转变经济发展方式,加快农村城市化进程

深入贯彻落实科学发展观,紧紧围绕落实"人文北京、科技北京、绿色北京"发展战略和建设中国特色世界城市的目标,以科学发展为主题,以加快转变经济发展方式为主线,深入推动"转变发展方式示范区、建设世界城市试验区、推进城乡一体化先行区、促进社会和谐模范区"建设,全面提升核心竞争力,在更高层次上推动经济社会又好又快发展。其中,要把提升国际商务中心的功能作为核心定位,把加快转变经济发展方式作为工作主线,把全面加快农村城市化作为关键任务,把保障和改善民生作为根本目的。③

紧抓首都统筹对内对外开放的机遇,增强国际交往功能,提升城市发展品

---

① 北京市西城区人民政府:《北京市西城区国民经济和社会发展第十二个五年规划纲要》。
② 《"十二五"区县新定位》,参见 http://www.bbtnews.com.cn/news/2011-01/240000002853.shtml。
③ 北京市朝阳区人民政府:《北京市朝阳区国民经济和社会发展第十二个五年规划纲要》。

质;紧抓首都加速产业转型升级的机遇,加快北京 CBD 建设,大力发展生产性服务业和战略性新兴产业,做优做强总部经济,提升以品牌、服务为核心的产业竞争力;紧抓首都加强全国文化中心建设的机遇,推动文化创意产业扩量增效提质,提高公共文化服务的均等化、标准化、优质化水平,提升市民文明素质;紧抓首都率先形成城乡一体化发展新格局的机遇,实施城乡接合部城市化攻坚,深入治理"城市病",促进人口资源环境协调发展,切实承担起服务首都大局的责任和使命。①

围绕新的城市功能定位,立足区域丰富的国际资源,在更大的空间强化总部经济、国际金融、国际商务、国际贸易、国际信息传播等核心功能,加快建设高端要素聚集、商务活动活跃、资讯集散快捷、国际人才会聚的国际商务中心,全面提升服务国家参与国际经济合作发展的能力,提升服务首都向中国特色世界城市迈进的能力,提升区域的国际影响力和竞争力。

（三）发展目标：具有世界影响力的国际商务中心

朝阳区是国际交往的重要窗口,是高新技术产业基地,以"打造具有世界影响力的国际商务中心"为目标,积极发展现代服务业、国际金融业、文化创意产业和高新技术产业四大产业,着力推进"十大发展基地"的规划和建设,同时也提出了"打造国际教育先行区"的目标。通过为企业搭建"走出去"和"引进来"的信息共享、综合服务平台,促进货物贸易向服务贸易发展升级,正在着力打造国际交往中心。下一个目标是全面提升国际商务中心功能,积极促进文化繁荣发展,同时在国际化水平提升方面实现新跨越。

四、海淀国际交往：科技创新中心区

（一）功能定位：世界科技创新中心区

海淀区定位于世界科技创新中心、世界知识金融中心、世界人才聚集中心、世界文化创意中心、世界教育中心。②

---

① 王梅、巩琳萌、习伟:《为首都全面深化改革汇聚能量——北京市16区县党委书记共话改革》,载《前线》2014年第2期。

② 王晴:《国务院通过北京城市总规划新北京功能定位解读高科古蕴比翼齐飞海淀》,载《京华时报》2005年1月22日,参见 http://www.ce.cn/xwzx/kjwh/gdxw/200501/22/t20050122_2918776.shtml。

（二）发展路径：主动参与全球分工，积极推动合作共赢

适应首都建设中国特色世界城市的新要求，大力实施国际化、差异化战略，不断拓展对外开放的广度和深度，在更大范围、更广领域、更高层次上参与国际竞争与合作。

第一，主动参与全球分工。着力优化投资环境，持续增强服务功能，更好地实施"引进来"与"走出去"战略，创造竞争新优势，提升在全球市场中的资源配置能力和参与产业分工能力，是扩大区域国际影响力的有效途径。一是大力提升对外开放水平。充分利用全球资源，优化引进外资结构，鼓励和引导外资投向新能源与节能环保、新材料、生物医药等战略性新兴产业及现代服务业。大力引进世界500强企业和跨国公司地区总部、职能总部，加快集聚国内著名企业和大型企业集团总部，努力建设面向全球的总部经济和高端产业集聚地。扩大具有自主知识产权、自主品牌的商品出口，大力发展软件外包等服务贸易，提高对外贸易的质量和效益。积极支持企业实施"走出去"战略，鼓励企业开展海外投资、建立海外研发基地、承包海外工程等多种形式的国际化经营，促进企业提高利用国际创新资源的能力。建立健全适应企业"走出去"便捷高效的政策服务体系，搭建企业国际化发展支撑服务平台。支持企业融入国际市场，参与国际标准制定，向全球产业价值链高端挺进。维护企业在海外的正当权益，建立应对风险的预警防范机制。二是创造具有全球影响力的国际品牌。完善政府统筹、企业为主、社会参与的品牌建设工作机制，加快培育和聚集一批国内外知名品牌。通过中国北京科技产业博览会、中关村论坛等重大活动，组织、策划高端国际性会议、前沿论坛，塑造有影响力的国际交流品牌。加大在我国媒体海外版、海外频道及国际性媒体等方面的宣传推介力度，塑造中关村全球高端创新品牌形象。

第二，积极推动合作共赢。致力于营造国际一流的服务环境和条件，进一步强化海淀区在首都国际交往中心的主体功能，不断扩大国际国内交流与合作，在服务中提高海淀区的影响力。一是提升国际交往服务水平。广泛开展多渠道、高层次的国际合作与交流，积极推进高校院所、科技园区与国外相应机构的交往，积极举办或承办各种有国际影响力的会议、展览、赛事、论坛等活动。吸引国际组织和机构在海淀设立总部、分支机构，提高国际交往服务的能力和水平。加大对国际交流的服务和指导，提供多语言、无障碍、便捷化、高

效率的设施和服务。不断改善国际人士集聚区域的环境，积极推进国际化社区规划建设，构建适宜海内外人士居住生活的环境。积极营造现代开放、包容多元、充满活力的人文环境，提升海淀城区文化品位，吸引全球的人才、智力、科技汇集海淀。二是深化国际友城交往。制定友好城市发展战略，不断扩大友好城市（区）范围，扩展合作领域。完善高层互访和对话机制，推进城市间经济、科技、文化、教育、体育、环境、城市管理等全方位交流合作。①

（三）发展目标：首都建设中国特色世界城市的主要窗口和重要平台

立足自身在科技、人才、教育等方面的优势，不断推进国际化进程，努力将海淀建设成为世界高端企业总部、国际活动、世界高端人才聚集之地，全面提升海淀国际影响力，使海淀成为首都建设中国特色世界城市的主要窗口和重要平台，建成具有全球影响力的科技创新中心。

第二节　丰通大顺昌怀密延：发展中的国际交往新城区

一、丰台国际交往：国际交往新空间

（一）功能定位：首都建设中国特色世界城市的新空间

丰台的功能定位是国际国内知名企业代表处聚集地②、首都建设中国特色世界城市的新空间。③

（二）发展路径：强化总部经济品牌，着力发展国际商务

第一，发展总部经济与总部品牌，强化总部经济品牌特色。利用好首都作为国内外大型企业集团总部重要聚集地的优势，抓住北京大力发展总部经济的契机，围绕"一轴两带四区"开发建设，立足主导产业的国际化发展与总部企业引进，强化丰台总部经济品牌特色、明确总部经济品牌内涵，提升总部经济

---

① 北京市海淀区人民政府：《北京市海淀区国民经济和社会发展第十二个五年规划纲要》。
② 豆丁网城八区功能定位 5.19http：//www.docin.com/p-114926140.html。
③ 北京市丰台区人民政府：《北京市丰台区国民经济和社会发展第十二个五年规划纲要》。

发展的整体影响力、辐射力和控制力。发挥总部基地的品牌效应，结合丰台科技园的"东进西扩"，强化东区高技术总部、民营企业总部、中小型企业总部聚集发展，加强西区大型装备企业总部引进聚集；围绕丽泽金融商务区的开发建设与宣传招商，吸引金融、现代商务企业总部聚集；围绕青龙湖—长辛店会展旅游休闲区重大项目布局，吸引会展、旅游等业态的企业总部入驻；围绕大红门时尚创意产业集聚区升级，打造以时尚创意为核心的总部企业集聚区；立足三四环都市产业带的商务楼宇开发，引导现代服务企业总部集聚；立足国际商贸发展与第二机场建设，围绕南苑机场的搬迁腾退，提前谋划、积极引导大型国际商贸、商务企业总部在南中轴沿线聚集发展。构建特色鲜明的总部经济品牌，提升总部经济发展能力。把握总部经济产业链发展的一般规律，在现有企业总部聚集的基础上，通过项目开发带动、机制创新促进，着力完善总部经济发展环境，重点推动资本服务、商务服务、创新服务、人才服务、商业服务等方面发展，形成完整的总部经济产业链。

第二，培育国际商务与国际贸易，着力发展国际商务。抓住首都世界城市建设进程中商务服务市场需求扩张的契机，重点服务国内出口企业"走出去"进程中对国际商务服务的需求，着力吸引熟悉国际市场、具有国际化服务能力的现代商务服务机构入驻，逐渐形成国际商务服务发展聚集区。围绕区内传统商贸向国际贸易的转型，着力吸引国际化的商务中介机构聚集，促进国际商务中介服务发展。抓住一般商品国际贸易向高技术贸易发展升级的趋势，大力支持区内具有知识产权、自主品牌的高新技术、装备制造企业开发国际市场，发展以高技术产品、技术服务等为主的跨国贸易。借助国际商品贸易向国际服务贸易发展升级的趋势，支持和鼓励中国出版集团、俏佳人等区内知名文化企业集团，发展以版权、传媒、电影音像、动漫游戏等为主的跨国服务贸易。

第三，承接国际会展与国际旅游，承办国际会展活动。把握国际重大会展活动日益落户国内的总体趋势，利用好北京作为国际会议之都的优势，整合区内会展硬件设施资源，拓展国际化的会展服务体系，加强与国际、国内设展立项、审批机构的联系，争取国际新设展会落户丰台，打造新创办会展的首选地、国际品牌会展的承载地。结合区域主导产业国际化发展，重点吸引和培育一批国际大型展览展示、交易博览、品牌发布、贸易洽谈等知名度高、具有国际影响力的行业专业会展，实行常态化支持、定期化举办。发展国际旅游服务，以北京建设国际旅游城市为契机，把握国际人群聚集的人文休闲需求，立足丰台宜居、宜业、绿色、生态的和谐之区、首善之区建设，整合挖掘区内丰富、优质的旅游资源，吸引具有国际服务能力与服务品质的专业旅游机构入驻，积极开展国际旅游市场的营销宣传，面向国际旅游人群，推出旅游集散线路，提供旅游休闲产品，完善旅游服务功能，塑造旅游休闲服务品牌，逐渐形成国际旅游的目的地与集散地。①

（三）发展目标：深化国际交往功能

强化总部经济品牌，深化国际交往功能。未来5年，丰台区将把握城市功能拓展区的定位，立足区域经济社会发展的新阶段、新形势、新使命、新任务，把丰台建设成为高端产业聚集区、金融创新试验区、城乡统筹模范区、生态宜居示范区，打造成为首都建设中国特色世界城市的新空间和实践"人文北京、科技北京、绿色北京"的新名片。②

二、通州国际交往：世界城市副中心

（一）功能定位：城市副中心

按照北京中国特色世界城市建设对通州提出的发展要求，北京现代化国际新城发展定位是：北京发展新磁极③、首都功能新载体。通州将打造成为中心城功能疏解的重要承接地、世界城市新功能的核心承载区、首都经济新的增长极和滨水低碳宜居新典范。④ 在北京市第十一次党代会上，北京市委、市政府明确提出"聚焦通州战略，打造功能完备的城市副中心"，更加明确了通州作为城市副中心定位，这也是北京市围绕中国特色世界城市目标，推动首都科学发展的一个重大战略决策。⑤

（二）发展路径：全面实施国际化战略，大力发展外向型经济

以科学发展为主题，以加快转变经济发展方式为主线，以建设北京现代化

---

① 北京市丰台区人民政府：《北京市丰台区国民经济和社会发展第十二个五年规划纲要》。
② 《"十二五"区县新定位》，载《北京商报》2011年2月13日。
③ 北京发展新磁极：北京市委书记刘淇在听取通州新城建设专题汇报会上明确提出，现代化国际新城建设要瞄准世界一流水平，加快教育、卫生、文化、高端产业等优质资源和项目向通州区转移布局，使现代化国际新城成为首都未来发展的新磁极。
④ 北京市通州区政府网站：http://www.bjtzh.gov.cn/n90/n163/n230/index.html。
⑤ 北京市通州区政府网站：http://www.bjtzh.gov.cn/n90/n163/n1617645/index.html。

国际新城为目标，立足服务首都、造福百姓，瞄准世界一流并走在前列，打造通州精神，创造通州速度，树立通州形象，实施新城中心区引擎、高端要素集聚、城乡一体化加速、国际化发展四大战略，实现区域经济发展、城市建设管理、城乡一体化发展三大跨越，社会建设水平、生态文明建设、人民生活品质三大提升和区域合作进一步深化。① 全面实施国际化战略，大力发展外向型经济，加快推进新城国际交流与合作，全力营造国际化的工作生活环境。

第一，显著提高新城外向型经济水平。一是促进对外贸易全面发展。支持企业实施"走出去"战略，拓展多元化、国际化发展路径，引导企业利用好国际市场开拓资金；加快优化外贸结构，培育一批龙头企业，提高出口产品的技术含量和附加值；大力促进服务贸易发展，培育一批服务外包示范企业，提升服务贸易规模与质量。二是提高利用外资的质量与水平。改善投资环境，拓宽外资利用渠道，优化外资利用结构，创新外资利用方式。拓展引资领域，加强现代服务业领域的外资吸引与利用，扩大文化创意、金融服务、医疗康体、旅游休闲等新兴产业利用外资规模，积极吸引全球知名跨国公司地区总部及职能部门入驻。

第二，加快推进新城国际交流与合作。一是着力吸引知名国际组织和机构入驻。积极引入国际组织、协会组织、学术组织和公益组织；积极引入国际知名学校、医院及培训机构等入驻或建立分部；积极吸引华侨华人参与新城建设，打造全国侨务经济总部。二是积极承接国际会展与活动。以综合会展区和北京国际金融论坛永久会址为重要载体，积极承接国内外具有影响力的会议、展览，积极争取国际论坛、国际会议在新城举办，汇集一批知名会展品牌。三是加强社会领域的交流与合作。文化打造国际交流与合作平台，大力宣传推广运河文化，积极参与大运河申报世界遗产工作；引导和鼓励学校、医院开展跨国跨地区学术交流和共建，建立长期的科研和人才协作机制；加强科技、体育等其他社会领域的国际交流与合作。四是显著提高新城国际交往能力。增强新城国际交往主动性，积极参与国际交流与合作，加强与国际友好城市的交流；制定北京现代化国际新城城市形象设计和品牌建设规划，加大在媒体海外版、海外频道及国际性媒体上的宣传，扩大新城国际知名度。

---

① 北京市通州区人民政府：《北京市通州区国民经济和社会发展第十二个五年规划纲要》。

第三，全力营造"类海外"的工作生活环境。建立健全与国际接轨的机制、标准和规范，完善信息发布等制度；建立与国际接轨的城市标志系统，建立国际社区，提供国际化的配套服务；营造国际化的人文环境。①

（三）发展目标：首都参与国际交往的新窗口

以建设北京现代化国际新城为目标，基本建成体现世界最新理念与一流标准、富有文化魅力、彰显滨水特色、体现绿色低碳环保的中国特色世界城市——北京新城，将北京现代化国际新城打造成为首都参与国际交往的新窗口、提升国际竞争力的战略新区。打造通州国际新城、未来科技城两个重要新城。集中力量聚焦通州，加快培育商务、文化、教育等城市综合服务功能，将通州新城打造成为国际一流的现代化新城。高标准建设未来科技城，集聚高层次创新人才，打造具有国际影响力的大型企业集团技术创新和成果转化基地。

三、大兴国际交往：区域发展支点

（一）发展定位：区域发展支点

大兴区总体定位是战略产业新区、区域发展支点、创新驱动前沿、低碳绿色家园②。

（二）发展路径：创新驱动，民生为本，绿色保障

以科学发展为主题，以加快转变经济发展方式为主线，按照"人文北京、科技北京、绿色北京"战略和向中国特色世界城市迈进的要求，突出跨越发展，突出创新驱动，突出民生为本，突出绿色保障，走一体化、高端化、国际化道路，建设宜居宜业和谐新大兴。③

第一，借力机场建设，助推跨越发展。机场既是国家重大项目，更是国家重大战略，必将有力推动京津冀城市群和首都经济圈发展，也将为大兴乃至首都南部地区发展提供强大引擎，必须举全区之力推动机场建设，确保拆得好、服务好、建设好；以机场建设为契机，统筹推进三座新城建设，将结合北京市总体规划调整，深化研究大兴、亦庄、空港三座新城的关系，实现协调均衡发

---

① 北京市通州区人民政府：《北京市通州区国民经济和社会发展第十二个五年规划纲要》。
② 同上。
③ 同上。

展。大兴新城突出行政、文化、公共服务功能，完善各项基础设施，提高综合承载力，加快高端服务业发展；亦庄新城突出高端产业聚集功能，推动第二产业向高端高效、低碳绿色转型，发展总部经济，高标准建设"综配区"，不断综合服务功能，实现职住平衡、产城互促；空港新城突出机场服务、综合产业功能，加强招商引资，发展临空经济，争创国家级临空经济示范区。①

第二，做大特色节庆游。进一步巩固提升"大兴西瓜节""春华秋实""安定桑葚节""梨花节""采育葡萄文化节""庞各庄金秋采摘节"等系列品牌节庆活动的影响力。策划举办新媒体旅游节、音乐节、艺术节等新型节庆活动。积极争取承办全市及国内外重大节庆会展活动。一是培育时尚运动休闲游。推动北京时尚体育休闲公园、森林假日体育休闲公园等项目建设，重点发展以滑板、小轮车、摩托车越野、户外拓展等小众项目为主题的特色体育运动，积极承办国际级时尚体育运动赛事，打造具有世界影响的时尚运动和互动交流中心。二是推动新城商业休憩游。以地铁大兴线、亦庄线沿线为核心区，重点建设亦庄新城、大兴新城商业区。建设一批地标性城市商业综合体和大型购物中心，大力引进国内外知名的商业龙头企业和品牌旗舰店进驻，丰富商业业态组合，美化沿街商业景观，满足本地居民和外来游客的消费休憩需求。三是培育高端商务会展游。充分发挥新区高端产业引领和首都新机场国际交通辐射作用，举办消费电子、新能源、新材料、临空经济等大型会展论坛，培育打造特色会展品牌，积极争取大兴成为国内外大型展会的永久会址，"以游促商、以商兴业"，推动商务旅游发展。

加快国际化进程，实行更加积极主动的开放战略，以开放促产业发展、促服务水平的提高和投资环境的改善。积极扩大利用外资规模，引导外资投向重点发展的产业和园区，着力提高利用外资水平，通过引进外资实现引进先进技术、现代管理方式和高端人才。优化和改善出口结构，巩固高新技术产品和农副产品的出口优势，扩大生物医药和文化创意产品的出口比重。发展服务贸易，形成出口特色，增强国际竞争力。坚持国际化视野，利用前瞻性眼光看待国际机遇与挑战，开展多渠道、多层次、全方位的国际合作与交流，努力适应与利用国际通行规则，积极融入国际经济合作竞争，加快经济社会发展的国际

---

① 王梅、巩琳萌、习伟：《为首都全面深化改革汇聚能量——北京市16区县党委书记共话改革》，载《前线》2014年第2期。

化进程，建设世界城市的产业先行区。营造国际化环境，建设国际一流的科技、教育、医疗等基础设施，加快高端休闲场所和国际化居住区的建设。规范公共场所的国际化标志设置，加强窗口服务行业员工的双语培训，促进适宜国际投资和产业发展的区域政务、商务、社会和人居环境建设。推动产业国际化，着力推动自主知识产权、自主品牌产品和高技术含量、高附加值的产品出口，优化进出口商品结构。大力吸引世界500强企业和新兴产业领军企业，引导外资投向高技术制造业、高端服务业等领域，进一步突出产业发展的国际化定位。引进国际化组织，加强与国际会展机构的合作，建立低碳经济全球展示基地，定期举办绿色发展、新兴产业及都市农业示范等主题文化交流活动。积极引入国际标准化组织与认证认可协会，为战略产业的国际化发展提供便捷服务。①

（三）发展目标：世界城市产业先行区

打造具有世界影响的时尚运动和互动交流中心；打造特色会展品牌，积极争取大兴成为国内外大型展会的永久会址；加快经济社会发展的国际化进程，建设世界城市的产业先行区。

四、顺义国际交往：国际枢纽空港

（一）功能定位：国际枢纽空港

国际枢纽空港、高端产业新城、和谐宜居家园。② 《北京城市总体规划（2004年—2020年）》对顺义新城的功能定位：东部发展带的重要节点，北京重点发展的新城之一。引导发展现代制造业，以及空港物流、会展、国际交往、体育休闲等功能。③

（二）发展路径：提高对外开放水平，加大引智力度

深入贯彻落实科学发展观，坚持以科学发展为主题，以加快转变经济发展方式为主线，按照人文北京、科技北京、绿色北京的战略部署和建设世界城市的更高要求，坚持空港国际化、全区空港化、发展融合化理念，立足"国际枢

---

① 北京市大兴区人民政府：《北京市大兴区国民经济和社会发展第十二个五年规划纲要》。
② 同上。
③ 参见百度百科：http://baike.baidu.com/view/1188530.htm#2。

纽空港、高端产业新城、和谐宜居家园"发展定位，围绕"打造临空经济区、建设世界空港城"的目标，以城市化、城市现代化为引领，以保障和改善民生为重点，将顺义建设成为北京东北部中心城市。①

第一，扩大开放，提高国际化水平。坚持扩大开放，着力增强辐射带动能力，不断提升城市的影响力和竞争力，在更高层次上参与全球经济分工，构筑互利共赢的开放发展格局。进一步增强国际交往功能，不断扩大国际交流与合作，提升顺义的国际地位和国际影响。

第二，提高对外开放水平。依托首都国际机场，搭建国际合作交流平台，引进世界500强企业和跨国公司地区总部和职能总部，集聚国内著名企业和大型企业集团总部，将临空经济区建设成为首都面向全球的总部经济和高端产业集聚地。充分发挥北京天竺综合保税区的政策平台功能，立足北京，服务京津冀，辐射东北亚，推动航空物流、离岸金融、信息服务等产业发展，打造以保税功能为特色的国际空港综合服务示范区。进一步鼓励和支持区内企业特别是民营企业实施"走出去"战略，积极稳妥地实施国际并购、开展跨国经营、参与国际竞争。加强与著名国际组织的合作，积极争取更多国际会议、国际演出和体育赛事在顺义区举办。

第三，加大引智力度。全面实施《首都中长期人才发展规划纲要（2010—2020年）》，注重人才、项目、管理模式一体化引进，落实"千人计划""科技北京"百名领军人才培养工程、"海聚工程""高聚工程"等各项人才工作，制定科技人才引进和培养有关政策，培养和引进更多的科研创新人才和产业领军人才。②

（三）发展目标：打造临空经济区，建设世界空港城

顺义区作为北京市重点建设的新城、临空经济高端产业功能区和现代制造业基地，到"十二五"末期，将实现工业总产值4000亿元，成为国家新型工业化示范区，随着产业的进一步优化升级，以首都国际机场航运区为中心，将形成辐射顺义全区的圈层结构，构建一座全新的"世界空港城"，全面实现新跨越。③进一步增强国际交往功能，不断扩大国际交流与合作，提升顺义的国际地位和国际影响。

---

① 北京市顺义区人民政府：《北京市顺义区国民经济和社会发展第十二个五年规划纲要》。
② 同上。
③ 《"十二五"区县新定位》，载《北京商报》2011年2月13日。

五、昌平国际交往：国际科教新城

（一）功能定位：国际科教新城

昌平区定位于京北创新中心、国际科教新城①。

（二）发展路径：高端引领、创新驱动、绿色发展、开放包容

围绕建设京北创新中心、国际科教新城，要坚持产业发展高端化、自主创新系统化、公共服务优质化、城乡发展一体化、生态环境优美化、区域发展国际化的发展战略，实现资源再整合、要素再集聚、优势再发挥、潜力再放大，提高经济社会发展的全面性、协调性和可持续性。

第一，坚持把改革开放作为加快转变经济发展方式的强大动力。把握开放合作发展的时代主旋律，立足北京建设中国特色世界城市的目标定位，推动实施国际化战略，提升区域开放水平，以开放促发展、促改革、促创新。依托一流服务和良好环境，着力建设海外高素质人才和留学生聚集地，吸引国际知名企业总部落户昌平，加强国际交往合作，推进城市国际化经营，积极承办国际会议、重要活动和知名体育赛事，进一步提高区域的影响力和知名度。

第二，迈出开放合作新步伐。制定实施城市品牌战略，加强城市形象宣传，扩大区域的知名度、美誉度和影响力。着力发展开放型经济，积极营造适应国际惯例的市场运行环境和投资环境，吸引跨国公司和国内大型企业集团的区域总部或职能机构入驻昌平，推动总部经济发展和高端产业集聚地建设。拓展国际友好城市交往，积极争取更多国际会议、重要活动和知名体育赛事在昌平举办。鼓励、支持企业通过多种形式参与国际竞争，增强产业国际竞争力。大力发展服务贸易，积极发展服务外包业务。进一步提高外资利用质量和水平。做好对欠发达地区和民族地区的对口支援工作。倡导竞争合作、互利共赢的发展精神，营造开放包容、务实创新的区域发展氛围。

第三，坚持"高端引领、创新驱动、绿色发展、开放包容"的区域发展方针。坚持高端引领，就是要瞄准国际国内一流水平，着力吸引高端要素，聚集高端产业和产业高端环节，推动产业结构升级、人口素质优化、城市功能提

---

① 北京市昌平区人民政府：《北京市昌平区国民经济和社会发展第十二个五年规划纲要》。

升,使昌平成为特色鲜明、优势突出,体现世界城市建设最新发展方向的示范之区。坚持创新驱动,就是要把创新作为加快发展的原动力,把人才作为推动转型的强大引擎,着力推进科技创新、管理创新、文化创新和制度创新,打造首都人才新高地,使昌平成为创造激情竞相迸发、创意智慧充分涌流、创新成果汇聚的活力之区。坚持绿色发展,就是要落实人与自然和谐相处的发展理念,着力保护生态资源,提升环境品质,发展循环经济,倡导低碳环保、绿色健康的生活方式,增强区域可持续发展能力,使昌平成为天蓝、地绿、水清,城乡风貌秀美的魅力之区。坚持创新驱动,就是要把创新作为加快发展的原动力,把人才作为推动转型的强大引擎,着力推进科技创新、管理创新、文化创新和制度创新,打造首都人才新高地,使昌平成为创造激情竞相迸发、创意智慧充分涌流、创新成果汇聚的活力之区。坚持开放包容,就是要树立"大昌平"意识,着力提高区域开放程度和国际化水平,彰显人文关怀,塑造城市精神,保障广大群众合法权益,增强全体城乡居民的认同感和归属感,使昌平成为社会群体平等相处、人民群众安居乐业的和谐之区①。

(三)发展目标:世界级生态科教之都

在"十二五"期间,昌平区将以建设京北创新中心、国际科教新城的建设理念为基点,构筑"两轴两带、三城多点"的产业布局,加快建设北部研发服务和高新技术产业聚集区,凭借自身良好的科教、产业、环境等优势,不断提升城市形象和品位、完善城市功能,打造世界级的生态科教之都。

六、怀柔国际交往:国际交往新城

(一)功能定位:国际交往新城

怀柔区的功能定位是北京东部发展带上的重要节点、国际交往中心的重要组成部分②、国际交往新城。

(二)发展路径:"文化"与"科技"双轮驱动

以"生态立区、文化兴区、科技强区"为主线,进一步强化和巩固生态涵

---

① 参见北京市昌平区政府门户网站:http://www.bjchp.gov.cn/tabid/7338/Default.aspx。
② 北京市规划委员会:《北京城市总体规划(2004年—2020年)》。

养对高端要素的吸引力和承载力,更加突出国际品牌辐射力,以承办一批具有全球影响力的重大活动为契机,着力强化会展休闲的一站式服务;更加突出区域文化凝聚力和影响力,以做强一批龙头企业为核心,加快完善文化创意产业链中的高端价值环节;更加突出科技创新驱动力,以构建基础研究、应用研究、成果转化和产业化的全链条创新体系为依托,加快形成科技与经济互促发展的新格局,强化对传统产业结构调整的带动作用和对主导产业跨越升级的推动作用,实现产业、功能的双转型,带动怀柔区由首都的远郊区向服务国家对外交往的新区转变,由传统产业为主向彰显国家水平的文化科技新区转变,由生态涵养发展区向宜居宜业的绿色生态新区转变。①

"十一五"规划提出,怀柔强化国际交往服务功能,深入推进对外开放。牢牢把握 2008 年奥运会重大机遇,继续扩大区域对外开放程度,建设"开放怀柔"。加强与国际友好城市的文化、经贸往来与合作,争办国际性会展、赛事,提升怀柔国际知名度,建设首都国际交往子中心。作为"十二五"期间北京重点打造的四个新区之一,围绕市委、市政府高水平规划建设怀柔文化科技高端产业新区的总体要求和战略部署,按照首都国际交往会都、首都科技创新基地、首都影视文化新城和首都宜业宜居典范的战略定位,怀柔将以雁栖湖生态发展示范区、中科院怀柔科教产业园、中国(怀柔)影视基地等为重点,大力发展文化、科技、金融等高端产业,积极推动传统优势产业向高端化转型,着力构建起以文化科技为引领,具有国际高端水平、特色鲜明、综合竞争力强的高端产业功能区。特别是雁栖湖生态发展示范区,将建成"国际一流水平的生态发展示范新区、首都国际交往职能的重要窗口、世界级城市旅游目的地和生态文化休闲胜地",强化首都国际交往的服务功能。②

(三)国际交往发展动态:蓄势中的国际交往新城

怀柔区位于首都东北部,素有北京的"北大门"之称。1995 年,联合国第四次世界妇女大会 NGO 非政府组织论坛在怀柔成功举办,怀柔由此蜚声海内外。此后,随着世界养生大会、国际青少年嘉年华、全国汽车拉力赛等一系列活动的成功举办,为这座国际交往新城聚集了庞大的人气。2010 年,雁栖

---

① 参见 http://www.bjhr.gov.cn/publish/main/hrdt/ztzl/100850/100852/index.html。
② 北京市怀柔区人民政府:《北京市怀柔区国民经济和社会发展第十二个五年规划纲要》。

湖生态发展示范区正式开工建设，美丽的雁栖湖畔将建起一个集会议、会展、休闲于一体，具有中国文化特色、国际一流水平的综合性国际会都，具备接待 G20 首脑会议等大型国际会议和开展大型高端商务会展活动的能力，怀柔将成为一座国际交往新城。① 2012 年 4 月 28 日，作为雁栖湖生态发展示范区对外连接重要通道的对外联络通道正式开通。这条全长约 11.4 千米的城市快速路的贯通，不但全面改善了怀柔新城区域交通环境，而且对雁栖湖生态发展示范区对外联络的畅通起到保障作用，对加速"国际交往新城"建设也有着十分重要的意义。2014 年 11 月，亚太经合组织第 22 次领导人非正式会议（APEC）在雁栖湖举办，怀柔将借此之机，在打造国际交往新区的道路上，通过"文化"与"科技"双轮驱动，快速前行。②

七、密云国际交往：国际休闲之都

（一）功能定位：绿色国际休闲之都

密云区定位于绿色国际休闲之都、国际交往中心的重要组成部分。③

（二）发展路径：打造高端项目，改善旅游环境

以北京建设世界一流旅游城市为契机，立足"绿色国际休闲之都"发展定位，打造以人文休闲为主的潮河产业带和以自然休闲为主的白河产业带，突出特色、培育精品，建设生态一流、设施一流、服务一流，具有国际水准的休闲旅游目的地，全面推动旅游业由中低端向高端转变、由单一发展向区域联动转变。

第一，打造高端项目，促进"密云国际绿色休闲旅游产业综合示范区"建设。加快古北口沟域经济项目、龙湾水乡国际休闲旅游项目、港中旅房车小镇房车营地项目三大旅游项目建设，尽快启动云蒙山风景名胜区综合开发项目。通过古北口沟域经济项目打造历史和文化展示功能突出，集观光游览、休闲度假、商务会展、文化创意于一体的国际旅游综合目的地。通过龙湾水乡国际休闲旅游项目打造集高端旅游产业、高端健康产业、高端休闲购物于一体的国际

---

① 参见怀柔信息网：http://www.bjhr.gov.cn/publish/main/zjhr/xzqh/100506/index.html。
② 田国宝：《怀柔国际会都效应凸显地产商暗中布局》，载《中国房地产报》2014 年 7 月 28 日。
③ 参见北京市密云县政府门户网站：http://www.bjmy.gov.cn/mlmy/stmy/mygk/。

休闲旅游度假区。通过港中旅房车小镇房车营地项目建设,推动房车郊游新型旅游业态发展,创造都市人全新休闲体验生活方式。统筹规划、全面推动潮河商务休闲区、白河休闲度假区、雾灵山休闲度假区、北京清水休闲度假区等重大项目招商。通过打造旅游行业"旗舰",推动旅游产业升级和规模化发展,建设"密云国际绿色休闲旅游产业综合示范区"。

第二,着力改善旅游环境,逐步建立和完善旅游公共服务体系。打造国际水准的旅游产品和品牌,将密云建成以长城文化和原生态山水文化为核心资源,以精致乡村生活体验为特征,以养生度假、文化休闲为重要内容的高端休闲旅游目的地,使休闲旅游业成为与其他产业紧密融合的战略性支柱产业。以规范化、标准化、组织化建设为抓手,以促进农民增收为根本,创新旅游发展理念和体制机制,在旅游环境建设、发展模式、管理体制、低碳环保、产业富民等方面发挥示范作用。努力实现旅游发展理念先进、管理体系规范、旅游设施高端、服务过程精细、休闲环境精致,为"绿色国际休闲之都"建设提供有力支撑。①

(三)国际交往发展动态:旅游国际化进程加速

2008 年,密云获得了第四届国际板栗学术会②的承办权。国际板栗学术大会是具有世界影响力和高标准的国际板栗专业学术会议,在密云举办此次盛会,正是密云林业发展成果的全面展示和最好证明,密云的净山、净水、净土、净气和优质的板栗产品必将走向世界。③ 2010 年 7 月,密云县委十一届十次全会确定了"绿色国际休闲之都"的发展定位,描绘了密云"十二五"乃至今后一个时期发展的美好蓝图。④ 2011 年 1 月,密云被国际休闲产业协会评为国际休闲宜居名县,成为本次大会上全国唯一获此殊荣的区县,绿色发展受到国际关注。2013 年年初,北京 72 小时过境免签政策的推出,势必会加快将密云旅游资源推向国际化的速度,密云旅游业走向国际市场的进程也将大大缩短。

---

① 北京市密云县人民政府:《北京市密云县国民经济和社会发展第十二个五年规划纲要》。
② "国际板栗学术会"由国际园艺学术会主办,每四年一届。前三届分别在意大利、法国、葡萄牙举办,经过国际园艺会员投票,中国北京取得第四届国际板栗学术会主办权。
③ 参见 http://www.banli.cn/a2/2438.html。
④ 《北京密云:生态文明新探索建设绿色国际休闲之都》,载《北京日报》2014 年 3 月 13 日。

八、延庆国际交往：国际旅游休闲

（一）功能定位：国际化旅游休闲区

延庆区的定位是北京联系西北地区的交通枢纽、北京国际交往中心的重要组成部分和国际化旅游休闲区。①

（二）发展路径：加强国际合作与交流

围绕"人文北京、科技北京、绿色北京"建设，从建设中国特色世界城市的高度，深入实施生态文明发展战略，坚持高端一流标准，全面建设环境优美、生态宜居、富裕文明、幸福和谐的"绿色北京示范区"，为建设国际一流的旅游休闲名区、国际一流的低碳经济社会示范区、国际一流的宜居城市和美丽乡村奠定坚实的基础。②

加快推进国际马铃薯中心亚太区域中心建设，积极做好2015年世界马铃薯大会申办和组织工作。支持绿富隆公司与荷兰科伯特生物系统公司建设生物控制示范区国际合作项目。以北京建设国家现代农业科技城为契机，以建设农业科技国际合作交流中心为目标，实时跟踪国际农业交流与合作的前沿信息，捕捉机遇，进一步创新合作方式，拓宽合作渠道，丰富合作内容，提高延庆农业国际合作与交流水平。

从现在起到2020年，延庆区将坚定不移地实施生态文明发展战略，以打造"县景合一"的国际旅游休闲名区为抓手，以奋发有为的"精气神"，基本建成绿色北京示范区，全面建成小康社会，加快建设美丽延庆，努力建设山更绿、水更净、天更蓝、空气更清新、人民更幸福的美丽延庆。③

全力打造知名活动品牌，促进旅游、文化、体育产业融合发展。面向首都广阔舞台，借助首都优势条件，依托延庆丰富资源，全力打响"传统文化、休闲旅游、体育赛事、沟域经济"四大品牌，全力打响元宵节、端午文化节等传统文化品牌，将端午文化节办成北京市知名品牌文化活动，全面促进旅游休闲、文化、体育产业的深度融合。加快文化创意产业项目建设，推动文化产业

---

① 参见 http://news.xinhuanet.com/house/2007－11/20/content_7039922.htm。
② 北京市延庆县人民政府：《北京市延庆县国民经济和社会发展第十二个五年规划纲要》。
③ 参见北京市延庆县政府门户网站：http://www.bjyq.gov.cn/sy/yqgk/yqgk/。

升级发展。坚持高端引领和重大项目带动战略，全面推进八达岭长城文化旅游产业集聚区建设、北山休闲度假产业带建设，深度开发长城森林音乐节和"三朝御路"文化创意产业项目，实施环妫河生态休闲文化区建设工程，开展传统文化品牌的产业提升工程，以一流的生态环境促进绿色产业发展，使生态环境优势转化为文化创意产业的发展优势。①

（三）国际交往发展动态：加快北京国际交往中心建设

2009年7月，北山带国际会议休闲度假区的第一个项目——北京辉煌国际会议度假区奠基开工仪式正式开始。度假区整体规划为五星级标准，是集国际会议中心、康体中心、温泉SPA、葡萄酒庄园和企业会所等配套设施于一体的高端休闲旅游和国际会议的综合度假区，②建成后，将成为延庆北山旅游观光带的龙头，推动古崖居、松山、玉渡山、石京龙滑雪场、龙庆峡五个著名景区共同发展，成为延庆走向世界的一个新支点。2014年7月，北京入围2022年冬奥会候选城市名单，若当选将成为全球唯一举办过夏季和冬季奥运会的城市。其中，延庆将承办2022年冬奥会雪车、雪橇大项和滑雪大项中的高山滑雪比赛项目，通过举办冬奥会，将有一个更好的平台向世界展示延庆良好的生态环境、人民的幸福生活，让更多的人了解延庆的魅力。③ 2014年7月28日至8月8日，世界葡萄大会④在延庆召开。世界葡萄大会给延庆的农业产业结构调整带来了非常好的机遇，延庆将把这次大会作为一个平台和跳板，提升延庆的葡萄产业发展，并在全世界树立起"延庆葡萄"品牌。未来，延庆将建成与法国波尔多、美国纳帕相媲美的世界知名酒庄产业带。⑤ 2014年9月，北京国际马球比赛在延庆举办，延庆县与素有"世界马球之都"之称的阿根廷罗德里格斯市签署友好城市协议。北京国际马球公开赛已经在延庆成功举办5届，成为世界优秀选手比赛竞技、文化交流的重要平台，也为中国马球运动发展作出了突出贡献。今后，延庆将加快马文化产业的发展，为北京建设全国文

---

① 李志军：《延庆：立足首都功能定位推动文化繁荣发展》，载《中国文化报报》2012年11月16日。
② 延庆县委宣传部：《延庆建设国际一流低碳经济社会示范区》，载《人民日报》（海外版）2010年3月5日，第008版。
③ 载北京市工商行政管理局延庆分局官方网站。
④ 世界葡萄大会，有40多年历史，由国际园艺学会主办，每四年举办一次，被称为"葡萄界的奥运会"。
⑤ 赵方忠：《世界葡萄大会驾临延庆》，《投资北京》2011年5月。

化中心与国际交往中心作出更大贡献。

第三节　石房门平：国际交往参与度逐步提高

一、石景山国际交往：首都娱乐休闲区

（一）发展定位：首都文化娱乐休闲区

石景山区的发展定位为"首都文化娱乐休闲区"①"首都绿色转型示范区"。

（二）发展路径：服务主导，创新驱动，绿色发展

围绕"首都文化娱乐休闲区"的发展定位，按照"服务主导，创新驱动，绿色发展"的原则，全力构建以现代服务业为主体，以高新技术产业为主导的现代产业体系。全面落实"一区三中心"的城市功能定位，着力打造"一轴、一带、一核、一园、多支点"的总体空间布局。② 以体制机制创新为动力，以加快转变经济发展方式为主线，把握新首钢高端产业综合服务区和永定河绿色生态发展带建设的有利契机，着力实施"四位一体，转型升级"战略，统筹推进主导产业培育、城市建设提速、社会建设创新、生态环境优化四项重点任务，全面加快区域转型，在转型中推动经济社会向更高水平、更高层次迈进。③

进一步加强对外开放，坚定不移地实施开放带动战略，加快推进国际交流与合作，增强经济社会发展动力。营造开放、公平的发展环境，发挥各类中介机构、社会团体、行业协会的桥梁与纽带作用，吸引跨国公司总部、各类国际学术组织、产业组织和公益组织等国际高端资源落户石景山区。积极承办国际性会议展览、文化交流、体育赛事等大型活动，大力促进对外合作与交流。进一步深化对台文化交流与经济合作，积极推进金融文化产业园落户石景山区，

---

① 参见北京市石景山区政府网站：http://www.bjsjs.gov.cn/sjsfw/fzsjs/20131012/37421.shtml。

② 参见北京市石景山区政府网站：http://www.bjsjs.gov.cn/sjsfw/fzsjs/20131012/37421.shtml。

③ 北京市石景山区人民政府：《北京市石景山区国民经济和社会发展第十二个五年规划纲要》。

打造两岸合作发展新平台。鼓励和支持具有国际竞争力的龙头企业参与国际分工协作，不断提升石景山区的国际影响力。① 培育一批具有国内外影响力的创新型企业，塑造企业品牌，鼓励龙头企业通过申请国际专利、承担国际工程项目、国际并购、境外上市、建立海外分支机构等方式拓展国际化路径。

(三) 发展目标：展现首都国际大都市形象的标志地区

以首钢主厂区为主要空间载体，重点发展现代金融、商务服务、文化创意、高端商业等产业，努力将石景山区打造成为建设"人文北京、科技北京、绿色北京"和中国特色世界城市新的增长极，使其成为展现首都国际大都市形象的标志地区。围绕"首都绿色转型示范区"的发展定位，打造北京 CRD，构建和谐石景山，建设现代化首都新城区。

二、房山国际交往：首都生态休闲新城

(一) 发展定位：现代生态休闲新城

房山区的发展定位为首都高端制造业新区、现代生态休闲新城。②

(二) 发展路径：做强高端制造业，坚持业城融合发展

以科学发展为主题，全面推进"三化两区"建设，把坚定不移走新型城市化道路作为加快转变经济发展方式的基本路径，着力构建"两轴三带五园区"发展格局，努力在功能区建设、城市功能提升、新农村建设、山区转型发展、民生改善等方面取得突破性进展。以建设现代生态休闲新城为目标，加速推进新型城市化进程，主动融入首都城市发展大格局，扩大同城效应，实现与首都协同发展。③

房山区将朝着建设"一区一城"新房山的目标继续前行。一方面，建设首都高端制造业新区，以实现区域全覆盖为特征，以高端、高效、高辐射产业为方向，全力做大做强高端制造业，促进三大产业融合发展，构建具有国际竞争力的现代产业集群。另一方面，建设现代生态休闲新城，着眼于首都建设中国特色世界城市的新要求，坚持业城融合发展，大力提升面向中心城区的综合服务功能，

---

① 同上。
② 北京市房山区人民政府：《北京市房山区国民经济和社会发展第十二个五年规划纲要》。
③ 同上。

突出生态宜居，彰显现代休闲，打造京津冀城市群中独具魅力的新城。①

第一，集聚国际高端要素，向着开放融合的国际化新城目标迈进。城市建设的国际化是房山走向世界的平台和桥头堡。按照国际规则和国际惯例，完善行政管理体制，提升城市政府功能，全面推进政府管理、社会服务、经济贸易、城市设施、生活居住、居民观念的国际化。实施城市外语环境提升工程，推进政府网站和公共服务网站多语种化，扩大多语标志覆盖面。搭建涉外服务平台，以重点功能区为依托，按照国际化标准推进新型社区建设，吸引外籍人士来房山创业休憩。以五大功能区为载体，抢抓新一轮国际产业调整和转移机遇，吸引更多国际高端生产要素集聚房山，带动和提升区域经济的国际化、现代化水平。

第二，以中国北京农业生态谷为龙头，发展都市型现代农业。中国北京农业生态谷是北京市政府重点推进的现代都市农业示范工程。按照新型城市化和新型工业化引领新型现代农业的发展思路，大力发展与第二、三产业融合的都市型现代农业，提高农产品附加值。以中国北京农业生态谷为核心，充分发挥农产品生产龙头企业的辐射带动作用，不断延伸产业链条，集聚全球先进农产品技术，在生物农业研发、良种繁育基础上，广泛吸纳配套农产品加工、贸易、物流等衍生企业集聚，构建集科技示范推广、信息交流、商贸物流、生态建设及旅游观光等多功能于一体的都市型现代农业，建设以中国北京农业生态谷为核心的国际高端农产品加工中心、国际农业研发总部中心、国际高端农业生物产业中心、国际绿色种植示范中心和国际农业会议交流中心。②

三、门头沟国际交往：首都山地旅游度假区

（一）功能定位：首都国际高端山地旅游文化度假区

门头沟将落实旅游文化休闲产业发展战略规划，以创建国家旅游综合改革试验区和建设北京市旅游重点发展区为载体，打造古寺庙及遗址、古村古道、商务会议、健康休闲等旅游文化组团，努力建设首都国际高端山地旅游文化度假区。③

---

① 杜戈鹏、张景华：《北京16区县扫描（图）》，载《光明日报》2012年9月11日。
② 北京市房山区人民政府：《北京市房山区国民经济和社会发展第十二个五年规划纲要》。
③ 参见 http://report.qianlong.com/33378/2012/01/04/225@7620671.htm。

（二）发展路径：环境、文化、产业协同发展

围绕区域功能定位，努力建设首都国际高端山地旅游文化度假区。在环境建设方面，加强生态修复和生态资源保护，提升城市水系景观和园林绿化体系建设水平，将新城区打造成为现代化滨水山城，将山区打造成为全域景区化的百里画廊。在文化发展方面，深度挖掘文化资源，大力发展文化旅游产业，实现从文化资源大区向文化旅游强区的跨越。在产业发展方面，将围绕"一带两线四点多组团"的空间布局，构建以旅游文化休闲产业为主导，现代服务业、高新技术产业等多点支撑的高端产业体系，形成产业带动发展新优势。[1] 2014年，门头沟大力培育以旅游文化休闲产业为主导，以信息科技产业、现代服务业等高端产业为支撑的产业体系，积极推动重点产业项目落地，引进互联网金融企业入区发展，努力形成高端产业集群。积极打造沟域景区，加快发展景观农业，大力培育文化创意产业，创新山地徒步大会等文化旅游活动举办方式，进一步提高旅游文化休闲产业发展水平。规划发展浅山区、保护涵养深山区，合理确定产业、居住和生活配套用地比例及建设规模，着力打造现代化滨水山城。加快推进以潭柘寺、斋堂、军庄、雁翅四个小镇为重点的生态宜居特色小镇建设，积极打造全域景区化百里画廊。[2]

四、平谷国际交往：京东发展门户

（一）发展定位：京东发展门户

平谷区发展定位：京东发展门户、山水宜居新城、清洁制造中心、精细果蔬基地、生态休闲绿谷。[3]

平谷区规划定位：北京东部物流、休闲度假及绿色农业基地。[4]

（二）发展路径：生态立区、环渤海发展、工业强区、三产带动

坚持以科学发展为主题，以加快转变经济发展方式为主线，以全面建设首都生态第一区为目标，以改革开放和科技创新为动力，以提高人民生活质量为

---

[1] 方彬楠：《门头沟将建国际山地旅游文化度假区》，载《北京商报》2012年1月16日。
[2] 王梅、巩琳萌、习伟：《为首都全面深化改革汇聚能量——北京市16区县党委书记共话改革》，载《前线》2014年第2期。
[3] 参见 http://nc.mofcom.gov.cn/news/2249743.html。
[4] 参见 http://news.xinhuanet.com/house/2007-11/20/content_7039922.htm。

目的,以加快推进城市化、工业化、农业现代化步伐为主路径,大力实施生态立区、环渤海发展、工业强区、三产带动四大发展战略。

(三)发展目标:首都世界城市重要功能区

努力打造"生态绿谷""京津商谷""绿能新谷"和"中国乐谷",全面推动地区经济社会跨越式发展,努力将平谷建成首都世界城市的重要功能区。[①]

下面附上表3-2北京16区县国际交往发展定位及发展路径对比、表3-3北京市四类主体功能区发展定位及发展目标对比。

表3-2 北京16区县国际交往发展定位及发展路径对比

北京16区县		发展定位	国际交往发展目标	发展途径
东西朝海:国际交往起步早、发展好	东城区	首都文化中心区、世界城市窗口区	到2015年,在北京率先全面实现现代化,构建起"首都文化中心区,世界城市窗口区"基本框架,成为在全球具有一定影响力的"文化名区"。到2020年左右,基本形成具有较强国际影响力的现代国际城市中心区。到2030年左右,具有鲜明特色的"首都文化中心区,世界城市窗口区"基本建成	围绕"国际化、现代化新东城"战略目标,着力实施"两新四化"战略,以科学发展为主题,以加快转变经济发展方式为主线,以深化改革创新为动力,以加强历史文化名城保护、发展壮大服务经济实力、提升民生保障水平、强化城市管理为重点,显著提升区域文化软实力和综合实力,推动东城区全面协调可持续发展,夯实"首都文化中心区、世界城市窗口区"的发展基础
	西城区	国家政治中心的主要载体、具有国际影响力的金融中心、国内外知名的商业中心和旅游地区	依托国家金融管理中心的地位,以金融街等重点功能区为载体,充分发挥国家金融决策、管理、结算、信息等资源优势,做大做强金融业,提升品牌价值,扩大国际影响力,不断增强金融服务首都、服务全国和服务国际的能力,打造具有国际影响力的金融中心	立足发展的新阶段、新特征和新要求,坚持科学发展,深化改革开放,率先走出一条空间布局不断优化、区域经济持续发展、文化软实力和国际影响力不断提升、城市服务功能优化配置、社会和谐程度和宜居水平稳步提高的发展之路,全面开创西城科学发展新局面

---

① 北京市平谷区人民政府:《北京市平谷区国民经济和社会发展第十二个五年规划纲要》。

续 表

	北京16区县	发展定位	国际交往发展目标	发展途径
东西朝海：国际交往起步早、发展好	朝阳区	国际交往的重要窗口，中国与世界经济联系的重要节点	以"打造具有世界影响力的国际商务中心"为目标，积极发展现代服务业、国际金融业、文化创意产业和高新技术产业四大产业，着力推进"十大发展基地"的规划和建设，同时提出"打造国际教育先行区"的目标。全面提升国际商务中心功能，积极促进文化繁荣发展，同时在国际化水平提升方面实现新跨越	围绕新的城市功能定位，立足区域丰富的国际资源，在更大的空间强化总部经济、国际金融、国际商务、国际贸易、国际信息传播等核心功能，加快建设高端要素聚集、商务活动活跃、资讯集散快捷、国际人才汇聚的国际商务中心，全面提升服务国家参与国际经济合作发展的能力，提升服务首都向中国特色世界城市迈进的能力，提升区域的国际影响力和竞争力
	海淀区	世界科技创新中心、世界知识金融中心、世界人才聚集中心、世界文化创意中心、世界教育中心	将海淀建设为世界高端企业总部、国际活动、世界高端人才聚集之地，全面提升海淀国际影响力，使海淀成为首都建设中国特色世界城市的主要窗口和重要平台，建成具有全球影响力的科技创新中心	适应首都建设中国特色世界城市的新要求，大力实施国际化、差异化战略，不断拓展对外开放的广度和深度，在更大范围、更广领域、更高层次上参与国际竞争与合作
丰通大顺昌怀密延：发展中的国际交往新城	丰台区	国际国内知名企业代表处聚集地、知名的重要旅游地区	强化总部经济品牌，深化国际交往功能。把握城市功能拓展区的定位，立足区域经济社会发展的新阶段、新形势、新使命、新任务，把丰台打造成为首都建设中国特色世界城市的新空间和实践"人文北京、科技北京、绿色北京"的新名片	发展总部经济与总部品牌，强化总部经济品牌特色；培育国际商务与国际贸易，着力发展国际商务；承接国际会展与国际旅游，承办国际会展活动
	通州区	城市副中心、北京发展新磁极、首都功能新载体、世界城市新功能的核心承载区	打造通州国际新城、未来科技城两个重要新城，加快培育商务、文化、教育等城市综合服务功能，将通州新城打造成为国际一流的现代化新城。高标准建设未来科技城，集聚高层次创新人才，打造具有国际影响力的大型企业集团技术创新和成果转化基地	全面实施国际化战略，大力发展外向型经济，加快推进新城国际交流与合作，全力营造国际化的工作生活环境，将北京现代化国际新城打造成为首都参与国际交往的新窗口、提升国际竞争力的战略新区

续 表

北京16区县		发展定位	国际交往发展目标	发展途径
丰通大顺昌怀密延：发展中的国际交往新城	大兴区	战略产业新区、区域发展支点、创新驱动前沿、低碳绿色家园	打造具有世界影响的时尚运动和互动交流中心；培育打造特色会展品牌，积极争取大兴成为国内外大型展会的永久会址；加快经济社会发展的国际化进程，建设世界城市的产业先行区	按照"人文北京、科技北京、绿色北京"战略和向中国特色世界城市迈进的要求，突出跨越发展，突出创新驱动，突出民生为本，突出绿色保障，走一体化、高端化、国际化道路，建设宜居宜业和谐新大兴
	顺义区	国际枢纽空港、高端产业新城、和谐宜居家园	形成辐射顺义全区的圈层结构，构建一座全新的"世界空港城"，全面实现新跨越。进一步增强国际交往功能，不断扩大国际交流与合作，提升顺义的国际地位和国际影响	坚持扩大开放，着力增强辐射带动能力，不断提升城市的影响力和竞争力，在更高层次上参与全球经济分工，构筑互利共赢的开放发展格局
	昌平区	京北创新中心、国际科教新城	打造世界级的生态科教之都。把昌平打造成为高端引领、创新驱动、绿色发展、开放包容的京北创新中心、国际科教新城	以建设京北创新中心、国际科教新城的建设理念为基点，构筑"两轴两带、三城多点"的产业布局，加快建设北部研发服务和高新技术产业聚集区，凭借自身良好的科教、产业、环境等优势，不断提升城市形象和品位、完善城市功能
	怀柔区	文化科技新区、国际交往新城、现代产业基地和生态宜居典范。	发展成为功能健全、实力雄厚、较为成熟的现代化、国际化、高端化产业新区，成为国际政经会议重要承办地、首都文化科技融合发展示范区。	以雁栖湖生态发展示范区、中科院怀柔科教产业园、中国（怀柔）影视基地等为重点，大力发展文化、科技、金融等高端产业，积极推动传统优势产业向高端化转型，着力构建起以文化科技为引领，具有国际高端水平、特色鲜明、综合竞争力强的高端产业功能区

续 表

北京16区县		发展定位	国际交往发展目标	发展途径
丰通大顺昌怀密延：发展中的国际交往新城	密云县	"绿色国际休闲之都"、国际交往中心的重要组成部分	把密云建设成为以"绿色"为特征、以"国际"为水准、以高端重大项目为支撑，宜居、宜业、宜游的"绿色国际休闲之都"	按照"三个北京"和中国特色世界城市建设的要求，以生态涵养发展区工作方略为指导，以"三个走在前列"为奋斗目标，以建设"绿色国际休闲之都"为发展定位，以人为本，科学发展，建设生态富裕和谐新密云，发展高端休闲旅游业，成为具有国际水准的休闲旅游目的地
	延庆县	北京国际交往中心的重要组成部分、国际化旅游休闲区	建设国际一流的旅游休闲名区、国际一流的低碳经济社会示范区、国际一流的宜居城市	围绕"人文北京、科技北京、绿色北京"建设，从建设中国特色世界城市的高度，深入实施生态文明发展战略，坚持高端一流标准，全面建设环境优美、生态宜居、富裕文明、幸福和谐的"绿色北京示范区"
国际交往参与度低	石景山区	首都文化娱乐休闲区	以首钢主厂区为主要空间载体，重点发展现代金融、商务服务、文化创意、高端商业等产业，建设成为展现首都国际大都市形象的标志地区	按照"服务主导、创新驱动、绿色发展"的原则，全力构建以现代服务业为主体，以高新技术产业为主导的现代产业体系，全面落实"一区三中心"的城市功能定位，着力打造"一轴、一带、一核、一园、多支点"的总体空间布局
	房山区	首都高端制造业新区、现代生态休闲新城	以建设现代生态休闲新城为目标，加速推进新型城市化进程，主动融入首都城市发展大格局，扩大同城效应，实现与首都协同发展，成为首都建设世界城市的发展新区	以科学发展为主题，全面推进"三化两区"建设，把坚定不移走新型城市化道路作为加快转变经济发展方式的基本路径，着力构建"两轴三带五园区"发展格局，努力在功能区建设、城市功能提升、新农村建设、山区转型发展、民生改善等方面取得突破性进展

续 表

北京16区县		发展定位	国际交往发展目标	发展途径
国际交往参与度低	门头沟区	生态涵养发展区、首都西部综合服务中心	围绕区域功能定位，努力建设首都国际高端山地旅游文化度假区	按照首都生态涵养发展区和西部综合服务中心的定位要求，充分发挥生态环境资源丰富、历史文化积淀深厚、地理区位独特的三大优势，加快建设新城区，规划发展浅山区，保护涵养深山区，形成"三区"互为补充、协调发展新格局
	平谷区	京东发展门户、山水宜居新城、生态休闲绿谷	努力打造"生态绿谷""京津商谷""绿能新谷"和"中国乐谷"，全面推动地区经济社会跨越式发展，努力将平谷建成首都世界城市的重要功能区	以全面建设首都生态第一区为目标，以改革开放和科技创新为动力，以提高人民生活质量为目的，以加快推进城市化、工业化、农业现代化步伐为主路径，大力实施生态立区、环渤海发展、工业强区、三产带动四大发展战略

表 3-3 北京市四类主体功能区发展定位及发展目标对比

北京16区县	主体功能区	发展定位	发展目标
东城区	首都核心功能区	首都"四个服务"职能的主要承载区；历史文化遗产分布的核心地，古都历史文化风貌的集中展示区；文化旅游和公共文化服务集中分布区；金融机构、总部企业聚集地，国家金融管理核心区。集中体现政治文化中心功能，集中展现古都特色	提升首都形象和国际影响力，打造传统文化与现代文明有机融合、展现世界城市风貌的中心区。巩固国家金融管理中心地位，形成具有较强国际竞争力的金融产业集群，金融服务业增加值占全市的比重进一步提高
西城区			
朝阳区	城市功能拓展区	首都面向全国和世界的高端服务功能的重要承载区；首都经济辐射力和控制力的主要支撑区；中关村国家自主创新示范区的主要集中地；集中展示现代化国际大都市的重要区域，体现现代经济与国际交往功能的重要区域	依托中关村国家自主创新示范区、商务中心区（CBD）和奥林匹克中心区三大高端产业功能区，全面建设具有全球影响力的科技创新中心、国际商务中心和国际文化体育会展中心；加快培育丽泽金融商务区和新首钢高端产业综合服务区，大力发展高新技术产业和高端服务业，不断提升区域财富创造、国际交往与和谐宜居水平
海淀区			
丰台区			
石景山区			

续 表

北京 16区县	主体 功能区	发展定位	发展目标
通州区 大兴区 顺义区 昌平区 （平原） 房山区 （平原）	城市发展 新区	首都战略发展的新空间和推进新型城市化的重要着力区；承接产业、人口和城市功能转移的重要区域；首都经济发展的新增长极；首都高技术制造业和战略性新兴产业聚集区，都市型现代农业生产和示范基地	成为全市经济发展重心、高技术制造业和战略性新兴产业聚集区，国际航运和物流中心功能全面实现；聚焦通州，集中力量将通州打造为国际一流的现代化新城，重点建设顺义、亦庄—大兴、昌平和房山新城，成为承担中心城功能调整和人口疏解的主要区域
昌平区 （山区） 房山区 （山区） 门头沟区 平谷区 怀柔区 密云县 延庆县	生态涵养 发展区	首都生态屏障和重要水源保护地；沟域经济等生态友好型产业发展建设的示范区；构建首都城乡一体化发展新格局的重点地区，是保证北京可持续发展的支撑区域	区域生态空间进一步优化，生态调节与水资源涵养功能更趋完善；生态友好型经济成为主导，旅游休闲、会议会展、文化创意、绿色能源等低碳高端产业日益壮大

第四章　北京市朝阳区国际交往中心功能建设十年进展

北京市朝阳区2006年"十一五"规划49字城市功能定位中即提出"国际交往的重要窗口，中国与世界经济联系的重要节点，对外服务业发达地区，现代体育文化中心和高新技术产业基地"，指出了国际交往的作用和方向；2011年"十二五"规划明确提出"全面提升国际商务中心功能"，点明了国际交往发展的基础和路径。

近十年来，通过"三化四区""双十工程"等举措，朝阳区国际交往中心功能建设不断推进，既取得了显著成效，在首都"四个中心"定位的背景下也面临着新的发展态势。为了优化服务业发展环境，提高服务业发展质量，朝阳区在十年的建设过程中稳定提升金融保险、商务服务、会展旅游、商贸流通等优势行业；加快发展文化传媒、教育培训、医疗保健、体育健身、信息服务等需求潜力大的行业；大力发展总部经济，吸引更多跨国公司在区设立地区总部、投资公司、研发中心和采购中心，带动会计、审计、评估、律师、信息咨询等中介服务业发展；构建"高增值、强辐射、广就业"的现代服务业体系，增强现代服务业的主导作用。① 本章在朝阳区十年工作总结的基础上梳理出朝阳区国际交往中心功能建设的时间序列发展路线图，总结近十年来朝阳区国际交往中心建设取得的进展，从而为"十三五"规划提供研究基础。

---

① 《〈朝阳区"十一五"规划纲要〉解读》（三）："倾力打造国际化朝阳"。

第一节 时间序列发展路线图

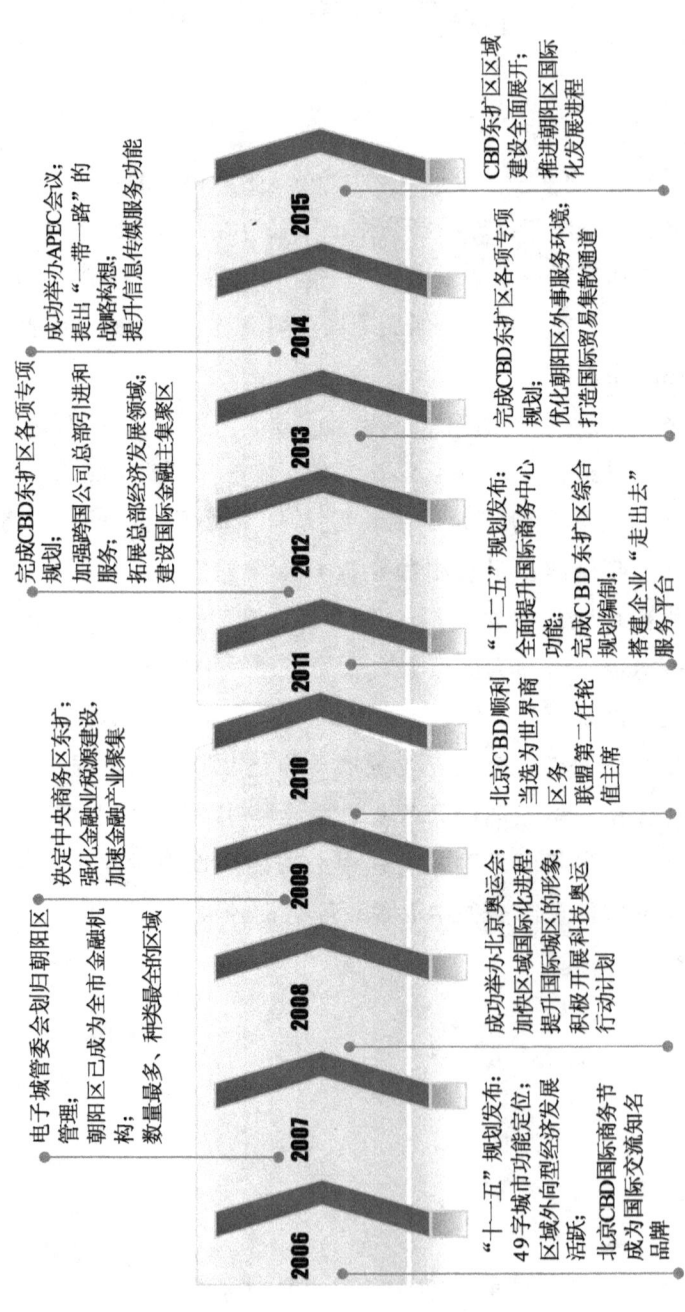

第二节 朝阳区"十一五"期间（2006—2010年）发展总结

按照北京城市总体规划对朝阳区新的城市功能定位，朝阳区在"十一五"期间，紧紧围绕"新北京、新奥运"战略构想，继续推进"三化四区"建设，加快奥运、CBD、电子城三大功能区发展，全面提升国际交往的重要窗口、中国与世界经济联系的重要节点、对外服务业发达地区、现代体育文化中心和高新技术产业基地的城市功能。在朝阳区区域发展定位——朝阳区是实现和拓展首都城市性质功能的重要区域，将拓展首都城市功能，特别是面向全国和世界的外向型经济服务功能；是推进生产力创新的重要基地，为提升首都发展的核心竞争力作出贡献[①]——指导下，朝阳区在"十五"硕果的基础上发挥能量，以现代服务业为主要经济增长点，把朝阳的经济融入世界，倾力打造国际化朝阳。

以下主要从金融、文化、旅游、科技四方面对"十一五"期间朝阳区国际交往中心建设的进展进行归纳总结。

一、金融——产业规模扩大，形成规范体系格局

（一）总体发展情况

朝阳区在"十一五"期间以建设国际金融区为核心，依托 CBD 功能区，引进外资银行、保险、证券、基金等知名企业，改善金融生态环境，强化金融服务意识，加大金融产品创新力度，全力打造区域性乃至全国性国际金融中心、国际支付中心和结算中心。[②] 表4-1列出了2006—2013年朝阳区金融业发展指标数据。

由表4-1绘制图4-1。

[①] 北京市朝阳区人民政府：《北京市朝阳区"十一五"时期城市规划与建设》。
[②] 《＜朝阳区"十一五"规划纲要＞解读》（三）："倾力打造国际化朝阳"。

表 4-1　2006—2013 年朝阳区金融业发展指标数据

	2006	2007	2008	2009	2010	2011	2012	2013
全年新批外资企业（家）	847	888	877	593	788	836	682	574
实际利用外资（亿美元）	19.3	20.1	21.6	21.8	24	26.5	32	34.2
比上年增长（%）	35	4.1	7.3	0.9	10.1	10.4	20.9	6.9
世界五百强企业（家）	19	15	6	13	13	15	20	12
全年出口总额（亿美元）	70	89.1	102.2	92.78	121	122.5	127	149.2
比上年增加（%）	15.5	27.3	14.7	−9.3	30.4	1.2	3.7	17.9

数据来源：根据朝阳区历年国民经济和社会发展统计公报中统计数据整理。

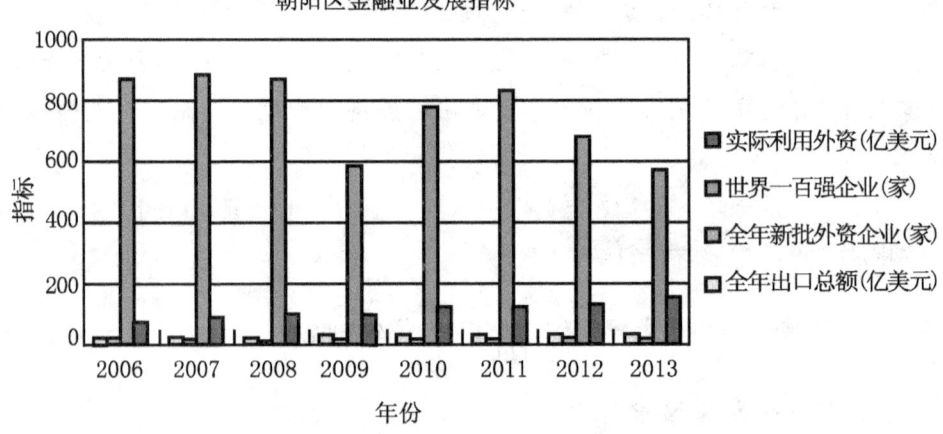

图 4-1　朝阳区金融业历年发展指标

由图 4-1 可知，由于奥运会的申办成功，在奥运经济的吸引和推动下，2006—2008 年，朝阳区引进外资企业的数量保持较高水平，每年总数均超过 800 家；2008 年年末爆发的金融危机以及奥运经济热潮的逐渐冷却，使得外企对世界经济前景大多持观望态度，对外直接投资数量减少，因此在 2009 年全年新批外资企业数出现下降至 600 家水平；而随着我国政府一系列救市计划和政策的出台，市场信心逐渐被挽救，经济企稳向好发展，因此 2009—2011 年新批外资企业数量再次增加至 800 家以上；之后的外资企业引进过程，朝阳区更加注重被引进企业的质量及能够给朝阳区经济所带来的效益，因此在外资企业进驻条件上做了一些限制，使得最近两年引进外资企业数量呈现下降趋势，这也是提高朝阳区经济发展质量，改善朝阳区经济发展环境的必由之路。

相较之下，其他三个反映朝阳区近十年金融业发展的指标：新批引进的外资企业中世界五百强企业数、全年出口总额和实际利用外资额均保持平稳态势，说明朝阳区在国际交往方面所发挥的作用是可持续的，朝阳区的发展充满机遇和活力。CBD 东扩区建设效果图和金盏金融服务区如图 4-2、图 4-3 所示。

图 4-2　CBD 东扩区建设效果

图 4-3　金盏金融服务区

（二）各年份具体发展情况

2006 年，朝阳区区域外向型经济发展活跃，北京 CBD 国际商务节成为国际交流知名品牌，全区利用外资总量稳居全市首位。全年新批外资企业 847

家,比上年增加 17 家,其中 19 家为世界 500 强企业。全年合同利用外资金额 29.3 亿美元,比上年增长 15.8%;实际利用外资 19.3 亿美元,比上年增长 35.0%。外贸进出口呈现大幅增长,全年累计实现进口总额 538.8 亿美元,比上年增长 40.5%;累计实现出口总额 70.0 亿美元,增长 15.5%。①

2007 年新批外资企业 888 家,比上年增加 41 家,其中世界 500 强企业有 15 家。全年实际利用外资额 20.1 亿美元,比上年增长 4.1%。全年实现进口总额 620.8 亿美元,比上年增长 15.2%;出口总额 89.1 亿美元,比上年增长 27.3%。② 此外,朝阳区拥有外资银行分行 18 家,外资银行支行 10 家,法人保险公司及经营性保险公司 33 家,都在全市占有相当比例。朝阳区已成为全市金融机构数量最多、种类最全的区域。③

2008 年,朝阳区全年新批三资企业 877 家,其中世界 500 强企业有 6 家。全年实际利用外资额 21.6 亿美元,比上年增长 7.3%。全年实现进口总额 1036.8 亿美元,比上年增长 67.0%,增幅比上年提高 51.8 个百分点;出口总额 102.2 亿美元,比上年增长 14.7%,增幅回落 12.6 个百分点。④

2009 年,朝阳区相关部门强化金融业税源建设,加速金融产业聚集,为首都国际金融机构主聚集区建设提供了强大助推剂。从机构数量上看,2009 年朝阳区金融机构加速聚集。其中外资金融机构 235 家,占全市 60%。金融机构的聚集,促进了首都国际金融机构主聚集区氛围的不断浓厚。从财税收入来看,金融业对区域贡献增强。不计涉外分局管辖企业,朝阳区 2009 年金融业税收 105.09 亿元,年度税收首次突破 100 亿元,同比增收 19.51 亿元,同比增长 22.8%。按可比数据,税收占全区得而 12.4%。金融业税收和区级收入均远超全年 10% 的增长目标。⑤

2010 年,朝阳区域外招商引资完成 406.2 亿元,增长 23.2%;向国外输出劳务 1558 人次,比上年下降 24.8%;全年共接待旅游、访问、从事商务等项活动的外国人、华侨和我国港澳台同胞 1.4 万人次,比上年增加 3 千人次,

---

① 《2006 年朝阳区国民经济和社会发展统计公报》。
② 《2007 年朝阳区国民经济和社会发展统计公报》。
③ 《八大特征彰显朝阳区金融业实现跨越式发展》。
④ 《2008 年朝阳区国民经济和社会发展统计公报》。
⑤ 潘朝峰:《2009 年朝阳区金融业发展总结》,载《朝阳报》。

增长 27.3%。①

总之,"十一五"期间是朝阳区金融业由自发分散发展进入有规划成体系发展阶段,金融业产业规模显著扩大。"十一五"期间,朝阳区除传统间接融资金融机构银行、保险公司外,市场功能强的新型金融机构也得到了迅速发展,同时,要素市场形成初步规模。经过"十一五"的发展,朝阳区已经构建了比较完整的现代金融机构体系,银行、信托、保险等间接金融业务发达,证券、基金等直接金融业务发展势头良好,汽车金融和消费金融后来居上,金融创新能力增强,金融组织结构不断升级,金融业态饱满,金融业发展充满活力。②

二、文化——涉外资源凝聚,打造创意产业中心

文化创意产业是以创作、创造、创新为根本手段,以文化内容、创意成果为核心价值,以知识产权实现或消费为交易特征,为社会创造财富、提供就业并促进城市文化底蕴和居民综合素质提升的产业。加快发展文化创意产业,是朝阳区突破资源约束、实现功能定位、促进结构升级、获取高端分工、推进可持续发展的战略举措。"十一五"期间,朝阳区将自身的发展与北京市的城市功能定位相结合,在文化创意产业方面实施国际化战略。具体体现在以下三方面。

(一)国际版权投资重要基地

朝阳区紧紧围绕其城市功能定位,充分发挥朝阳涉外资源、对外开放、体制创新、产业结构和人才聚集方面的优势,积极借鉴国内外城市发展文化创意产业的先进经验,努力把朝阳区建成环渤海文化创意产业中心区域,增强文化创意产业的整体实力和国际竞争力,努力做到在全市文化创意产业发展总格局中发挥龙头作用,并逐步扩大其国际影响力。

加快区域国际化进程,提升国际城区的形象,为文化创意产业发展营造优良的国际发展环境。在满足城市功能建设要求的同时,将发展文化创意产业与城市建设和改造相结合,将文化创意融入城市规划中,提高城市文化魅力。加

---

① 《2010年朝阳区国民经济和社会发展统计公报》。
② 朝阳区金融服务办公室:《北京市朝阳区"十二五"期间金融业发展规划(讨论稿)》。

强城市文化建设。进一步提升三里屯、秀水、潘家园、798艺术区等有国际影响的文化品牌,进一步扩大"国际风情节""国际流行音乐周"等文化精品的国际影响。挖掘、传承、保护民间传统文化,使中华民族优秀传统文化成为推动国际化进程的重要力量。

(二)国际版权交易重要中心

按照WTO规则健全文化创意产业市场体系。加快建立健全统一、开放、竞争、有序的现代文化市场体系,充分发挥市场在文化资源配置中的基础性作用。积极培育产品、服务、人才、技术等各类文化市场,完善文化市场结构,促进文化产品和文化生产要素的合理流动。完善文化市场管理机制,实现管理规范化、制度化。健全文化执法监督机制,加快文化市场综合执法体制建设和执法队伍建设,推进依法行政、依法治文,为文化产业发展营造良好的市场和法治环境。

加大"走出去"力度,扩大国际市场交易。积极依托北京市海外宣传载体,利用海外中国文化中心举办宣传北京、宣传奥运、宣传朝阳的系列文化活动。积极搭载北京国际艺术节海外推广计划,推广朝阳区文化创意产业产品,提升朝阳品牌文化活动的国际知名度。利用国际商务节建立的国际城市友好交往网络,选择重点国家和地区举办朝阳文化节庆活动。依托奥运主会场优势,用好奥运机遇,加强朝阳文化创意产业展示、交易活动。

进一步整合优势文化资源,加强策划和包装,研究制定鼓励区域优秀文化创意产品出口和国际版权交易的促进政策,鼓励、支持朝阳区更多的文化特色产品打入国内国际市场。积极扩大民间艺术、工艺美术、文化旅游等文化产品在海内外的知名度和市场份额,以文化产品"走出去"带动文化企业"走出去"。鼓励区内企业与跨国文化集团合作,合资兴办旅游、娱乐、工艺美术、影像制作、装潢设计等项目,利用跨国集团的市场体系和网络系统,利用国外优秀文化资源,引进先进科学技术和管理方式,不断增强创新能力,促进朝阳区文化创意产业发展。按照国际通行规则,到境外投资建立设计中心和研发中心,开拓海外市场。培育龙头企业,打造具备国际竞争能力的文化创意产业"航空母舰"。

(三)文化创意体验重要区域

朝阳区依托区域涉外资源优势,努力建设具有"海纳百川"特色的开放式文化创意产业城区。发挥区对外文化交流协会等民间团体的作用，与国际友好城市进行多方面的文化交流，多渠道、多层次、多品种引进国际文化样式，加强国际文化交流，使朝阳区成为国际文化交流的舞台。

进一步扩大"朝阳国际商务节""朝阳国际风情节""朝阳国际流行音乐周"等活动的影响，利用朝阳公园、奥林匹克森林公园等文化品牌，举办国际文化日、文化周等活动。积极争取主办国际性的主题会展活动。搭建创意文化交流平台，举办以"文化创意产业"为主题的国际创意文化节、博览会、高层论坛、专家研讨会和设计比赛等活动。大力拓展对外文化交流渠道，组织高碑店高跷队等朝阳区艺术表演文化团体进入国际市场，在国外举办有影响的文化会展活动。积极开展国内外文物保护、博物馆管理等方面的交流合作，鼓励和引导区域内博物馆组织高水平的展览和交流活动。[①]

三、旅游——奥运国庆齐聚，展现区域形象魅力

"十一五"时期，朝阳区旅游业圆满完成了北京奥运会和新中国成立60周年庆典的服务保障任务，积极参与了朝阳区创建全国文明城区工作，有效应对了国际金融危机的冲击和甲型H1N1流感等不利因素影响，各项主要目标和任务顺利完成，旅游经济保持高速平稳运行，为朝阳区旅游业在新起点上再创新辉煌奠定了良好基础。具体来说，"十一五"期间朝阳区旅游业发展成果如下。

（一）旅游经济高速平稳运行

"十一五"期间累计实现旅游综合收入1678亿元，比"十五"期间增长107%；年均增长15.8%，比"十五"期间年均增长高出2个百分点；占十八区县总量的31.8%，一直稳居全市各区县之首。旅行社、旅游商业、旅游住宿业累计实现收入分别为563亿元、536亿元和428亿元，年均增速分别为18.7%、17.6%、10.1%。

（二）旅游产业格局日趋清晰

依托"国际交往的重要窗口，中国与世界经济联系的重要节点，对外服务业发达地区，国际体育文化中心，文化创意产业、高新技术产业和休闲旅游基地"的区域定位，旅游业发展格局日趋清晰，商务旅游产业、奥运旅游产业、

[①] 《"十一五"时期北京朝阳区文化创意产业发展规划》，载《首都之窗》2007年9月12日。

休闲旅游产业三大支柱产业特征明显，体系完善，形成了相互依托、优势互补的发展态势。

（三）旅游支柱行业稳定发展

在纳入全市统计的七大旅游行业中，旅行社、旅游商业、旅游住宿业收入分别占全区旅游综合收入的 33.6%、32.0%、28.2%，三项之和占全区旅游综合收入 93.8%，分别比"十五"末期增长 121.0%、123.2% 和 59.8%，已经成为朝阳旅游产业的三大支柱行业，并且形成了互为支撑，相互促进，均衡快速发展的良好局面。

（四）城市形象魅力日益彰显

紧紧围绕旅游城市形象的塑造和提升，成功举办北京朝阳国际旅游文化节、朝阳国际风情节、北京朝阳旅游推介会等系列旅游宣传促销活动，组织旅游企业参加国内外旅游推介活动，有效提升了朝阳区的旅游形象和城市的国际影响力。[①]

四、科技——园区协同发展，集聚研发中心总部

"十一五"期间，朝阳区坚持园区带动，整合电子城、健翔园、金盏、双桥等地区的高新技术产业资源；提升园区辐射带动功能，促进高新技术产业集群发展；打造高科技产业链，逐步形成若干以大企业为龙头、中小企业为基础，具有国际竞争力的高科技产业群。加快电子城功能区建设，吸引电子信息类国内外企业研发中心和跨国公司地区总部聚集电子城功能区，打造具有国际影响力的电子信息类企业总部和研发中心聚集地。促进双桥生物医药板块建设，发展壮大生物医药产业，形成生物医药产业群。[②]

具体来说，朝阳区在"十一五"期间科技方面取得的成果可以总结为以下几点。

（一）科技服务体系不断完善

政策环境建设明显加强，科技投入强度持续加大。"十一五"期间，朝阳

---

① 《北京市朝阳区"十二五"时期旅游业发展规划》，载北京朝阳旅游信息网。
② 《〈朝阳区"十一五"规划纲要〉解读》（三）："倾力打造国际化朝阳"。

区着力营造创新创业环境，全面加强了政策设计、实施和制度建设等工作。制定、实施了高技术产业和现代制造业发展三年行动计划、企业研发投入资助计划等涉及促进产业发展、鼓励自主创新、培养引进人才方面的政策近30项。完善了自上而下、层层负责的科技管理体系，科技管理部门的统筹协调能力进一步提升。建立了需求导向机制，持续实施高新技术产业发展、可持续发展、社会发展和科技奥运行动四大类科技计划。

2009年，全区R&D经费支出达到108.4亿元，占GDP的4.6%。"十一五"期间，按年均科技投入占财政支出1.5%的比例，区财政科技投入累计达到6.8亿元。科技管理部门主持实施区级科技项目476项，投入财政科技经费1.6亿元，拉动社会科技投入超过11亿元。围绕区域发展重点，在科技部立项5个，在市科委立项32个，国家、市科技投入8241万元。

企业创新主体地位不断巩固，创新产出成效显著。R&D经费支出中，企业自筹、国外投资比例达到36.7%和19.4%，其中国外投资总量占全市的比重达到72.1%，科技领域的对外开放度在全市遥遥领先。专利申请和专利授权总量达到40961件和20396件，其中企业专利比例达到51.5%和49.9%；技术合同成交额累计达到498亿元。2010年，专利申请量、专利授权量分别达到11400件和6300件，是"十五"末的2.25倍和2.74倍，年均增长17.8%和22.9%；技术合同成交额达到124.65亿元，是"十五"末的2.48倍。以企业为主体开发的重大自主创新技术成果不断涌现，汽车永磁液冷缓速器研发等多项成果获得国家和市重大专项支持。全区累积有45个项目被列入国家重点新产品计划，34个项目被列入市高新技术成果转化项目，361个产品获得北京市自主创新产品认定。朝阳区被列为国家知识产权示范城市试点单位。

科技人才体系建设全面加强，创新创业服务平台不断完善。全区从事科技活动的人员达到4.12万人，占全市的16%，比"十五"末提高4个百分点。建立了引进海外高层次人才的"1+1"政策体系，实施了"凤凰计划"，成立了北京海外学人中心CBD分中心，完善了海外高层次人才创新创业的服务体系，成立了区政府决策咨询专家委员会。构建"项目+人才"双轮驱动模式，启动了企业创新型青年科技人才培养计划，建立了农村科技协调员队伍，完善了科技兴区委员会工作机制，开展了科技副职选派工作，成立了朝阳科技人才俱乐部。

面向企业开办知识产权讲坛和高级研修班,培养了一支专业的知识产权人才队伍。全区科技企业孵化器达到8家,其中,国家级孵化器2家,大学科技园4家。一批技术交易、风险投资、融资担保、知识产权服务等优质中介落户朝阳,为创新创业服务。科技管理部门不断强化服务意识,开通了中小企业咨询服务热线和短信服务平台,建立了知识产权服务平台和科技项目申报平台。深化政银合作,与北京银行、交通银行共同搭建了融资服务平台。组织开展企业专利试点、专利战略研究、知识产权托管等工作,全区市级专利试点企业达104家,示范企业10家,知识产权托管入托企业29家。

（二）科技园区建设全面加强

科技园区管理体制理顺,发展步伐加快。成立了区直属的中关村科技园区电子城管理委员会,统筹电子城东区、西区、北区及健翔园发展,实现"四园合一",全面推动了东区提升改造、西区开发建设、北区规划报批、健翔园成果转化四项重点任务。通过实施高技术产业和现代制造业发展三年行动计划等政策措施,园区高新技术企业的创新能力和发展质量明显提升。电子城东区以光机电一体化为主的现代制造产业集群特色突出,西区成为中关村新一代移动通信、光电显示等产业的重要基地,北区以新能源及生命科学研发为特色的产业集群态势逐渐显现。2010年,电子城科技园实现总收入1245亿元,同比增长22.1%。园区总收入亿元以上的高新技术企业达到127家,形成了跨国公司研发中心、区域总部集聚的态势。

以电子城功能区为主导的高新技术产业蓬勃发展。以推动电子城功能区建设为重点,通过政策引导、服务推进等手段,提高科技对经济增长的贡献率,高新技术产业发展进入新阶段。全区通过国家新标准认定的高新技术企业达到562家,其中园区外210家。被列入国家和市火炬计划的项目分别达到21个和56个,73个项目获中小企业创新基金支持。新一代移动通信、生物医药、新能源产业发展加快,产业竞争力进一步提升。信息服务业和科技服务业保持快速增长,2010年总收入分别达到409亿元和534亿元。吸引了摩托罗拉、爱立信等跨国公司总部及研发中心落户电子城西区,开展了朝阳区—摩托罗拉科技发展合作,推动了移动通信产业的领先发展和产业链的壮大,启动了中国"移动谷"建设。区政府与中科院生物物理研究所签订发展生命科学产业长期战略合作协议,杰华生物等重点企业落户,进一步提升了生命科学产业的核心竞争力。

第三节 朝阳区"十二五"期间（2011—2014年）发展总结

"十二五"时期，朝阳区紧紧围绕新的城市功能定位，立足区域丰富的国际资源，在更大的空间强化总部经济、国际金融、国际商务、国际贸易、国际信息传播等核心功能，加快建设高端要素聚集、商务活动活跃、资讯集散快捷、国际人才会聚的国际商务中心。

把提升国际商务中心的功能作为核心定位，其战略意义在于三个提升，即全面提升服务国家参与国际经济合作发展的能力，提升服务首都向中国特色世界城市迈进的能力，提升区域的国际影响力和竞争力。具体而言，就是要实现朝阳区国际化水平全面提升的新跨越。

以下主要从金融、文化、旅游、科技四方面对"十二五"期间朝阳区国际交往中心建设的进展进行归纳总结。

一、金融——金融机构集聚，加速金融环境优化

"十二五"以来，北京CBD国际高端要素进一步聚集，区域企业数量已达3.35万家，比"十一五"末新增93余家，平均每月新增330余家。89座商务楼宇中，税收过亿元的已达40座。[①] 以下按年份介绍朝阳区"十二五"以来的金融业发展态势。

2011年，朝阳区金融业在国际经济形势多变、国内紧缩政策频出的大背景下，仍然实现了稳定增长，金融机构进一步加速聚集，新型金融机构聚集明显；财税收入取得进一步突破，为顺利完成"十二五"规划奠定了坚实基础。

金融机构进一步聚集。2011年前三季度，朝阳区新增金融机构37家，其中法人金融机构16家，外资金融机构13家。目前，全区金融机构总数已增至1250家，占全市的四分之一。其中，法人金融机构240家，占全市的1/3；外资金融机构262家，占全市的65%以上。弘康人寿保险有限公司、中粮农业

[①] 方彬楠：《北京CBD有望打造外汇资金结算中心》，载《北京商报》2013年9月9日。

产业基金、方正和生投资有限责任公司、澳大利亚西太平洋银行北京分行、包商银行北京分行、中国人寿养老保险北京分公司等金融机构新设朝阳区；信诚人寿保险公司、中晟期货有限公司、大唐投资管理有限公司、大连银行北京分行、中意人寿保险北京分公司、海康人寿保险北京分公司、安华农业保险北京分公司、亚洲开发银行驻中国代表处等一批金融机构迁入朝阳区。

利用外资额及进出口总额保持高速增长。全年新批三资企业836家，其中世界500强企业有15家。全年实际利用外资额26.5亿美元，比上年增长10.4%。全年进出口总额1637.8亿美元，比上年增长31.2%，其中出口122.5亿美元，比上年增长1.2%；进口1515.3亿美元，比上年增长34.4%。[1]

2012年朝阳区围绕"十二五"规划和转变经济增长方式两条主线，以朝阳区整体战略为宗旨，以金融业发展规划为目标，以职能分工为基础，以团结协作为原则，全面促进朝阳区金融业发展，并不断增强金融业影响力和辐射力，带动其他产业共同发展。[2]

2012年朝阳区金融发展工作亮点如下。

金融机构持续聚集，国际化特征显著提升。2012年，朝阳区吸引重点金融机构52家，注册资本达42.8亿元。其中外资金融机构17家。至此，全区外资金融机构279家，占全市65%以上。在当时经济形势异常严峻的情况下，国际金融机构新设立、新迁入朝阳区的势头依然不减。

由世界500强企业英国保诚集团和中国中信集团共同设立的全国最大合资保险公司之一——信诚人寿保险有限公司总部从广州迁入北京并正式落户朝阳区；北京市第七家汽车金融公司——北京现代汽车金融公司在朝阳区正式开业；国家电网设立的公募基金管理公司——英大基金管理公司作为首家落户朝阳区的公募基金将产生良好的示范带动作用；民生通海投资有限公司、中英益利资产管理公司等一批国际、国内知名金融机构相继新设或迁入朝阳区。金融机构聚集效应进一步增强，区域国际金融影响力和承载力大幅提升，金融机构聚集度和国际化水平不断提升。

先试先行获得突破，金融发展环境加速优化：①跨国公司外汇管理改革试

---

[1] 《朝阳区2011年国民经济和社会发展统计公报》。
[2] 朝阳区金融服务办公室：《2011年工作总结和2012工作重点》。

点获得突破。为满足跨国公司总部外汇资金集约化、便利化管理的需求，支持总部经济发展，针对 CBD 跨国公司高度聚集的特点及需求，朝阳区金融办积极推进朝阳区跨国公司外汇管理改革试点工作并取得较大突破。2012 年第三季度，国家外汇管理部门已原则通过了壳牌、施耐德、三星、卡特彼勒、中粮集团 5 家跨国公司作为首批试点企业的方案。该方案在跨国公司资金统一运营、跨境往来、轧差结算、外汇资金池资金融通等多方面均有较大突破。该试点的实施将进一步优化朝阳区投资、贸易环境，提升区域金融资本集合能力，促进跨国公司全球及亚太资金结算中心和财务管理中心在朝阳区聚集，进一步加大跨国公司对朝阳区经济发展的贡献；②推动建立贸易结算平台。与区商务委共同研究推动雅宝路统一的贸易结算平台，积极争取跨境电子商务第三方支付创新试点，加大金融对朝阳区经济发展的支持力度。

国际金融博物馆正式开馆，金融文化软实力显著提升。为搭建金融文化交流与传承平台，反映首都和朝阳金融文化内涵，促进金融国际交流合作，国际金融博物馆于 2012 北京 CBD 国际金融论坛上正式揭牌并推出《中英金融史特展》首展。开馆至今，国际金融博物馆已接待多批次、多省市、多部门考察参观团体，搭建了首都金融文化交流与传承的平台。作为国内首家以国际金融命名的专业博物馆，国际金融博物馆的成功设立是朝阳区金融发展中的一座重要里程碑，对宣传首都及朝阳区金融产业发展历史和成就，丰富金融文化内涵，展示金融历史积淀，增强区域金融业影响力和聚集度具有重大意义。

2013 年，朝阳区抢抓首都建设中国特色世界城市和国际金融中心城市的战略机遇，积极推进朝阳"新四区"建设，按照北京市、朝阳区"十二五"时期金融业发展规划和三年行动计划，以建设具有全球影响力的国际金融主聚集区为目标，全面启动国际金融城建设，强化国际金融的优势地位和金融对国际商务中心发展的龙头引领作用；紧紧围绕金融政策创新和金融服务创新两条主线，提升发展质量，积极争取先行先试，完善多元化金融体系；提升功能布局，优化金融产业结构，完善"一区两园"格局；增强创新能力，加强区域金融战略研究，完善金融产业链；提升服务水平，加大金融服务实体经济的力度，完善多层次金融服务体系。①

---

① 朝阳区金融服务办公室：《2012 年工作总结和 2013 年工作重点》。

2013 年朝阳区工作亮点如下。

金融机构持续聚集，产业结构进一步完善。截至 2013 年 11 月底，共有 50 家金融机构落户朝阳，注册资金总计高达 100.7 亿元，提前完成全年任务目标。其中，外资金融机构 7 家。至此，朝阳区外资机构总数已达 286 家，占全市 65％以上。其中，韩国国民银行法人银行、澳洲联邦银行北京分行、香港友邦保险控股北京代表处等一批国际知名金融机构入驻朝阳，我国首家科技租赁示范企业——中关村科技租赁（北京）有限公司、江西铜业（北京）国际投资有限公司等一批新型金融机构聚集发展，再次提升了首都国际金融机构主聚集区影响力。特别是企业集团财务公司扎堆落户成为一大亮点，中信集团财务公司、中材集团财务公司、首旅集团财务公司等大型财务公司正式开业。下一步，中煤能源集团财务公司、北控集团财务公司等财务公司也有望正式落户朝阳区。2013 年，中国银监会批准在京设立的 6 家财务公司中有 5 家选址朝阳。

产业政策日趋完善，发展环境进一步优化。2013 年是朝阳区金融业优惠政策"提标扩面"后实施的第一年，也是跨国公司外汇改革试点实施的第一年，在两项新政策的带动下，朝阳区政策环境进一步优化，核心竞争力进一步增强。一是全年为金融机构兑现产业政策 70 家次，约 1.3 亿元，大大提升了金融机构在朝阳区发展的决心和信心，展示了朝阳区良好的政策环境，进一步促进了金融机构的聚集发展。二是积极推进跨国公司外汇改革试点，中粮集团、壳牌、施耐德、三星、卡特彼勒 5 家跨国公司作为首批试点企业，正式启动试点业务。试点在提升北京地区跨国公司的国际地位和影响力、提高跨国公司外汇资金管理水平和运作效率、降低企业财务成本、增加区域财税收入等方面成效显著。试点的实施大大优化了首都的投资环境，便利了跨国公司业务拓展，提供了在京企业总部"资金中心"和"结算中心"的内外联通便利，竞争力进一步增强，大幅提振了跨国公司在首都扎根发展的信心，北京国际地位进一步提升。外汇资金聚集已初见成效，北京 CBD 有望成为外汇资金结算中心。①

2014 年，朝阳区以建设首都国际金融机构主聚集区为总目标，紧紧围绕"突出一个重点、争取两个突破、抓好三项工作、开拓四个创新、完善五项机

---

① 朝阳区金融服务办公室：《2013 年工作总结和 2014 年工作重点》。

制"的工作主线,着力在加快金融机构聚集,提升金融对区域的经济贡献,增强金融服务功能,强化金融服务实体经济的本质要求,争取金融领域改革创新和先行先试政策,推进金融与科技、文化的深度融合方面有所作为;使金融业在区域经济转型升级中发挥引领作用,打造新一轮金融业发展的"升级版"。

2014年朝阳区工作亮点如下。

金融机构持续聚集,产业结构进一步完善:①提前完成全年任务目标。截至2014年10月底,已有50家金融机构落户朝阳,注册资金总计高达252亿元,提前完成全年吸引机构50家的任务目标。其中外资金融机构8家。至此,朝阳区外资机构总数达到294家,占全市65%以上,涵盖了银行、证券、保险以及PE等新型金融机构,金融业态更趋多元化。②落户机构质量显著提升。2014年朝阳区着力吸引金融企业总部、作为业务主体的分行分公司,以及国际知名金融企业等区域贡献大的金融机构。其中,苏黎世保险(中国)有限公司、韩国企业银行北京分行、西班牙桑坦德银行北京分行等一批具有国际影响力的金融企业入驻朝阳,进一步增强了首都国际金融机构主聚集区影响力。

深入推进外汇管理改革,创新步伐进一步加快:①外汇管理改革试点工作持续深化。密切配合国家外汇管理部门,积极推进跨国公司外汇资金集中运营管理改革试点,现全区累计已有16家企业获得试点资格,占北京市获批企业总数的一半以上。目前,试点企业已陆续完成了国际外汇资金主账户、国内外汇资金主账户的开立,以及外债、对外放款额度向在京主办企业的集中,试点业务逐步顺利展开。试点的实施大大增强了试点企业的核心竞争优势,同时也促进了朝阳区经济结构转型升级,优化了地区经济发展环境。②进一步争取国家外汇管理改革先行先试政策。组织成立了课题组,开展了深入的专题研究:一是系统梳理我国现行外汇管理政策,综合研究上海自贸区、深圳前海合作区、天津滨海新区等重点区域和重点领域的外汇管理试点政策;二是通过组织召开不同层面的座谈会、研讨会,深入调研驻区企业的外汇需求,深刻理解国家相关改革方向;三是积极争取外汇管理部门支持。多次就朝阳区进行外汇管理改革先行先试工作向国家外汇管理局、北京外汇管理部等部门汇报、沟通、讨论,得到国家外汇管理局的初步认可。

完成了《关于促进北京CBD外汇管理改革的若干意见》,该政策深化了原有跨国公司外汇资金集中运营试点政策,涵盖简化外汇管理手续,促进经常项目、资本项目的改革,以及支持本外币跨境使用等相关内容,将有利于促进朝阳区的贸易融资便利化,促进朝阳区成为国际结算中心,进而为朝阳区建设国际金融城打下良好基础。[①]

二、文化——品牌文化增多,借力传媒文化展示

朝阳区在"十二五"时期着力建设功能完善的国际文化传播与交往中心。

(一)促进国际文化展示交流

强调文化交流的双向互动性,充分发挥对外文化交流协会等社会团体和中介组织的作用,促进不同文化的相互理解与尊重,积极构建良好的交流环境,培育多层次交流主体,丰富多元交流内容,扩展多种交流途径与平台,使朝阳区成为多元文化汇聚及交流中心。利用区域文化商务服务发达的优势,做好国际品牌文化活动开拓中国市场的服务工作,吸引更多的国际当代艺术家、表演团体、艺术机构到朝阳区进行交流或落地。把推动朝阳文化"走出去"作为长远着眼点,积极引导文化产品生产,积极参与国家级、国际级文化大奖的评选,鼓励有实力的文艺队伍、演出团体赴国(境)外演出,精心打造一批展现朝阳形象、富有朝阳特色、深受群众喜爱、经济和社会效益俱佳的具有国际水准的文化精品演出剧目,提升文化输出能力,提高朝阳文化的国际影响力和竞争力,如图4-4所示。

(二)提升文化活动品牌影响

做大做强奥林匹克公园等核心文化展示交流区,推进798艺术区、潘家园古玩市场等文化园区的主题交流活动。依托鸟巢、水立方等场馆资源,引进大型文艺演出活动,打造国际知名文化演艺中心。充分整合区内国际化资源,依托朝阳使馆区和CBD商务区的优势,系统策划国际艺术节、北京国际喜剧节等文化交流品牌。充分利用国际化场馆资源,吸引一批国际大型展览展示、交易博览、品牌发布、贸易洽谈等商务活动在朝阳举行;积极支持中国北京国际文化创意产业博览会、中国(北京)国际服务贸易交易会、中国国际版权博览会、全国消费品交易会、国际商品博览会、中国国际艺术博览会、中国国际教育博览会、中国国际汽车展、中国国际文物博览会、中国农民艺术节、北京国

---

① 朝阳区金融服务办公室:《2014年度工作总结和2015年工作重点》。

图 4-4　朝阳区举办国际旅游文化节

际喜剧节、中国网球公开赛等国际知名度高、具有品牌效益和国际影响力的会议展览、体育赛事等会展活动定期举办；吸引和培育一批国际知名度高、具有品牌效益和国际影响力的文化类会展活动落户；引导一批综合性会展向专业化、国际化方向发展，提高朝阳区文化市场的集聚辐射能力。

（三）打造国际信息传媒中心

巩固提升朝阳区域内的报纸、电视、网络等主流传媒渠道聚集的优势，通过信息的采编与交互功能的发展实现全球信息的汇聚，通过内容的展示与交易功能实现信息多媒体传播和增值，通过信息的发布与传播功能打造全球辐射力和影响力，通过传媒的投资与融资功能实现传媒与资本市场的对接，推动传媒市场化与产业化的发展，提升中国经济信息发布地、全球经济信息中国节点区、国际企业综合信息服务地和中国城市品牌推广功能，成为服务全国乃至全球的信息传播枢纽。提升信息传媒资源集散和配置核心功能，将媒介平台化的优势与朝阳区国际化、专业化的信息、内容与服务优势相结合，使信息资源成为朝阳区未来构建发展新优势和核心竞争力的关键战略性资源；抓住国内外传媒产业数字化、平台化、多维度整合、盈利模式的变革趋势，再创朝阳传媒产业的新优势，增强与国际信息传媒功能的对接能力，打造具有国际影响力的中国国际信息传媒中心。①

---

① 《朝阳区"十二五"时期文化发展规划》。

三、旅游——旅游商务融合，彰显旅游国际特色

"十二五"是我国加快经济发展方式转变的关键期，也是经济社会"调结构、扩内需、促消费、惠民生"的重要阶段，在首都北京建设中国特色世界城市的战略背景下，围绕落实朝阳区"新四区"的建设目标，朝阳区旅游业发展将迎来一系列重大战略机遇。

（一）发展思路

"十二五"期间，朝阳区积极推进商务会展旅游国际化、高端化发展。以区域经济为载体，落实产业扶持政策，吸引国际性旅游集团、品牌企业和相关行业组织、政府组织落户朝阳，形成资金、要素、空间和效益的集约，推动商务旅游总部经济发展。强化旅游与商业的融合，充分利用CBD功能区、奥运功能区、中国国际展览中心和东坝国际商贸中心等场馆资源，吸引国际大型展览展示、交易博览、品牌发布、贸易洽谈等商务活动。加强与国际会展专业组织的联系，与国际知名展览主办企业的沟通与合作，带动大型展会的发展，使朝阳区成为国际大型品牌展会的中国重要举办地，提升区域商务会展的品牌价值，使商务会展旅游成为朝阳区标志性产业。

（二）产业格局

聚集朝阳商务旅游三个核心功能区，即国贸、国展和国家会议中心国际商务会展旅游区。强化国际化、高端化、品牌化商务会展活动的培育和引进，建设完善国贸以高端商务会展、国展以各类主题展览、国家会议中心以大型会议展览的商务旅游核心产业体系，全面整合城区旅游资源，建设完善高端酒店群、特色购物街区、时尚休闲街区等服务体系，重点打造与商务旅游密切相关的商务会展、交流考察、特色购物、文化休闲、体育健身等旅游品牌，延长商务旅游产业链和价值链，真正带动朝阳旅游业国际化、高端化发展。

（三）支撑体系

其一，文化品牌活动得到极大丰富。朝阳现有的"国际旅游节""国际风情节""国际商务节""国际流行音乐周""大学生戏剧节""798艺术节"等品牌旅游活动得以继续做强做大。鼓励举办国际啤酒节、国际酒吧节、世界城市

音乐节等国际化时尚消费活动。鼓励北京欢乐谷、朝阳公园、奥林匹克公园等承办和策划旅游文化节事活动。发挥朝阳文化创意园区富集优势，举办动漫节、电影节、影视文化节等各类主题性的文艺活动。这些活动推动了朝阳区文化创意产业的发展，为朝阳区文化产业的深化打下了良好的基础。

其二，国际性组织与机构进驻得以加快推进。吸引国际政府组织、国际会展组织、国际旅游组织、国际认证组织、酒店投资公司、航空公司、国际连锁型酒店管理集团、旅行社、汽车租赁等企业在朝阳区设立驻京机构和北京总部，以大型集团、品牌项目和专业性组织吸引投资、消费和专业性中介服务。

其三，商务旅游产品体系得以加快建设。继续加快完善商务旅游产品体系，形成集商务观光、购物、休闲和文化体验于一体的商务旅游产品体系。鼓励开发商务观光旅游产品，形成以 CBD 功能区、奥运功能区为核心的商务旅游观光线路。构建秀水国际购物休闲区，着重恢复原有"集市"气氛，引导秀水市场向商务购物的方向发展。提升现有酒吧街，形成主题酒吧、文化酒吧、特色酒吧等系列，构建"商务主题休闲聚集区"。

其四，商务旅游服务体系日益完善。加强政策制定和引导，继续保持朝阳四、五星级酒店和商务型酒店的数量处于全市领先地位。继续加大国内外大型品牌会展项目的引进力度和层次，扩大会展服务、商务服务等营业收入规模，规范会展业服务标准。抓住北京推进 CBD 东扩区的契机，鼓励更多总部落户朝阳，适时成立北京 CBD 商务会展协会等机构，增强国际影响力。①

四、科技——国际创新合作，建成科技商务中心

"十二五"期间，朝阳区积极推动科技国际合作，支撑首都世界城市建设。充分利用朝阳区国际化资源优势，以促进区域国际化发展、合作为宗旨，强化国际化发展的各项服务，吸引国际高端发展要素，加快融入国际经济、文化发展体系，支撑首都中国特色世界城市建设。其中重点工作列示如下。

（一）推动国际化创新合作

吸引国际组织、国际技术资源进入朝阳区。继续加大力度吸引跨国公司总部以及研发中心、交易中心、结算中心等机构入驻朝阳区，吸引国际标准组织

---

① 《朝阳区"十二五"时期文化发展规划》。

和科研机构在朝阳区设立分支机构。鼓励外资企业对区内企业的技术转让，推动外资研发中心的技术成果在区内进行产业化。

支持有利于区域国际化发展的各项活动。支持区内企业与跨国公司积极开展联合研发，积极举办并支持企业参加国际行业协会、国际学术组织、国际标准组织等国际科技组织的交流活动。协助区内企业进入国家各部委所签署的国际技术合作框架范畴，如中欧科技计划、中非经济技术合作协定、可再生能源与新能源国际科技合作计划等各类重大国际科技合作项目。

（二）加快产业国际化进程

利用总部经济、产业集群等优势，提升产业国际化发展水平。利用跨国公司在电子城的集聚态势，将电子城建成国际化趋势明显的高新技术产业研发总部区域，进一步提升朝阳区高新技术产业的国际化水平。发挥CBD的国际影响力，吸引更多的国际金融巨头、跨国公司总部集聚，进一步强化朝阳区现代服务业的国际化优势，形成以国际金融为龙头的现代商务中心和首都重要的经济管理和高端资源配置中心。加快建设力度，把金盏金融服务园建设成国际一流的金融后台服务产业园，为国际金融机构向亚太地区转移提供优质的后台服务。

（三）提升国际化服务水平

推动服务业全面采用国际标准，大力提升朝阳区服务业的国际化水平。针对朝阳区跨国公司总部、国际组织总部、驻华使馆等国际化组织，以及重大国际文化交流活动、体育活动和各种国际会议等的不同需求，在管理理念、服务标准、运行体系等方面加快与国际接轨。推动国际先进技术在朝阳的率先应用，为国内外城市居民提供高品质的生活环境。开发整合国际教育培训资源，扶持国际学校发展，满足国际人士的需求。发展国际化社区，营造国际语言环境，参照国际标准和惯例开展社区管理服务。建设科技商务中心，推动科技与商务的全面对接，发展科技会展、科技营销、科技培训等科技商务服务业，促进朝阳区国际商务与国际文化交流的发展。①

---

① 《朝阳区"十二五"时期科技发展规划》。

第四节　近十年朝阳区国际交往中心功能发展阶段

作为"中国涉外第一区",朝阳区国际交流频繁、多元文化交融,区内聚集了除俄罗斯之外的所有外国驻华使馆,集中了北京市90%的国际传媒机构,80%的国际组织、国际商会,70%的跨国公司地区总部、投资性公司,已与20个国家(地区)的26个友好城市(区)及机构建立了友好关系。国际高端要素集聚特色鲜明,国际组织世界500强企业、跨国公司总部、国际研发中心聚集程度较高,国际金融和国际商务中心优势凸显。

从"十一五"规划49字城市功能定位的窗口和节点,到"十二五"规划的基础和路径,再到今天北京市"四个中心"的功能定位,十年来,朝阳区的国际交往中心功能经历了以下三个阶段。

一、第一阶段(2006—2010年):开放窗口、铺垫节点

2006年"十一五"规划49字城市功能定位中即提出"国际交往的重要窗口,中国与世界经济联系的重要节点",指出了国际交往的作用和方向。

按照北京城市总体规划对朝阳区新的城市功能定位,朝阳区在"十一五"期间,紧紧围绕"新北京、新奥运"战略构想,继续推进"三化四区"建设,加快奥运、CBD、电子城三大功能区发展,全面提升国际交往的重要窗口、中国与世界经济联系的重要节点、对外服务业发达地区、现代体育文化中心和高新技术产业基地的城市功能。朝阳区在"十五"硕果的基础上发挥能量,以现代服务业为主要经济增长点,把朝阳的经济融入世界,倾力打造国际化朝阳。

2006—2010年,朝阳区国际化程度不断提高,总部经济、消费、会展等方面国际资源加速聚集。除了原有的使领馆(除俄罗斯和卢森堡)资源外,截至目前,聚集了75家国际组织、26家国际商会,分别占全市的86.2%、78.8%;16家国际工业协会在朝阳区设有分支机构,占全市的61.5%。区域内拥有近100家外国新闻机构,占全市的90%以上;北京仅有的两个国际组织总部——国际竹藤组织和联合国亚太地区农业工程与机械中心也设在朝阳;

此外，朝阳还与17个国家和地区的26个城市、城区缔结了友好关系。每年在区域内举办的国际性会议占全市的54％，举办的国际展览占全市的31.7％，朝阳区对中国和世界的影响力正在日益增强。"十一五"期间朝阳区实际利用外资情况如图4-5所示。

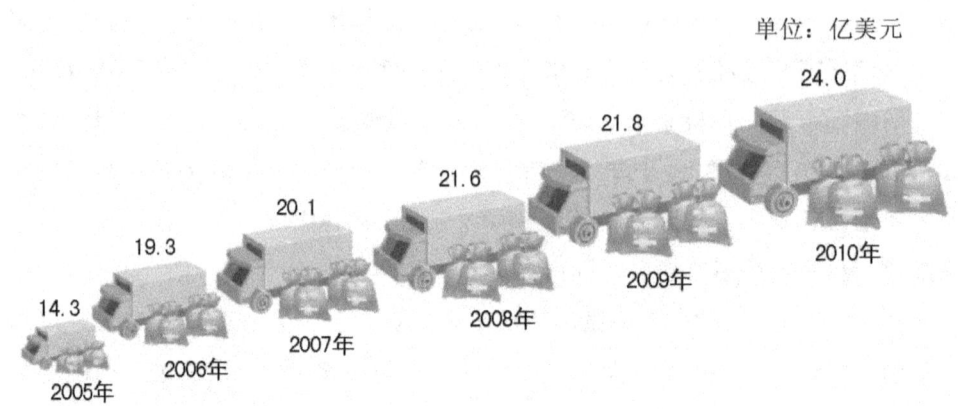

图 4-5　"十一五"期间朝阳区实际利用外资

其间，朝阳区国际商务功能快速提升，外向型经济发展活跃，外资利用和进出口均占全市40％以上，跨国公司总部、国际金融机构、国际商务活动均占全市70％以上。区域内聚集了100多家世界500强企业，是世界500强企业和跨国公司在国内集中度最高的地区，2008年被联合国开发计划署评选为中国"十一五"期间跨国公司最佳投资城区。2009年，112家世界500强企业在朝阳区投资231个项目，占全市的70％以上；17家国家商务部认定的跨国公司地区总部入驻朝阳，占全市的85％，朝阳区总部经济特征日益突出，国际商务中心功能日渐强化，成为首都国际商务功能的集中承载区。

二、第二阶段（2011—2014年）：夯实基础、探索路径

2011年"十二五"规划明确提出"全面提升国际商务中心功能"，点明了国际交往发展的基础和路径。

围绕城市功能定位，朝阳区以"打造具有世界影响力的国际商务中心"为目标，积极发展现代服务业、国际金融业、文化创意产业、高新技术产业四大产业，着力推进"十大发展基地"的规划和建设。

其间，朝阳区把打造具有国际影响力的国际商务中心作为首要任务开展工

作,为实现这一任务,朝阳区着力推进"十大发展基地"建设,创造新的机遇,打造新的亮点,尽早实现打造具有国际影响力的商务中心的既定目标。"十二五"期间朝阳十大发展基地总体规划见表4-2,朝阳区重点产业园区规划如图4-6所示。

表4-2 "十二五"期间朝阳十大发展基地总体规划一览表

基地名称	总体发展规划
北京CBD核心区	打造国际金融、国际组织和要素市场集聚地,成为国际商务核心区
CBD东扩区	发展总部经济、国际传媒和国际金融等高端服务业,力争成为CBD的综合功能拓展区、双向国际化的示范区和低碳商务特色区
奥林匹克公园核心区	打造成为国家级大型文化体育设施的集聚地、国际文化活动和高端会展活动的聚集区
电子城北扩区	着力吸引主业突出、核心竞争力强、带动作用大的新一代移动通信、新能源、生物医药大项目和企业,培育拥有自主知识产权的战略性新兴产业领军企业
垡头科技CBD	培育和发展商务服务与科技成果转化相融合的科技金融、科技中介、技术交易等科技商务服务产业集群,打造垡头以新兴创新总部集聚、科技商务服务、应用创新示范、创意展示体验为核心功能的科技商务创新中心
温榆河生态绿色休闲区	打造集绿色环保、生态宜居、休闲娱乐于一体的低密度生态绿色休闲区
CBD—定福庄国际传媒走廊	建设信息传媒产业功能区,打造中国国际信息传媒中心和具有世界影响力的国际信息传媒枢纽
金盏金融服务园区	北京市金融后台服务区,定位于为国际金融机构向亚太地区转移后台提供全方位服务
大望京科技商务创新区	打造成为具有国际影响力的科技商务创新区和科技商务活动集聚地
东坝国际商贸中心	以高端国际贸易、国际会议会展为核心的城市综合功能区,北京建设国际商贸中心城市的主要承载区

图4-6 "十二五"期间朝阳区重点产业园区规划

下面以CBD、CBD—定福庄国际传媒走廊、东坝国际商贸中心区和垡头科技CBD为例进行扼要说明。

第一,深入推进CBD发展。2013年,CBD功能区营业收入突破1.5万亿,每平方千米收入为178.6亿元。GDP首次突破2000亿,为全市地区生产总值的1/10;区级财政收入达到226亿,占全区比重连续3年稳定在60%左右。中心区营业收入超过5800亿元,经初步测算,GDP首次突破1000亿,每平方千米达到150亿元,法人单位数量超过12000家,实现社会消费品零售额近400亿,区域经济非常活跃。中心区税收过亿楼宇43座,超过10亿元的6座,其中,招商局大厦最高,税收达43亿元,国贸、华贸超30亿元,实现税收总额241.3亿元,占楼宇纳税总额的92.2%。

第二,深入推进CBD—定福庄国际传媒走廊建设。传媒走廊是以北京CBD国际传媒产业园和定福庄传媒文化产业区为两个端点,贯穿通惠河、朝阳路和朝阳北路的区域。这一区域横向距离15千米,共有产业用地约300公顷,总建筑规模约700万平方米。"十二五"期间重点推进"十百千"工程,集聚10个左右年产值超过10亿元的品牌企业,建设3~5个年产值超过100亿元的产业园区(基地),打造1个年产值超过1000亿元的信息传媒产业功区，全力打造中国国际信息传媒中心和具有世界影响力的国际信息传媒枢纽。

第三，规划建设东坝国际商贸中心区。规划范围约 6.21 平方千米，总建筑规模（地上）约 800 万平方米，是首都机场进入北京中心城的城市门户区。园区目标是建设成为以国际贸易为核心的城市综合功能区，建立内外贸联动的全球化贸易网络体系，形成服务全国、辐射世界的国际商贸中心。园区重点吸引国际商贸企业、国内外名品企业、国际顶级品牌企业、跨国贸易集团等商贸经营主体。目前，东坝国际商贸中心区域控制性详细规划成果已通过北京市规划委审查。市政基础设施专项规划编制已完成。

第四，推进垡头科技 CBD 建设。垡头科技 CBD 位于北京市东南四、五环之间。2012 年 10 月，国务院批复垡头 8.01 平方千米范围纳入中关村政策区范围，规划建筑面积 2100 万平方米。垡头科技 CBD 将发挥中关村和国家智慧城市创建试点的政策叠加效应，借助朝阳区现有的国际化、高端化服务优势，重点培育和发展商务服务与科技成果转化相融合的科技金融、科技中介、技术交易等科技商务服务产业集群，打造以新兴创新总部集聚、科技商务服务、应用创新示范、创意展示体验为核心功能的科技商务创新中心。

从北京 CBD 自身发展来看，自"十一五"肇始，北京 CBD 就瞄准全球发展视野，以国际化、高端化标准进行规划建设，并积极引导产业发展。

从规划和建设方案招标情况看，包括东扩 CBD 在内，北京 CBD 一直在全球范围内进行设计方案遴选，包括欧洲、美国、日本等地许多做过世界标志性建筑的顶级建筑师或设计事务所，如美国 KPF 建筑师事务所、美国 SOM 建筑师事务所等机构的设计方案均参与竞争，从而保证了 CBD 建设发展起点的国际化。

从产业发展历程来看，借势经济全球化和中国经济振兴进程，北京 CBD 一直是跨国企业入驻的首选之地，这使得"十二五"期间北京 CBD 的产业发展过程事实上就是国际商务交流的过程。北京 CBD 作为北京市乃至我国的国际商务名片和前沿交流窗口，一直面对并参与着当今世界的全球发展历程。

从管理服务阶段来看，CBD 区域的外国驻华使馆、外国商社以及外国公司和国际新闻机构形成了大量的涉外资源，是北京市国际化氛围最为浓郁的地区。面对众多外籍人口进行管理和服务，使得"十二五"必然成为国际商务交流和管理不断完善、不断深入的发展阶段。

从品牌提升角度来看，每年一度的北京 CBD 国际商务节可谓国内外城市代表团、跨国公司和世界 500 强企业的专题盛会，国际论坛、金融商会、传媒商会等平台举办的国际商务交流年复一年，日渐深入。

基于上述发展和长期积累，在 2010 年国际商务节上，北京 CBD 当选为世界 CBD 联盟第二届轮值主席，代表中国进入了国际商务中心区交流的中心圈层，融入了全球高端商务的发展阵列。

综上所述，这一阶段，朝阳区力图以 CBD 功能区发展为引领，通过构建世界 CBD 联盟、拓展国际金融业和文化传媒产业发展、提升国际商务产业等努力，积极融入全球经济文化科技交往最高层次。

三、第三阶段（2015 至今）：明确思路、重点推进

2015 年是"十二五"规划收官之年，2015 年也是我国进入经济新常态后第一年。这一年，对于朝阳区来说，在国际政治、经济形势的风云变幻和我国"一带一路"国家战略的发展背景下，经济新常态和首都新定位成为两大锚点，对国际交往中心功能的提升具有决定性影响。

一方面，经济新常态形势下，朝阳区的经济社会发展和城市环境建设影响着国际交往中心功能的进一步提升。朝阳区需要主动适应经济发展新常态，坚持稳中求进的工作总基调，坚持首都城市战略定位，狠抓改革攻坚，力促调整转型，力治生态环境，加强民生保障，实现经济持续健康发展、社会和谐稳定、国际交流深入进行。另一方面，政治中心、文化中心、国际交往中心和科技创新中心的"四个中心"城市功能定位和京津冀协同发展又给朝阳区提升国际交往中心功能提出了新思考。因此，这一阶段，朝阳区需要进一步明确国际交往中心功能提升的目标和思路，并具体提出提升功能的重点任务和工作推进措施。

第五节 朝阳区"十三五"时期发展国际交往中心的展望

"十三五"规划将是我国妥善应对国内外发展环境重大变化的五年规划，是深入实践科学发展观、全面落实十八大提出的新的发展要求的五年规划，也是承诺实现联合国千年发展目标的五年规划。科学制定并实施好"十三五"规划,对实现全面建成小康社会宏伟目标具有重要意义。在北京市建设"四个中心"的大背景下,朝阳区应该将自身发展与国家整体发展相衔接,立足自身实际,依托良好的外部环境,继续深入在金融、文化、科技、旅游等方面的发展,促进国际交往职能的完善,努力打造国际化朝阳。

2013年9月和10月,习近平分别提出建设"新丝绸之路经济带"和"21世纪海上丝绸之路"的战略构想。"一带一路"不是一个实体和机制,而是合作发展的理念和倡议,是充分依靠中国与有关国家既有的双多边机制,借助既有的、行之有效的区域合作平台,旨在借用古代"丝绸之路"的历史符号,高举和平发展的旗帜,积极主动地发展与沿线国家的经济合作伙伴关系,共同打造政治互信、经济融合、文化包容的利益共同体、命运共同体和责任共同体。在这样的大环境下,朝阳区应该在"十三五"时期努力做到以下方面。

一、"一带一路"铺设国际交往纽带

回顾历史,两千多年前,各国人民就通过海陆两条丝绸之路开展商贸往来,如图4-7所示。从2100多年前张骞出使西域到600多年前郑和下西洋,海陆两条丝绸之路把中国的丝绸、茶叶、瓷器等输往沿途各国,带去了文明和友好,赢得了各国人民的赞誉和喜爱。

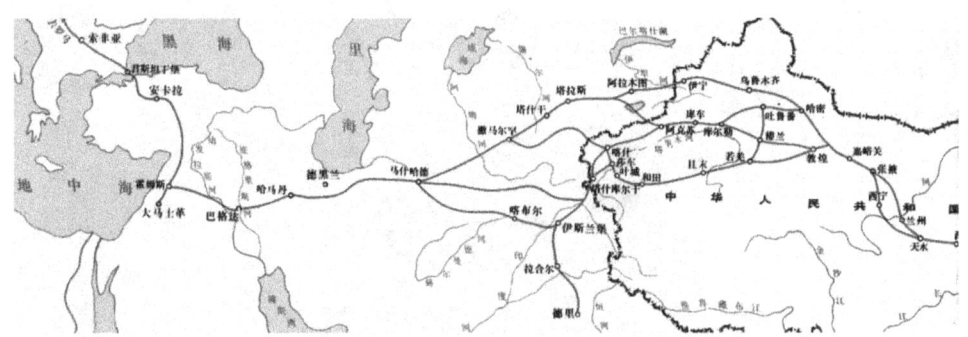

图 4-7　古丝绸之路路线

从2013年习近平主席出访时先后提出建设"丝绸之路经济带"和"21世纪海上丝绸之路"构想,到2014年亚洲基础设施投资银行签约、丝路基金设立,仅一年左右时间,"一带一路"建设就稳扎稳打进入务实合作阶段。截至2014年年底,这个合作倡议已得到沿线50多个国家的积极响应。

"一带一路"建设是中国对外开放战略的一部分，2015年，中国进一步加强同沿线国家发展战略的深度对接，实实在在地向前推进。因此，朝阳作为首都北京的重要国际交往中心，需要立足政治、文化、科技和国际交往四个维度，深入联系国际交往纽带。

"一带一路"贯穿欧亚大陆，东边连接亚太经济圈，西边进入欧洲经济圈。目前，中方制定的"一带一路"规划已基本成形，如图4-8所示。"中国—中亚—西亚经济走廊""新亚欧大陆桥经济走廊""中蒙俄经济走廊""孟中印缅经济走廊""中巴经济走廊"等一系列合作倡议的落实，必将为地区和世界经济注入巨大的动力与活力。"'一带一路'建设是个系统工程，以亚洲国家为重点方向，以陆上和海上经济合作走廊为依托，以交通基础设施为突破口，以建设融资平台为抓手，以人文交流为纽带，以共商、共建、共享的平等互利方式推动亚洲互联互通，建设深度交融的互利合作网络。"简而言之，"一带一路"将为构建亚洲命运共同体奠定坚实基础。①

图4-8 朝阳区国际交往联系路线

---

① 参见http://news.sina.com.cn/o/2015—01—14/091931397420.shtml。

可以发现,"一带一路"这条世界上跨度最长的经济大走廊,发端于中国,贯通中亚、东南亚、南亚、西亚乃至欧洲部分区域,东牵亚太经济圈,西系欧洲经济圈。它是世界上最具发展潜力的经济带,无论是从发展经济、改善民生,还是从应对金融危机、加快转型升级的角度看,沿线各国的前途命运,从未像今天这样紧密相连、休戚与共。

"一带一路"不仅是实现中华民族振兴的战略构想,更是沿线各国的共同事业,有利于将政治互信、地缘毗邻、经济互补等优势转化为务实合作、持续增长优势。"一带一路"沿线大多是新兴经济体和发展中国家,总人口约44亿,经济总量约21万亿美元,分别约占全球的63％和29％。这些国家普遍处于经济发展的上升期,开展互利合作的前景广阔。深挖我国与沿线国家的合作潜力,必将提升新兴经济体和发展中国家在我国对外开放格局中的地位,促进我国中西部地区和沿边地区对外开放,推动东部沿海地区开放型经济率先转型升级,进而形成海陆统筹、东西互济、面向全球的开放新格局。

通过"一带一路"建设,无论是"东出海"还是"西挺进",都将使我国与周边国家形成"五通"。"一带一路"战略合作中,经贸合作是基石。遵循和平合作、开放包容、互学互鉴、互利共赢的丝路精神,中国与沿线各国在交通基础设施、贸易与投资、能源合作、区域一体化、人民币国际化等领域,必将迎来一个共创共享的新时代。

二、文化汇聚提升人文交往元素

发展成熟的国际交往中心必定也是世界文化的中心之一,而文化的发展一方面要依赖于政府的大规模投入,尤其要发展那些经济效益较低但有着较大的社会效益并且能够提升人的精神生活品质的文化艺术,同时也要充分利用市场经济手段发挥文化经济化的作用。作为文化中心的城市或者地区,不仅承载着本土的传统文化,同时也必定要吸纳和融合其他地区的文化元素,成为文化汇聚的中心。《2004—2020年北京市总体规划》强调要弘扬历史文化,保护历史文化名城风貌,形成传统文化与现代文明交相辉映、具有高度包容性、多元化的世界文化名城,提高国际影响力。

朝阳区在国际文化交流进程中占据重要地位。2015年,朝阳区充分利用区域文化商务服务发达的优势,做好国际品牌文化活动开拓中国市场的服务工作，吸引更多的国际当代艺术家、表演团体、艺术机构到朝阳进行交流或落地。把推动朝阳文化"走出去"作为长远着眼点，积极引导文化产品生产，积极参与国家级、国际级文化大奖的评选，鼓励有实力的文艺队伍、演出团体赴国（境）外演出，精心打造一批展现朝阳形象、富有朝阳特色、深受群众喜爱、经济和社会效益俱佳的具有国际水准的文化精品演出剧目，提高朝阳文化的国际影响力和竞争力。

继续发挥朝阳的国际化优势，广泛引进世界知名会展活动、体育赛事活动以及大型文化活动，促进文化要素聚集、扩散，使这个区域成为国际文化资源交互的枢纽和中国文化国际传播的窗口。应继续吸引顶级文化设施集聚，把奥林匹克中心区打造成为以中国文化为主体的国际文化交流区。

推进798艺术区、潘家园古玩市场等文化园区的主题交流活动。依托鸟巢、水立方等场馆资源，引进大型文艺演出活动，打造国际知名文化演艺中心。依托朝阳使馆区和CBD商务区的优势，系统策划国际艺术节、北京电影节等文化交流品牌。支持中国国际版权博览会、中国北京国际文化创意产业博览会、中国国际艺术博览会、中国国际教育博览会、中国国际文物博览会、中国国际汽车展等高端会展的发展，吸引和培育一批国际知名度高、具有品牌效益和国际影响力的文化类会展活动落户。

同时，巩固提升朝阳区域内的报纸、电视、网络等主流传媒渠道聚集的优势，推动传媒市场化与产业化的发展，提升中国经济信息发布地、全球经济信息中国节点区、国际企业综合信息服务地和中国城市品牌推广功能，成为服务全国乃至全球的信息传播枢纽，打造具有国际影响力的中国信息传媒中心。

三、国际商务连接世界经济交流

经过"十一五""十二五"等期间的努力，朝阳区国际商务中心区的地位不断提升，已经成为具有世界影响力的国际商务中心。

朝阳区作为北京市一个快速发展的新城区，近年来商务功能日趋完善，发展环境不断优化，经济实力逐年增强。2014年，朝阳区落实北京"四个中心"的核心功能定位，适应经济发展"新常态"，进一步发挥和强化国际化优势，促进国际交往和区域合作，统筹推进消费市场、开放型经济、服务业发展，有效推动了商务经济提质增效。

（一）国际时尚消费中心建设初见成效

2014年，朝阳区实现社会消费品零售额2079.8亿元，同比增长6.0%，占全市总量的22.9%，总量继续位居全市各区县首位。具体方式有以下几种。

第一，营造时尚消费氛围。朝阳区每年举办"时尚消费节"和"国际美食节"等大型促消费活动，鼓励重点参与企业进行模式、渠道、技术和应用的创新，为企业搭建促消费活动平台，营造时尚消费氛围，有效带动旅游购物、会展会务、文化休闲等外来消费，进一步推动了消费规模扩大和结构升级。同时，还通过手机报、微博、旅游网站等媒体平台，创新消费宣传手段，扩大消费信息传播范围，增加消费群体数量，提高消费数量和频次。

朝阳时尚消费节是朝阳区的品牌活动，已成功举办六届。2014朝阳时尚消费节期间，除在爱琴海购物中心等商业企业、商圈举办启动周活动外，还陆续开展"凤凰汇台湾生活用品展销会""华贸中心精彩五月""北辰购物中心五一欢乐购""华膳园明媚五月，浪漫满园""德万隆北京中汽南方路虎发现之旅""蓝色港湾餐桌上的复活节"等系列活动，既丰富了市场供应，又促进了区域消费。

朝阳国际美食文化节作为一年一届的餐饮行业盛会，已逐步成为凝聚餐饮人心、汇聚业界智慧、促进行业发展的有效平台。2014年活动期间，在爱琴海购物中心、蓝色港湾、凤凰汇、悠唐等重点商区开展了足球之夜、啤酒节等多种不同形式、不同内容的促销活动和主题活动，活动吸引力和参与性比往年进一步增强，使朝阳国际美食文化节成为京城一大亮点和消费热点区域。

第二，提升品牌消费特色。2014年，朝阳区进一步扩大对消费项目的吸引力和承载优势，吸引了特斯拉全球最大旗舰体验展示厅、英国香氛世家Jo-MaloneLondon中国首家旗舰店、意大利顶级童装品牌Simonetta中国首家专卖店、国际一线皮鞋皮具品牌a.testoni北京首家折扣店等一批高端品牌入驻，形成了新的消费增长点。同时，积极开展特色商业街建设改造工作，指导企业优化调整业态、完善管理系统配套服务设施，提升整体商业形象。帮助指导华贸中心等完成市级特色街升级改造工作，引导秀水街加大知识产权保护和引进民族品牌、特色品牌，积极协助高碑店国粹艺术大街申报市级特色商业街，不断突出区域消费特色，目前朝阳区已有特色商业街11条。

第三，促进新兴行业发展。2014年，加大了对电子商务的政策引导，制定出台了《朝阳区促进电子商务发展的若干意见》。加大电商企业的引入力度，成功引进迪信通电子商务、挖酒网、和信电子商务等 8 家电商企业入驻朝阳。为电商企业搭建服务平台，组织辖区企业参加了第五届中国电子商务博览会，进一步促进了电商企业交流沟通，在博览会评选活动中，朝阳区的亚马逊中国第三方平台被评为 2013—2014 年度最佳中国电商创新成长奖，致力于电商培训的北京网商动力教育科技有限公司被评为 2013—2014 年度最佳电子商务培训企业。

（二）国际经贸枢纽功能日益强化

2014 年，朝阳区实际利用外资 39.0 亿美元，同比增长 14.0%，占全市总量的 43.1%；实现进出口总额 1868.7 亿美元，同比增长 6.1%，占全市总量的 45.0%。外资、进出口两项指标始终居全市各区县之首。具体做法如下。

第一，提高外资服务水平。建立健全统筹联动机制，加大力度开展招商引资工作，改善外商投资结构。同时，加强与商务部、市商务委和区工商局等相关部门的联动协调，实现信息资源共享，做好政策对接和相关服务，为企业提供更完善的投资环境。梳理审批事项，压缩审批环节，优化审批流程，升级在线受理服务系统，缩短企业办理时间，进一步提升外资审批服务的便利化水平和企业满意度。增强扶持政策宣传力度，初步完成了《朝阳区外资企业鼓励政策汇编》的编写工作，系统梳理外资企业适用的国家、市、区级鼓励政策共 18 项，实现政策聚焦，为外资企业发展提供多层次的政策支持。

第二，深化经贸交流合作。充分发挥朝阳区国际化优势，组织举办了多种形式的国内外经贸交流合作，促进外向型经济发展。借力国家"一带一路"的战略构想，重点与中东欧、上合组织和中国东盟中心等国际组织和国际商会密切联络，建立长效合作机制，共同致力于为企业不断提供国际经贸商机，搭平台做服务，不断开拓新的外贸市场。近年来，与中国东盟中心、上海合作组织秘书处、中国中东欧国家合作秘书处、非洲投资信息中心等区域国际组织建立长效合作机制，与中国美国商会、中国法国商会、德国工商总会等 20 多家海外驻华商会及贸促机构建立联系，加强经贸交流。2014 年，开展了捷克、罗马尼亚等国家专场对接会等交流活动；组织企业参与"中加贸易洽谈会"，促进两国企业双向投资；召开中美绿色技术专场对接会，由洛杉矶绿色科技孵化园相关企业与我区绿色环保科技类企业进行专业项目洽谈对接。不断加强区域交流合作，与江西等 12 家各省驻京办加强联系，共享资源，形成优势互补。还组织区内总部企业参加朝阳与贵阳深化合作恳谈会，创新探索"总部在朝阳，基地在贵阳"的发展模式，强化区域在产业分工上的主导作用。

第三，促进服务贸易发展。2014 年，朝阳区圆满完成了第三届京交会分销服务板块的具体筹备运营工作，组织了 34 场推介和 46 项签约活动，实现签约额 1208 亿元，比上届增长 15.3%，占京交会签约总额的 23.5%。会议期间对朝阳区重点功能区、总部经济、服务业和服务贸易等优势资源进行了集中展示，进一步加快了区域服务业开放发展步伐。同时，加大服贸网在国内外的宣传力度，敦促服贸网制定国际站、国内站改造方案，完善功能和业务；积极推动区域联动，逐步扩大服贸网网上注册企业数量和交易规模。充分发挥政策效应，促进服务外包产业发展，尤其是加大对 CBD、中关村朝阳园等重点区域服务外包企业的服务和支持力度，2014 年上半年，全区共实现服务外包执行金额 5.7 亿美元，占全市的 37%，千万美元以上外包额的企业共有 12 家。

（三）总部经济发展水平持续提升

具体做法如下。

第一，促进总部企业集聚。朝阳区不断优化区域营商环境，提升服务水平，促进总部经济发展。结合朝阳十大基地建设，根据总部企业的功能特点加强入驻引导和促进工作。加大政策的引导扶持力度，在落实北京市总部政策的基础上，完善并实施《朝阳区关于鼓励总部经济及服务业发展专项扶持资金管理办法》，还率先制定出国内企业总部认定标准，丰富了区域总部企业结构，促进和支持国有和民营总部企业发展。建立并完善政府与企业、企业与企业之间的沟通联络机制，通过座谈会、政策宣讲会等方式和 QQ 群、微信群等平台畅通政府与总部企业间的信息渠道，探索建立总部企业联合会，扩大企业间交流合作。目前，北京 CBD 已成为聚集高端服务业和跨国公司总部的核心功能区；电子城正加速形成以信息服务、商务服务、科技服务为主的高科技商务服务类总部企业聚集区；奥运功能区以文化体育、会展旅游、商务服务为主的现代服务业发展迅速。

第二，优化总部企业结构。在扩大总部经济规模的基础上，朝阳区总部企业结构也不断优化。在目前 107 家跨国公司地区总部中，从投资形式看，投资性公司占比 78.5%，管理性公司占比 21.5%，地区总部对集团公司各项经营管理和支撑服务的参与程度不断加深；从股东资质看，有70家企业的母公司为历年《财富》世界500强企业，行业引领效果显著；从企业能级看，美铝、索尼移动、阿美石油等总部企业为亚太区总部，ABB、斗山、丰田通商等总部企业为北亚区总部，跨国总部企业控制力进一步提升；从投资额度看，合同外资达到5000万美元以上的有55家，占比51.4%，总部企业投资意愿不断增强。从行业结构看，公司进入的行业领域涉及大宗能源、商品贸易、移动通信、电子商务、信息传媒等多个领域，行业结构不断优化。

第三，提升总部企业能级。在促进总部企业集聚的同时，引导鼓励总部企业提升能级。根据企业意愿和条件成熟度，有针对性地鼓励和引导符合条件的公司认定为地区总部。积极为驻区总部企业，特别是跨国公司地区总部做好相关服务保障工作，引导企业落户并逐步形成规模化和实体化的发展。2014年，新引进北京京奥港能源股份有限公司、中科海联环保产业有限公司等20家总部企业，成功协助凤凰新媒体、利洁时、乐天超市、浦项建设等6家总部企业提升成为跨国公司地区总部，在既有的总部经济集聚优势基础上，进一步提升了总部能级。截至2014年年底，朝阳区共认定跨国公司地区总部107家，占全市总量的70%。

(四) 便民商业服务品质不断优化

第一，鼓励连锁企业进社区。鼓励品牌连锁经营企业参与社区商业建设，到社区设立超市、便利店、标准化菜店、餐饮店、洗衣店、美容美发店等各类便民、利民的网点。采取收购、兼并、直营连锁或特许加盟等方式整合分散的社区商业资源，改造提升现有社区内的小型门店，实现专业化、规范化、标准化经营。研究出台《朝阳区"菜篮子"工程建设专项扶持资金管理暂行办法》，加强财税扶持，鼓励区内弘朝伟业、京客隆等有一定市场基础、连锁化水平较高的经营企业，通过创建蔬菜供应自主品牌，不断扩大经营规模，充分发挥主渠道作用。同时，积极吸引首农集团、永清清源、181等优质外埠企业来我区连锁化发展蔬菜零售业务，并结合居民新的消费需求，扩大销售品种，不断提升"菜篮子"工程建设品质。

第二，提高社区商业服务水平。按照首都现代化、国际化发展的要求，结合区域特点，研究制订社区商业相关行业的进入标准，加强职业技能培训，不断提升从业人员服务水平。争取国家、市级政策支持，协助华夏中青、倍优天地等 5 家企业 7 个项目列入北京市家庭服务业体系建设计划；倍优天地、东方苗苗等 5 家企业获评商务部"家政服务工程"自主培训企业资质，年度安排培训 2600 人。

第三，提升居民购物便利度。大力推广以直营直供为主的蔬菜流通新模式，引导企业不断深化"农超对接""农餐对接""农社对接"等蔬菜流通新模式。2014 年，新建、改造各类蔬菜零售终端 47 家，其中建设直营直供蔬菜零售终端 19 家，进一步满足了百姓日常生活需求。鼓励企业不断丰富和完善便民服务功能，增加便民服务项目，特别是在宅送服务、订购服务、商务服务、刷卡支付、增设"代收代缴服务点"等方面加大推进力度。

第四，创新社区商业服务模式。鼓励电子商务服务企业面向社区开展便民综合服务，打造便利、安全、快捷的电子商务服务环境。引进优质电商企业，通过 O2O（online to offline，即线上线下相结合）的方式，打造从基地到社区家庭的品牌农产品直销平台，面向社区家庭提供宅配服务。

四、科技创新激发千年古都活力

科技创新中心是中央赋予北京的新定位，建设全国科技创新中心，服务创新国家建设，既是首都的责任，更是首都自身发展的内在要求。

2015 年，朝阳区将基于首都的全新功能定位，以探索放开科技成果管理权限作为改革创新的突破口，打通科技和经济社会发展之间的通道。赋予市属相关事业单位科技成果自主处置权，探索科技成果市场交易制度；科技成果转化所获收益可按 70％及以上的比例划归科技成果完成人以及对转化作出重要贡献的人员所有；探索科研机构将与科技成果转化相关的仪器设备等固定资产的所有权或使用权入股组建科技成果转化实体等。

以加快构建"高精尖"经济结构为出发点，全面推进首都经济提质增效。深入实施《北京技术创新行动计划（2014—2017 年)》，围绕城市可持续发展和重大民生需求，突破一批关键共性技术和重大公益性技术，在破解城市发展难题的同时培育具有竞争力的产业；运用市场机制推动构建"高精尖"经济结构，坚持高端引领、创新驱动、绿色发展，强化节能、节地、节水、人口、环境、技术、安全等产业准入标准，引导产业转型升级，促进产业向价值链中高端跃升。

以全球视野谋划和推动科技创新为着眼点，营造有利于创新创业的生态环境。建设有国际影响力的国际技术转移枢纽；引导国际知名企业在京设立研发中心和地区研发总部，鼓励海外风险投资机构来京发展；支持开展境外技术和品牌收购等国际市场开拓活动；加快中关村电子科技城和大望京等园区的人才管理改革试验区建设，形成具有国际竞争力的人才制度；鼓励天使投资和孵化器探索特色发展、连锁发展和协同创新；探索建立符合国际规则和产业发展的政府采购技术标准体系、面向全国的新技术新产品（服务）采购平台、"首购首用"风险补偿机制和负面清单管理模式；研究制定知识产权转化运用的促进政策，完善知识产权保护执法协作等协调机制，等等。

加快朝阳区区域科技服务业发展，大力推进高技术服务、科技金融等高端服务业发展，逐步建设科技金融、科技中介、企业总部、创新创业和高端人才聚集区。配合北京市科委组织的"科技北京百名领军人才培养工程"，立足朝阳科技创新人才培养目标，通过项目带动、产学研用结合、国际合作交流等形式，培养造就一批科研水平一流、管理能力突出、成果国际前沿、专业贡献重大，能够引领和促进新兴学科形成与产业关键技术发展的科技领军人才。

五、公共外交讲述国际朝阳故事

一是面向驻华使馆，积极配合使馆举办各类活动、协调处理相关事务，提供外事服务保障，同时，加大与使馆国家文化交流，展现文化软实力，讲好属地服务故事。

二是面向境外非政府组织，通过上门走访、倾听需求、专题调研等方式，积极推介朝阳，搭建境外非政府组织与朝阳区相关部门单位的沟通合作平台；并根据需求，协助其做好邀请外国专家来华手续办理事宜，提供外事服务，讲好社会管理服务故事。

三是面向跨国企业，主动倾听需求，与公安、劳动、人事等相关部门加强联动，积极协调解决企业发展中的实际问题，同时，主动宣传介绍朝阳，加强企业对朝阳的认同感、归属感，讲好经济合作故事。

四是面向在朝阳工作、生活的外籍居民，按照"寓服务于管理之中"的方针，根据其职业、国别、居住地等开展分类调研。通过发放问卷、上门走访、座谈交流等形式，摸清底数、倾听需求，介绍区域情况和相关部门职责，在外籍人员管理方式和服务内容方面加强针对性。同时，依法维护外籍居民权益，加强外籍居民对朝阳区的认可度和满意度，讲好宜居朝阳故事。

五是面向境外媒体记者，加大对外宣传，积极引导境外媒体对朝阳区经济发展、社会治理、文化教育、基层党建等各领域情况进行宣传报道，充分展示朝阳区发展成就，同时做好境外媒体采访规范管理，讲好朝阳发展故事。

六是统筹资源、加强协作，与商务、教育、旅游、金融、卫生、教育、文化等重点涉外部门密切合作，加大对重点涉外街乡、重点涉外接待单位的指导力度，加强外事人才培养和宣传教育，提升全区对外交流和对外宣传工作水平，共同讲好朝阳故事。

第五章 北京市朝阳区国际交往中心功能发展基础和机遇分析

第一节 基础分析

朝阳区承担北京市国际交往中心功能，既有历史友好国际交往基础，也有现实优越地理区位，国际交往范围日益扩大。

一、历史外交积淀深厚

朝阳区自1958年5月正式改为现名。新中国成立以来，朝阳区一直肩负着国际友好交往的历史重担，历史外交有着深厚积淀。

1955年、1962年，先后在建国门外日坛附近和东直门外三里屯建两个使馆区，在此期间及此后，辖域内先后建起一批国际组织驻华机构和外交公寓，朝阳区逐渐成为北京市的对外窗口区。20世纪50年代朝阳区使馆地图及示意图如图5-1所示。

1959—1962年，朝阳区农村先后命名中德、中阿、中古3个友好人民公社，相互进行过多次友好交往活动。德意志民主共和国总理格罗提渥、议会主席狄克曼，阿尔巴尼亚部长会议副主席凯莱齐，古巴国务委员会副主席罗德里格斯都曾分别走访过相关的友好公社。

1982年，日本南多摩高校（高中）与八十中建立友好联系学校关系。1984年，朝阳区与日本东京都港区结为友好联系区。1951—1995年，朝阳区辖域举行过多次迎宾和集会活动。第十区、东郊区、朝阳区接待外宾参观单位先后接待外宾7646批、89098人次。

自新中国成立至20世纪90年代，朝阳区先后接待过12个国家的元首、6

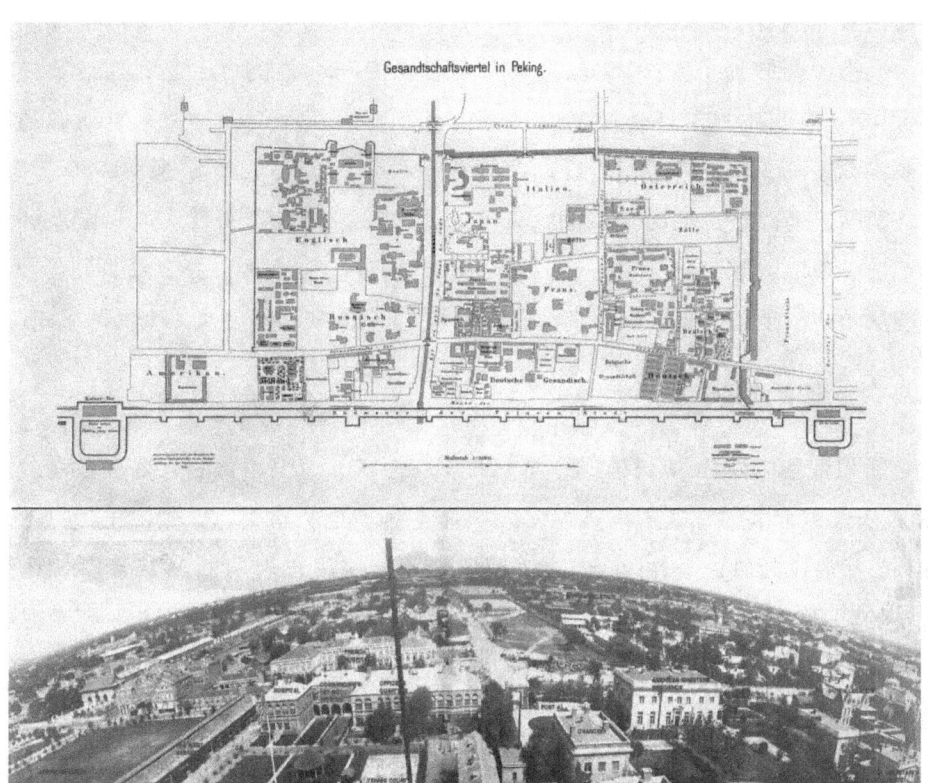

图 5-1　20 世纪 50 年代朝阳区使馆地图及示意图

个国家的政府首脑、4 个国家的议长、5 个国家的副总统、7 个国家的副总理、5 个国家的副议长、2 个国家的前总统、5 个国家的前总理、3 个国家的总统夫人、13 个国家的政党领袖参观访问。

例如：1952 年 5 月 2 日，出席莫斯科国际经济会议的法国、加拿大、墨西哥、智利、委内瑞拉、阿根廷的 12 名代表参观高碑店村。1957 年，苏联、波兰等 9 个社会主义国家和 32 个资本主义国家 221 人到东郊区农村参观访问，重点了解农业生产合作社经营管理、劳动组织、产品分配和社员生活水平提高等方面的情况。1972 年 11 月，菲律宾总统夫人伊梅尔达·马科斯参观双桥公社万子营东队托儿所。1973 年 5 月 3 日，墨西哥前总统卡德纳斯夫人参观双桥公社。1975 年 12 月 3 日，美国总统福特参观双桥农场；这一年，共接待外宾 518 批、5360 人。1977 年 9 月 19 日，缅甸总统奈温参观双桥公社万东生产队稻田和科技站。1981年6月2日，尼日利亚民主党主席阿金路耶及夫人一行7人参观团结湖小区。1983年5月10日，卢旺达总统哈比亚利马纳和夫人一行49人参观中古友好公社。1984年1月3日，新西兰副议长勒克斯顿到双桥乡参观。1995年11月12日，德国总理科尔到蓝岛大厦参观。1985—1995年，朝阳区接待外宾参观2782批、30313人次。这些外宾来自123个国家和地区，被参观单位186个，涉及16个乡，15个街道，37个委、办、局、处、公司和群众团体。接待部级以上外宾参观，涉及80个国家和地区及4个国际组织。

二、现实地理区位优越

朝阳区辖区总面积470.8平方千米，是北京市面积最大的近郊区，南北长28千米，东西宽17千米，下辖20个地区办事处（乡），22个街道办事处，291.1万常住人口。早在2000多年前的秦代，这里已经有行政区属，归幽州所辖的蓟县。其后几经衍变，于1925年首次设区，称东郊区，1958年5月正式更名为朝阳区。东与通州区接壤，西与海淀、西城、东城、崇文等区毗邻，南连丰台、大兴两区，北接顺义、昌平两区。

朝阳区地势平坦，平均海拔34米，属暖温带半湿润季风型大陆性气候，四季分明，降水集中，风向有明显的季节变化。区内共有8条主要河流：温榆河、通惠河、清河、坝河、亮马河、萧太后河、凉水河、北小河，形成网络，在肥沃的土地上勾勒出如画的自然美景。

朝阳区拥有完善的基础设施，聚集了除俄罗斯和卢森堡之外的所有外国驻华使馆，成为北京市对外交往的窗口区。区内拥有三星级以上酒店77家，国贸、嘉里、京广中心等高档写字楼90余家，文化娱乐场所600余家，高等院校25所，科研院所114家，医疗卫生机构1200余家，以及人民日报社、中国日报社、北京青年报社等知名新闻机构。中央电视台、北京电视台已在区内选好新址，不久将入驻朝阳区。VOA、BBC、CNN、美国时代华纳、香港凤凰卫视等国际知名媒体也已经或将要在朝阳区落户。亚运会、奥运会主场馆都在朝阳区内，除奥运公园的14个场馆外，朝阳区还有2个改扩建场馆，约占北京市奥运场馆的一半，是名副其实的北京市体育中心。

朝阳区自古以来就是北京的东行门户，现已构成公路、铁路、航空、地铁立体交通网络。区内公路四通八达，总计700多千米，除十几条市内线路外，还有京津塘高速公路、首都机场高速公路、京通快速路、京密公路、京山公路，以及二环、三环等十几条干道。全区目前有立交桥30座，人行过街桥42座，其中有全国最大的由26座桥构成的四环路。现代化的国际机场——首都国际机场也坐落在朝阳区，目前拥有国内航线140多条，国际航线38条，每周定期航班800多班。新建的海关朝阳口岸已正式启用，缩短了朝阳与世界交往的距离。

朝阳区汇集了北京70%的涉外资源、60%以上的外国商社和90%的外国驻京新闻机构；聚集了114家世界500强企业，151家法人金融机构，146家金融机构代表处，成为首都金融机构最多、门类最全的区域。朝阳区高档饭店宾馆云集，有长城、昆仑、京广中心、长富宫、建国、兆龙、京伦、中国大饭店、亚洲大酒店等60多家，数量居全市之冠；全市46家五星级饭店中，有14家在朝阳。另外，国际会议中心、国际贸易中心、国际会展中心、中日青年交流中心、燕莎购物中心、国际俱乐部、华侨村等涉外设施都在朝阳。处于绿阴花丛中的使馆公寓，位于宽敞大道旁的宾馆饭店，构成了朝阳区城市风貌的独特景观。

朝阳区通信设施现代化，区内的国际邮电局、北京国际电信大厦是我国目前具有世界水平的电信中心。北京国际电信大楼是我国目前规模最大的国际自动电话、国际用户电报通信枢纽，终期装机容量为国际电话2000路，国际用户电报12000线，国内外用户可跨越五洲四海的桥梁，通过它直接与世界各地进行通话、电报联系。

目前，朝阳区已经形成了建国门外、三里屯、亮马河三个使馆区，东坝乡正在兴建第四个使馆区。

北京第一外国使馆区位于建国门外秀水街附近，占地约66公顷，现有29家外国使馆，如图5-2所示。

北京第二使馆区位于东直门往东至燕莎商圈之间，占地约85公顷，现有77家外国使馆，如图5-3所示。

北京第三使馆区位于东北三环亮马河北面，占地约24公顷，建成后共约30家外国使馆，如图5-4所示。

北京第四使馆区位于朝阳区东坝，占地约20公顷，目前正在规划建设中，如图5-5所示。

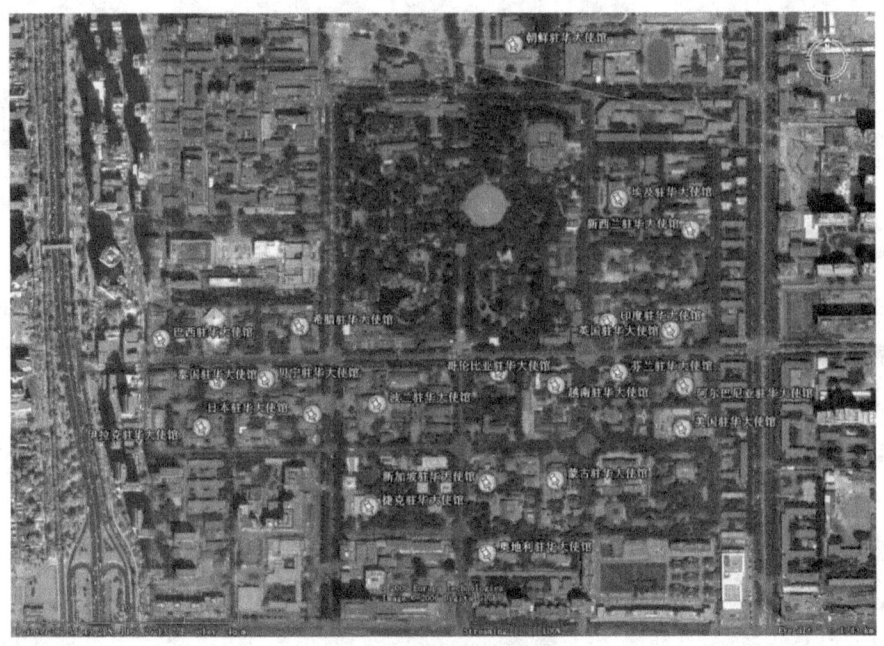

图 5-2　北京第一使馆区地图

图 5-3　北京第二使馆区地图

第五章　北京市朝阳区国际交往中心功能发展基础和机遇分析 | 189

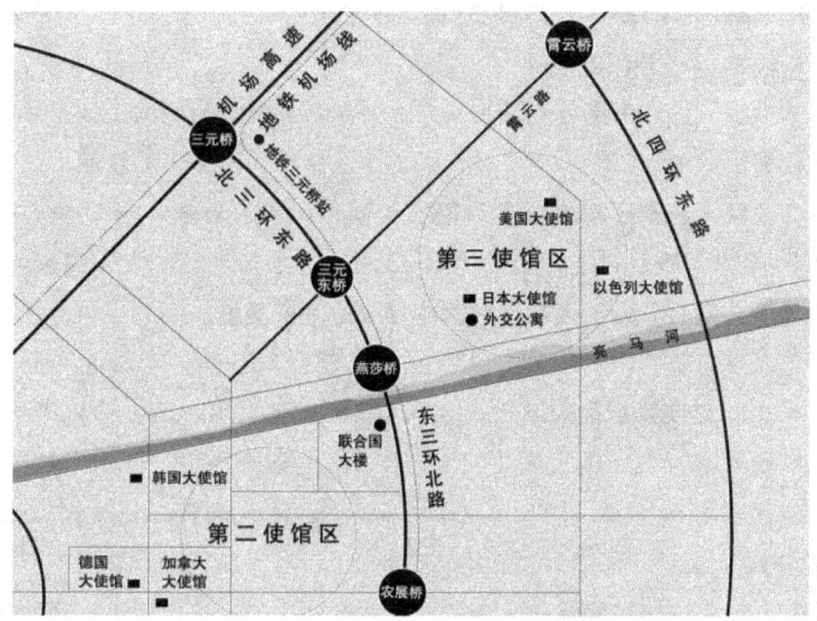

图 5-4　使馆区示意图

图 5-5　北京第四使馆区地图

三、经济发展聚集高端

朝阳区的经济发展一直居于全市前列，对于首都经济发展的影响举足轻重。近年来，朝阳区经济快速发展，并呈现出以 CBD 功能区为龙头、以现代服务业为主导的高端发展的鲜明特点。

第一，功能区建设深入推进。加快"十大发展基地"建设，CBD 核心区

"中国尊"等重点项目开工，公共配套设施完成年度建设任务，CBD 东扩区华北电网科研总部楼开工，电子城 9 个项目竣工，大望京 45% 项目结构封顶，中国国学中心、奥体南区等建设加快推进，东坝、金盏园区的土地开发和基础设施建设加快实施，CBD—定福庄传媒走廊、堡头、温榆河等区域的规划编制取得重要进展，功能区发展质量和辐射带动作用不断增强。CBD 中心区新增企业 3300 余家，税收过亿元楼宇达到 43 座。电子城实现总收入突破 4000 亿元。奥林匹克公园成为全国首个国家体育产业示范基地。

第二，空间布局特色凸显。CBD 功能区现代服务业、金融业产业聚集优势明显，2013 年实现区级财政收入 226.7 亿元，较上年同比增长 8.5%，占全区财政收入的 59.4%。电子城功能区高技术产业集聚，2013 年电子城功能区、奥运功能区实现财政收入 58.5 亿元、55.7 亿元，分别占全区财政收入的 15.3% 和 14.6%。

第三，产业结构持续优化。商务服务和金融业的支撑作用进一步稳固，实现营业收入和利润分别占现代服务业总量的 63% 和 84%。金融业实现区级收入增长 15.2%，对全区增收的贡献率达到 18.4%。文化创意产业规模进一步扩大，实现收入约占全市 1/4，实现利润增长 25%。高新技术产业聚集态势明显，电子商务等新兴行业发展迅速。国际商务服务和贸易功能更加完善。跨国公司地区总部达到 100 家，实际利用外资和进出口总额分别增长 6.3% 和 4%。专利申请和授权量分别增长 10.3% 和 33.1%。

下面简要介绍具体产业发展情况。

第一，现代服务业保持平稳快速发展。2013 年，现代服务业实现较快发展，全年区级收入、1—11 月营业收入和利润总额分别实现 211.1 亿元、8508.1 亿元、2111.6 亿元，较上年同比增长分别为 11.9%、23.4%、40.5%，是 2009 年的 1.3 倍、2.1 倍、2.0 倍；从业人员实现 71.3 万人，是 2009 年的 1.2 倍。

核心功能区带动作用明显。CBD 功能区产业聚集能力强，收入、利润保持较快增长，支撑全区现代服务业发展。2013 年 1—11 月，实现收入、利润 6510.7 亿元、1862.6 亿元，同比增长 25%、48.6%，占现代服务业总量的 76.5%、88.2%，增长贡献率为 81% 和 100.2%。奥运功能区和电子城功能区保持平稳发展态势，奥运功能区实现收入、利润 1152 亿元、142.1 亿元，同比增长 23.4% 和 10.9%，占现代服务业总量的 13.5%、7.6%。电子城功能区实现收入、利润 554.7 亿元、79.2 亿元，同比增长 17.3%、16.3%。

其中，租赁和商务服务业、金融业占据现代服务业主导地位，是保障全区现代服务业增长的绝对中坚力量。2013 年 1—11 月，租赁和商务服务业营业收入、利润总额实现 3949 亿元、650.2 亿元，同比增长 31.9%、10.3%，占现代服务业总量的 46.4%、30.8%，对现代服务业增长贡献率为 59.3%、10.0%。金融业营业收入、利润总额达到 2103.6 亿元、1240.8 亿元，同比增长 23.8%、75.4%，占现代服务业总量的 24.7%、58.8%，对现代服务业增长贡献率为 25.1% 和 87.7%。

第二，金融业保持较快发展态势。2013 年全年区级收入、1—11 月营业收入、利润总额分别为 44.6 亿元、2103.6 亿元、1240.8 亿元，同比增长 11.8%、23.8%、75.4%，是 2009 年的 2.6 倍、2.2 倍、1.9 倍；平均从业人员 7.3 万人，是 2009 年的 2.7 倍。

其中，保险业支柱作用明显。2013 年 1—11 月营业收入、利润总额分别为 1605 亿元、987.5 亿元，同比增长 26.1%、75.4%，占金融业总额的 76.3%、79.6%，增长贡献率为 82.0%、91.3%。货币金融服务发展较快，营业收入、利润总额同比增长 19.3%、44.5%，占金融业总量的 13.6%、12.3%。

CBD 功能区金融产业集聚优势明显，2013 年 1—11 月实现营业收入、利润分别为 1977.4 亿元、1164.2 亿元，同比增长 23.6%、78.9%，占金融业总量的 94%、93.8%，对金融业的增长贡献率为 93.2%、96.2%。

第三，文化创意产业发展平稳。2013 年，文化创意产业保持平稳发展态势。企业总数突破 4.4 万家，市级文化创意产业集聚区达到 8 个，位居全市各区县之首。"传媒走廊"的文化传媒业、大山子的时尚创意业、奥运的文化体育和旅游休闲业、潘家园的古玩艺术品交易业等集群发展水平进入新的阶段，一核、一轴、多基地的"十二五"文化创意产业空间规划构想基本实现。

全年区级收入、1—11 月营业收入、利润总额分别为 89.2 亿元、1891.0 亿元、88.6 亿元，同比增长 1.8%、5.6%、71%，是 2009 年的 2.4 倍、1.8 倍、5.4 倍；平均从业人员 21.8 万人，是 2009 年的 1.3 倍。

其中，广告会展，软件、网络及计算机服务，旅游、休闲娱乐服务，以及其他辅助服务保持主导地位，2013年1—11月四个领域分别占文化创意产业总量的24.5%、22.2%、18.6%、17.0%。旅游、休闲娱乐服务，软件、网络及计算机服务，以及其他辅助服务等新兴领域发展速度较快，软件、网络及计算机服务、其他辅助服务利润总额同比增长216.1%、214.3%，旅游、休闲娱乐营业收入、利润总额同比增长12.9%、30.0%，旅游、休闲娱乐业对文化创意产业收入增长贡献率达到40.9%。

第四，高技术制造业保持平稳发展。2013年，高技术制造业保持平稳发展态势。电子城聚集高技术产业明显，1—11月电子城功能区高技术产业实现营业收入196.5亿元，同比下降1.1%，占高技术产业总收入的49.3%；利润总额实现28.1亿元，同比增长39.1%，占高技术产业总利润的58.7%。

全年区级收入、1—11月份营业收入、利润总额实现8.3亿元、398.3亿元、47.9亿元，同比增长4.1%、3.9%、37.6%，是2009年的2.5倍、1.9倍、2.8倍；1—11月资产总计首次突破千亿大关，达到1003.8亿元，同比增长16.5%。

其中，软件开发业保持较快发展速度。2013年1—11月营业收入、利润总额实现202.1亿元、18.4亿元，同比增长16.4%、56.3%，占高技术产业收入、利润总量的50.7%、38.4%；高技术制造业实现营业收入、利润总额为196.2亿元、29.6亿元，同比增长6.5%、28.1%。其中，高技术制造业中医药制造业、医疗设备及仪器仪表制造业发展较快，利润总额同比增长35.1%、62.3%，两个行业的利润对高技术产业增长贡献率为48.5%。电子计算机及办公设备制造业发展迟缓，营业收入、利润总额分别下降46.5%和30.2%。

四、文化商务交往密切

作为北京市国际交往的窗口区，当前朝阳区国际交往程度日益加深。

例如：2014年5月8日至5月11日，第43届世界广告大会及"北京日"活动在朝阳区盛大举行。按照国际广告协会章程，世界广告大会每两年举办一次，由国际广告协会主办，各国分会申请承办。此次在北京朝阳举行的是第43届世界广告大会。共有包括约100名外宾在内的600多名嘉宾参加了此次大会。

在"北京日"签约活动中，共有 3 个签约项目。其中，瀚海艾伦影视文化（北京）公司与墨西哥电视台合作签约项目尤为引人关注。该公司于 2014 年年初入驻北京国家广告产业园区核心区，致力于弘扬中国传统文化，促进我国与他国间的国际合作，促进文化输出，推动中华文明在世界舞台交融盛兴。签约项目主要内容为：该公司与墨西哥电视台合作，在墨西哥全境播放中国的影视作品，以及反映社会民生、文化艺术、旅游名胜的纪录片，并将中国的广告穿插在其间播放。该项合作是一次重大的文化输出领域的突破，将打造一个中墨间、中美洲间双向的媒体广告、文化、经济的交流与合作平台，促进两国间、地区间的文化及贸易往来，推动两国经济的共同繁荣、发展。墨西哥政府官员、墨西哥中国商业贸易联合总会会长及国际商会负责人参加了签约仪式。

2014 年上半年，朝阳区共引进包括 2014 第六届中国（北京）国际清洁能源博览会、2014 第七届中国国际物流博览会、2014 中国国际云计算技术和应用展览会等 25 场国际高端会展活动。

事实上，朝阳区通过为企业搭建"走出去"和"引进来"的信息共享、综合服务平台，促进货物贸易向服务贸易发展升级，正在助力打造国际交往中心。

在 2014 年第三届"京交会"分销服务板块上，服贸网与巴西出口投资促进局签订了经贸合作协议。按照协议，服贸网将与巴西企业开展商机信息共享、推送等服务贸易领域的经贸合作。除与巴西出口投资促进局签订经贸合作协议外，服贸网还与创新科技国际联盟、中国产品质量协会等 4 家组织分别就推广渠道、潜在客户与商业机会等内容达成战略合作共识。

在分销服务板块的签约活动中，非洲投资信息交流中心分别与中国文化部、尼日利亚使馆等机构签署了战略合作协议。另外，在"北京日"活动中，非洲投资信息交流中心还将与福建省政府、山西省永济市人民政府等政府机构签订合作协议，为中非之间的经济、文化、教育、科技、旅游等领域的项目开展服务。非洲投资信息交流中心落户朝阳，可以促进朝阳乃至全市更多有意向"走出去"发展的企业了解非洲、走进非洲、投资非洲，中心也将成为中非之间可持续发展的友好合作交流重要基地。

此外，朝阳区还在全市率先推出了外商投资企业网上申报服务系统，外资企业不仅可以在线填写企业设立、变更、备案申请，还可以在线查询业务办理流程、网上申报预约，审批办理时间仅需 5 个工作日。

朝阳区外商投资企业网上申报服务系统中，有近百种申报事项文件清单，企业可根据自己的申报事项选择对应文件清单，按照提示内容准备相关材料，并在参考模板上填写信息、上传系统，待材料审核通过后，企业便可进行网上申报预约。

再如，北京 CBD 国际商务节自 2000 年创办至今，已经成功举办 15 届，不仅充分展示了北京 CBD 的实力和魅力，而且凭借其国际化、专业化和商务化的特点，成为国际商务交流综合平台，是北京市最重要的商务品牌活动之一。"名节效应"推动了高端产业的快速发展，也提升了北京 CBD 的国际影响。2008 年，北京 CBD 作为亚洲商务区代表与巴黎拉德芳斯 CBD 等发起成立世界商务区联盟，2010 年顺利当选为世界商务区联盟第二任轮值主席，显示出朝阳区国际交往的深度。

五、公共外交亮点突出

近五年来，朝阳区全力配合国家总体外交方针及北京市外事工作大局，积极开展公共外交工作，开拓创新，多措并举，取得显著成效。朝阳区以友城建设为纽带，组织开展内容丰富的公共外交活动，涉及经贸、文体、教育、医疗卫生等各个领域，在促进中外民众友好、提升国外公众对朝阳、首都北京及中国的了解和认识的同时，注重正面引导国内媒体和公众对国家外交的理解支持，不断提高朝阳区及首都北京的国际知名度，同时为提升我国国际形象和影响力作出积极贡献。朝阳区开展公共外交的整体特点是"内容丰富，方式多样，亮点突出，引导有力"。

亮点一：领导身体力行，积极向国际社会推介迅速国际化的现代朝阳。

利用出国访问和接待来访外宾的机会，向外国友人积极推介朝阳区在投资及其他各个方面的独特优势。区委区政府领导除在外交外事正式场合，以政策宣讲、主题演讲、接受采访、会谈会见、签订协议、外事宴请等活动为主要工作方式之外，还特别注重在各种非正式场合加大"感情投入"，如充分利用茶歇、会谈会见前后的间隙，与外宾亲切交谈交流，介绍和了解双方情况，努力拉近与外宾的感情距离，增强外国友人对中国的认同感。近五年来，区领导每年接待外宾 200 人次，率团出国访问或参加国际会议每年至少 10 次。

亮点二：以"友好城市"为纽带，带动经、教、文、卫等各个领域的务实合作。

朝阳区共与世界五大洲21个国家的27个城市城区建立友好往来，在全市友好城市建设乃至全国区县级对外友好城市建设方面走在前列。目前，朝阳区重点巩固加强与美国纽约州布鲁克林区、日本东京都大田区和港区、韩国首尔市江南区和松坡区、捷克布拉格一区、瑞士卢加诺市等传统友好城市城区的友好往来，按照周边外交工作座谈会精神推进与老挝、柬埔寨周边等国家的友好城区建设和务实合作，在现有基础上继续有序开辟在欧洲、美洲、非洲、澳洲国家的友好城市城区友好往来。在友城发展过程中，结合区域特点，形成CBD、奥运和世界城市建设三大国际友好城市交往体系，推进区域各领域务实合作。

一是2008年北京奥运会后，奥林匹克功能区成为朝阳区重点打造的国家级大型文化体育设施集聚地、国际文化活动和高端会展活动聚集区。目前，朝阳区已与加拿大温哥华市北温哥华区、希腊玛鲁斯市、韩国首尔市松坡区、澳大利亚新南威尔士州奥本市、英国伦敦市纽汉区五个主办过奥运会的城市建立友城关系。今后，在充分利用奥运文化氛围、奥运基础设施等资源，发展朝阳区体育文化产业、会展文化产业等方面，朝阳区与奥运友城有很大的交流合作空间。

二是与世界多个国家的CBD区域建立友城关系，包括美国纽约市曼哈顿区、法国巴黎市拉德芳斯地区、奥地利萨尔茨堡市、希腊马鲁斯市等。通过科学规划，突出重点，结合城市功能定位，不断推进与CBD友城在CBD建设和发展方面的交流合作，并开拓与世界其他知名CBD城市的友好关系。积极推进世界商务区联盟总部落户朝阳，支持北京CBD利用世界商务中心联盟轮值主席的有利地位，开展国际交流与合作，吸引了众多外国CBD申请加入联盟。利用北京CBD国际商务节的有利时机，举办世界CBD联盟年会，邀请到加拿大蒙特利尔、瑞士卢加诺等外国知名CBD，澳大利亚塔姆沃斯市市长等国际嘉宾共同为北京CBD发展出谋献计。

三是围绕世界城市建设主题，与美国纽约、英国伦敦、法国巴黎、日本东京等世界城市的相关城区建立友城关系，加强交流合作，为朝阳区世界城市试验区建设提供助力。

亮点三：充分利用大型国际活动（会议）平台主动开展公共外交，向国内外展示朝阳经济社会发展及国际化形象。

朝阳区积极借助大型涉外活动平台，积极主动开展公共外交。通过服务保障亚太经合组织领导人非正式会议、外交部"大爱无国界"国际义卖活动、庆祝中法建交 50 周年龙马演出活动，积极参与举办北京市外语游园会、北京国际太极拳大会、"相聚北京——2014 中外朋友迎新年专场演出"等大型涉外活动，展示了首都北京及中国举办国际大型活动的软硬实力，增进了外国友人对中国经济社会的了解，同时促进了中外人民之间的了解和友好。

亮点四：以"APEC 商务旅行卡"为抓手，打造"APEG 企业俱乐部"品牌，助力朝阳对外经贸升级。

朝阳区外办牵头区工商联等 9 部门于 2013 年 3 月成立了 APEC 商务旅行卡企业俱乐部，利用使领馆、国际友城等对外交往渠道，举办经验交流、政策咨询和投资推介活动，为驻区企业国际化经营提供外事服务和保障。历经两年的发展，APEC 俱乐部已成为企业了解国外投资政策信息的窗口、联系驻外使领馆的桥梁以及企业间分享走出去经验的平台。

亮点五：以年度 CBD 商务节为龙头，以各类经贸洽谈会为平台，积极推介朝阳区独特的投资环境和优势

近年来，朝阳区积极举办一年一度的 CBD 商务节，邀请瑞士金融城市卢加诺市、澳大利亚塔姆沃斯市、日本大田区等友城代表团来访，为区域产业升级建言献策，通过举办商务文化活动，着重展示首都世界城市发展新形象和区域"十二五"中期发展新成就。通过举办世界 CBD 联盟年会、北京 CBD 国际经贸合作洽谈会、东盟国家专场经贸洽谈会、2013 年中加贸易洽谈会、2014 年中捷经贸洽谈会等多边和双边经贸活动，有针对性地向捷克、越南、柬埔寨、老挝等地及捷克 PPF 集团、英国汇丰银行等国际知名企业推介朝阳区投资政策和环境，促进经贸合作与发展。这些促进经贸合作的举措吸引了大量跨国公司总部落户朝阳，从而促进了朝阳区经济发展。

亮点六：以朝阳涉外文化产业为载体，传播和弘扬中国传统文化。

组织北京国声京剧团赴朝阳区友好城区——美国纽约市布鲁克林区，为当地居民及华人华侨进行京剧专场义演，获得纽约各界人士的高度赞赏；该活动作为朝阳区与纽约市布鲁克林区政府间友好交流项目之一，开辟了朝阳区自组

文化团组"走出去"的先河，是朝阳区以民间交流形式促进中美人民文化交流的创新尝试之旅。此外，区外办联合朝阳区京剧文化中心，多次针对在京外国友人举办京剧专场演出，形成"老北京　新朝阳"京剧专场演出品牌，成为朝阳区文化对外交流的又一张亮丽名片。朝阳区文委和文化馆根据国家非遗项目创意制作的"漂亮的兵马俑"灯展赴英国、澳大利亚等国巡展，吸引了当地数千名观众。"红半天"女子鼓乐队分别赴芬兰、捷克参加"欢乐春节"活动，在当地赢得强烈反响；定期组织朝阳区服装设计单位参加韩国友城首尔江南时装节，推介自主品牌，推进产业对接；连续多年与日本友好城区东京都港区开展老年书画交流。此外，朝阳区亚运村、麦子店、望京等街道充分发挥涉外程度高的优势，联合社会组织，组织中外居民开展了书画、剪纸、舞蹈、厨艺交流等活动，起到拉近中外居民之间的感情、促进中外居民加强联络和交往的作用。

亮点七：打造朝阳区"一校一馆"教育品牌项目，推动中外青少年国际交流。

连续十余年组织中日、中韩青少年交流互访活动；促成东方德才学校与美国亚拉巴马州拉姆齐中学学生开展电子笔友交流等项目，为涉外窗口学校建立国际友好校搭建平台；进一步加强职业教育国际发展，为朝阳区劲松职业高中与美国奥特职业学校、捷克美食与酒店管理职业高中等校搭建交流平台；安排陈经纶中学师生与来访的美国纽约布鲁克林区区长用英语直接对话，加强双方的理解和互信，展示朝阳区青少年健康向上的精神面貌；积极支持区教委"一校一馆"项目，包括协助做好北京青年政治学院附属中学拟与老挝驻中国大使馆建立"一校一馆"友好关系等，搭建本区中小学与驻华使馆之间的交流平台；组织南湖东园小学与韩国首尔江南区九龙小学开展足球友谊赛；在东湖街道举办 2013 国际青少年大联欢。

亮点八：以推介中国传统中医药文化为重点，加强与国际先进医疗卫生机构的合作交流。

利用 CBD 商务节契机，主办健康 CBD 公共卫生论坛，协助区公共卫生协会成立国际交流分会，并通过友城渠道邀请美国、瑞士、韩国医疗卫生领域专家参与讨论；开展"防艾无国界"冬季接力慢跑活动，邀请赞比亚、也门、乌干达等使馆官员加入活动；利用中捷建交 65 周年契机，与捷中友好协会共同举办中捷卫生领域企业对接会。另外，在对外交往中积极推介传统中医文化：做好第三届京交会中医药服务板块参展工作，定期开展中医药文化进外交公寓、进国际学校活动，形成品牌；组织外籍人士到中药鲜药基地参观；利用捷中友好协会访华契机，宣传我国传统中医学；安排捷克茉托乐医院院长与朝阳中医院等单位深入交流，探讨与中国医院进行医生互换、技术交流等活动，促进中医文化的海外推广；区卫生局举办"驻华使节中医药体验活动"，拓展中医药国际化交流。

亮点九：充分利用朝阳区资源优势，通过党宾国宾接待任务展示公共外交平台。

朝阳区是涉外大区，很多重要外事活动在朝阳区举行，外事参观任务也繁重。以奥林匹克公园、水立方、鸟巢为代表的奥运场馆区，以798、751、718艺术区为代表的文化创意产业区，以世贸天阶、三里屯太古里、侨福芳草地为代表的时尚购物街区，以潘家园古玩市场、高碑店漕运码头、紫檀博物馆为代表的传统文化聚集区，以麦子店国际服务中心、望京外国人服务中心为代表的国际化社区等重点涉外参观单位，成为很多外国元首或高级代表团参观必到之地。高质量打造好此类外事参观单位，有针对性地展示朝阳区及首都当前经济社会快速及国际化程度，对增强外国友人对朝阳区、首都北京及中国的整体认知有不可替代的作用。

亮点十：大力推进中英双语标志规范建设，优化朝阳国际化大都市的国际语言环境。

向全区下发《关于进一步加强朝阳区公共场所外文宣传标语口号规范工作的通知》，进一步完善公共场所外文宣传标语口号审核协作机制。五年来，区外办围绕文明城区创建、APEC会议服务保障等中心工作，赴奥林匹克公园中心区、重点涉外街道、文博院馆、旅游景区等近百家涉外单位开展双语标志巡查工作，采集标志万余条，纠错5000余条；向社区居民发放《APEC实用英语手册》《市民日常英语宝典》等学习资料2000余册，发动居民参与市、区外语公益讲座1000余场次，建立了良好的外语环境氛围。这些举措为外国居民和游客更好地了解朝阳、了解北京乃至了解中国，为中外公众更顺畅地相互沟通，创造了良好条件。

第二节 机遇分析

朝阳区承担起北京市交际交往中心功能的机遇,主要体现在经济全球化推动和世界局势影响等外因,以及改革开放和当前我国的外交政策等方面。

一、经济空间:经济全球化推进世界交流

从生产力和生产关系的一般意义上说,经济全球化描述的是生产要素在各国之间流动加快的趋势,以及经济活动在各国之间联系日益紧密的趋势。

当今经济全球化是与知识经济,尤其是与信息技术相适应的。在全球化的国际经济关系中,不仅有货物、劳务和资本的大规模国际交流,而且信息技术的广泛应用,给人们提供了一种便捷无比的国际交流手段,使国际经济关系更加紧密。

当今经济全球化是以多元的行为主体来构成世界经济和国际关系的。除国家以外,企业,尤其是现代跨国公司和跨国银行的作用日趋增大。它们把自己的生产、投资、销售等活动的场所遍布全球各地,实行全球经营战略。跨国公司的全球化经营形成了当代国际经济关系空前巨大和严密的全球网络,把全球经济都包罗在内。据统计,目前全世界有40%的产品是由跨国公司生产的。

当今经济全球化是由市场体系和市场经济体制来沟通各国之间的经济联系。不仅国际货物贸易空前扩大,资本流动成百倍地增长,而且国外直接投资、劳务贸易、科技贸易、信息传播、人员流动、国际旅游等领域都在迅猛发展。这些领域互相促进,互相结合,形成了一个全方位、宽领域、多渠道的完整的发达市场体系。这个世界市场体系和市场体制把各国经济紧密地联系在一起,使各国在各领域发生广泛的经济关系。第二次世界大战后,以"经互会"为核心的社会主义国家的世界市场体系,已经不存在了。因为苏联解体后,东欧一些社会主义国家开始实行资本主义市场经济体制,中国和越南转轨到社会主义市场经济体制,而古巴等国仍受到封锁和制裁,难以参与经济全球化。

当今经济全球化与经济区域化和经济集团化并存。根据世界贸易组织的统计,到20世纪末,世界上已出现了144个区域性经济集团;国际货币基金组

织对此的调查数为68个,而日本贸易振兴机构对此的推算数为101个。英国《经济学家》杂志公布的数字显示,1948—1994年全世界先后出现过12009个区域经济合作组织,其中2/3是20世纪90年代的产物。目前至少已经有146个国家和地区参加了以上各种形式的区域性经济集团。在集团化方面,迄今出现的经济集团有7国集团、77国集团、24国集团等。全球化和区域化并存的一个印证是:随着全球化进程速度的加快,区域的内部经济流通也在加快。比如,1993年,北美、欧盟和东亚三个地区的出口贸易量占全球出口贸易总量的76.8%。目前,欧盟国家有1/3的对外贸易是在其内部进行的,亚洲国家的一半外资也来自其他亚洲国家。

首先,经济全球化为资源在全球范围内的优化配置提供了新的有利条件。作为全球经济组成部分的各个国家,可以在国际经济交往中发挥自己特有的优势,从而实现优势互补,在总体上促进世界范围内的经济增长。在这个过程中,发达国家凭借其资本实力和科技上的优势,比发展中国家获得了更大的利益。

其次,经济全球化使世界市场成为一个不断扩大的统一整体,客观经济规律将在全球范围内发挥作用。在统一的世界大市场中,各国面对激烈的国际市场竞争,必须努力改善生产经营活动,降低成本,提高劳动生产率,实现规模生产。这一切都会有效地扩大世界的总产出水平。同时,激烈的国际竞争还会刺激新技术的研究与开发,使科技成果在世界范围内更快地转化为生产力,从而刺激全球经济增长。

再次,经济全球化加速了世界性产业结构的调整。在经济全球化的过程中,国际直接投资和技术转让这两个方面的相互作用和相互促进,导致世界性产业结构不断得到调整和升级。在这个过程中,发展中国家可以通过引进发达国家的资金和先进技术,借鉴发达国家的先进管理经验,加快其国内产业结构的调整和优化,加速发展中国家实现工业化和现代化的进程。当然,发达国家在产业结构调整的过程中,能够继续保持在这方面的优势地位。

最后,经济全球化为解决经济、社会发展面临的一些共同问题提供了有利的条件。在当今世界经济发展的过程中,生态、环境、资源、人口等问题是各国发展所面临的共同问题。在经济全球化过程中,需要全球共同磋商推进合作发展。

当前，经济全球化呈现出以下特点。

第一，经济全球化是知识经济化。在当今时代，以科学技术为特征的知识经济在经济活动和经济成果中占有越来越重要的地位，知识经济带来了生产工具的改进、生产对象的扩张和生产主体的智能化。总之，知识经济带来了劳动生产率的极大提高。在知识经济时代的市场经济活动中，知识劳动成为主要的劳动形式，市场竞争靠的是知识竞争，而科学发明、技术创新又迅速转入生产应用，其发展速度和传播速度之快，是以往任何时代都不能比拟的。经济全球化的一种突出现象就是，科学技术在迅猛发展并推动经济发展。

第二，经济全球化是信息化、网络化。经济全球化时代，随着信息科学和信息产业的发展，全球联系越来越紧密，越来越便捷。网络已经将世界连为一体，"地球村"显得越来越小，信息发布在瞬间就能完成。信息技术和网络极大地方便了国际经济活动。如今，电子商务也将成为新型的流通工具，迅速占领市场。信息化和网络化节约了生产和交易成本，提高了经济效率。

第三，经济全球化是国际经济一体化。在当今的国际经济活动中，国际经济分工越来越专业，国际资源配置也越来越合理，资本在国际流动，商品在国际交易，劳动力在国际组织，技术在国际转让，信息在国际传播，极大地提高了社会生产力，增加了各国的比较利益。跨国公司在国际市场的竞争表明市场主体日益国际化。

第四，经济全球化是金融国际化。经济全球化的最突出表现是金融国际化，体现为货币国际化、资本全球化，以及金融制度国际化、规范化。金融市场的活跃带动了全球经济的兴旺。世界银行和世界货币基金组织是最早最大规模的国际组织。当前，资本在全球范围内的流动，欧元、美元、日元在全球的竞争，还有前几年的亚洲金融危机，都是金融国际化的表现。

第五，经济全球化是国际市场一体化。早在一百多年前，资本主义国家的商品经济就冲破了民族界限，形成了商品经济的世界市场。列宁曾经将帝国主义的商品输出作为带动资本输出的条件。在今天日益开放的国际市场环境下，各国企业竞相加入市场竞争，跨国公司成为国际市场的主要角色。以进出口贸易为特征的国际市场越来越广泛，进出口贸易在各国国民经济中所占的比重日益扩大。各国只有在国际市场竞争中提高资源的利用效率、节约生产成本、发展社会生产力，才能获得比较经济利益。

第六，经济全球化与国际政治、军事相关联。经济全球化也不是一种单纯的经济现象，它反映了国际政治和军事的发展变化。经济全球化与经济区域化是并存的，并且是国际经济政治的产物，如欧盟的形成、欧元的产生，既是经济活动和经济利益关系的产物，也是国际政治关系的产物。同时还应看到，一个国家只有在经济上实力强大，才有可能增强综合实力，进而在国际政治和军事上有较强的发言权。

因为经济全球化，"地球村"内各国的交往日益密切。因此，面对经济全球化，国际交往成为城市和国家发展的必要内涵。

二、政治契机：大国关系提供国际交往思路

目前，全球多极化趋势和总体平稳的大国关系，客观上为中国的发展提供了一个较为有利的国际安全环境和国际交往契机。进入2014年，由于乌克兰克里米亚事件、石油价格大跌因素、国际经济发展态势等多种原因，大国关系错综复杂。中俄伙伴合作、中美战略合作、中日对抗合作、中非和中拉务实合作，通过主办APEC峰会和中拉合作论坛，翻开国际交往的新篇章。

中国作为邻国最多的国家，地缘矛盾最多，最复杂的战略主体与周边国家在领土、领海等权益上存在巨大问题。影响我国周边安全的主要因素有：恐怖主义、宗教极端势力、民族分裂势力、领土纠纷、霸权主义和强权政治。中国与周边国家的安全问题就像一条"V形热点线"，呈放射性特点，在北部、西部、南部、东部和东南部都存在不安全因素。V型线的左端是一条西北东南走向的大陆线，有中亚五国问题，阿富汗冲突、印巴冲突、印中争端等问题；V型线右端是一条东北西南走向的海洋线，有日俄南千岛群岛之争，日韩的竹岛（独岛）之争、朝鲜半岛之争、中朝黄海大陆架之争、中日东海大陆架和钓鱼岛之争以及南中海之争，等等。

（一）中亚五国与中国关系

中亚五国独立后，由于中亚显要的地缘战略地位和丰富的自然资源，世界各国势力在中亚的角逐使中亚的政治局势更加不稳，也使中国西北边疆的安全环境复杂化。战后，推行霸权政策的美国在阿富汗建立亲美政权，并在中亚个别国家建立军事基地，这不仅强化了北约和美日安保同盟的战略通道，还可以以中亚为地缘战略支点，以北约组织和美日安保同盟为两翼，抑制俄罗斯的复

兴，阻止伊斯兰原教旨主义的扩展，遏制中国的崛起。

中亚国家还有丰富的石油和天然气等自然资源。中国在中亚的经济利益是显而易见的，随着中国经济的发展，对自然资源的消耗将日趋增加。进入 21 世纪，中国同中亚国家加强了经济合作，扩大了在中亚国家的影响力，间接损害了俄罗斯的传统利益。而美国、俄罗斯在中亚角逐加剧，以获得经济利益。

（二）俄罗斯与中国的关系

横跨欧亚大陆的俄罗斯，从沙俄时期至今，一直是中国北方最大的邻国和影响中国国家安全最重要的因素之一。在地缘政治上，中俄之间有漫长的边疆线。从综合国力上看，俄罗斯仍是世界性大国，并有可能再度成为"世界超级大国"。而复兴后的俄罗斯所奉行的对外战略是否会如从前一样咄咄逼人，作为俄罗斯的邻居，中国尤为关心，俄罗斯拥有雄厚的军事技术实力和丰富的石油气资源，是中国实现国防现代化可以借助的力量。尽管俄罗斯处于经济持续恢复阶段，但对华能源战略已透露出俄罗斯未来的战略运筹信息。

2014 年，国际原油价格经历了"断崖式"下跌。自 2014 年下半年开始，国际油价从高位陷入了连跌的无底洞。7 月底，美国原油价格跌破每桶 100 美元。11 月，欧佩克拒绝了减产以提升油价的建议，加剧了油价下跌势头。截至 2014 年 12 月 31 日收盘，纽约油价跌至每桶 53.27 美元，与年内高点相比几近"腰斩"；2015 年 1 月 5 日，国际原油价格跌破 50 美元/桶，这对俄罗斯来说是严重受损，但对中国则相对受益。考虑到国际形势，中俄战略合作伙伴关系很有可能加强。

（三）朝鲜半岛与中国关系

朝鲜半岛问题是东亚地区最大的冷战遗产，进入 21 世纪后，美国政府对朝鲜采取强硬姿态，最终导致朝美第二次核危机的爆发，半岛局势再度趋紧。新时期初期的半岛局势仍将呈现复杂多变的发展态势。一方面，促进和解、推动谈判、制约战争的内外因素继续存在和发展。特别是"六方会谈"进程的继续为和平解决争端提供了重要机遇，半岛和平进程有可能在曲折中前进。另一方面，朝鲜与美国、韩国之间的矛盾根深蒂固，各自的国家利益和政策目标大相径庭，半岛局势的发展仍存在较大的不稳定和不确定因素，不排除出现武力对抗和军事冲突的可能性，朝鲜半岛是中国东北部安全的战略缓冲地带，半岛局势的紧张将破坏本地区的和平与稳定，也将影响中国现代化建设的进程，没有半岛的安全，就没有中国"和平崛起"的最终实现。

（四）美日军事同盟和日本对外关系

日本是中国的海上强邻，是当今世界上仅次于美国的第二大经济强国，又是一个曾经对中国进行侵略并且其统治者至今对此没有反省的国家，还是一个拥有巨大潜力掌握核武器的国家。二战后，美国和日本结成军事同盟。20世纪90年代中后期，日美安全同盟实现了冷战后的重新定义。其适用范围由日本本土及周围数百海里扩大到整个亚太地区；合作内容由"日本受到武力攻击时"扩展到"日本周边地区发生事态时"，防卫态势由"对储威胁型"向"地区安保型"转变；主要防范对象由苏联转变为朝鲜和中国。日美安全同盟重新定位、美日联合研制战区导弹防御系统，将导致亚太尤其是东北亚地区战略力量的严重失衡，成为影响未来地区安全的重要不稳定因素。进入21世纪，日本决定组建对付"中国海军舰艇活动"的"护岛部队"，2004年确认中国为"安全威胁"，实现了安全战略从"防御型"到"进攻型"的转变。

（五）南亚半岛和中国关系

在南亚的印度半岛，印度自称是一只大象，印度21世纪的宏观目标是控制南亚和印度洋。所以，印度大力发展本国经济，其21世纪军事战略是发展强大的军事力量，威慑巴基斯坦，控制弱小邻国，遏制中国，拦阻地区外大国向南亚渗透，实现控制印度洋、跻身世界一流大国行列的目标。印度洋是中国与中东、波斯湾、地中海、东非等地联系的海上必由之路。印度控制了印度洋，就等于控制了中国通往这些地区的海上通道，威胁中国的石油安全。而印度和巴基斯坦的冲突直接成为中国周边安全环境的重要隐患。印巴冲突是包括领土、民族、宗教和军事之争的综合性、长期性矛盾与争端。近年来，两国在核军备和常规军备方面的竞赛愈演愈烈，在克什米尔方面的冲突时紧时缓，印巴冲突关系南亚安全局势，以及我国西部边境的安全。

（六）中国南海海洋权益之争

21世纪是海洋的世纪，中国必然向海洋型经济方向发展，中国的海洋权益日益重要。自近现代以来，中国与东南亚国家的海洋权益的冲突争议日益增多。而印度尼西亚、马来西亚等国家非法占领我南中国海的岛屿，开采油气资源,严重损害我国领土主权和经济权益,越来越不利于中国的发展。中国与东南亚国家的南海之争,不仅存在岛屿之争,还有海域划界和资源开发之争。中国和日本除了钓鱼岛的主权归属之争外,还有专属经济区和东海大陆架划界问题,中国和朝韩在东海域划界问题上也有分歧,这些都是关于资源和地缘优势的争端,而这些海洋权益一旦丧失,将危害中国国土安全。

(七) 影响中国安全环境最重要的外部因素——美国

半个世纪以来,美国对中国周边安全构成的威胁,在性质上具有根本性,在程度上具有严重性,在时效上具有长期性。冷战后,美国作为世界唯一的超级大国,最有实力对中国安全构成威胁,在欧亚大陆的地缘战略又与中国的安全利益存在重大冲突,美国将中国视为有能力挑战其全球利益的地区性大国和显在对手。美国在东亚的存在及中美战略结构性矛盾的深化,表明美国从战略上防范中国及对华施压的政策不会改变。在亚洲东面,美国依靠美日军事同盟联手遏制中国;在西亚,美国借反恐名义向西亚地区渗透;在东南亚地区,与东南亚地区国家加强军事合作;美国还靠多年与我国台湾形成默契,打"台湾牌"制约中国的崛起;在北亚,美国加强与蒙古的全面关系。

进入 21 世纪以来,国际局势复杂多变,我国经济发展处于关键时期,我们面临机遇,也面临挑战,但和平与发展仍是当今时代主题。因此,我们要把握发展机遇,通过深化国际交往,构筑经济社会发展共同体。

第一,开展经济合作和经济援助。

我国周边国家和地区,有着丰富的自然资源,且历史上有着悠久的经济交往,因此,双方经济往来能促成双赢。在经济外交中,我们坚持"平等互利、优势互补、真诚合作、共同发展"的原则。进入 21 世纪,我国与东盟建立了自由贸易区,在上海组织加强了地区经济合作,倡议与印度和巴基斯坦等南亚国家谈判签订自由贸易协议,促进经济外交,从而促进国家安全。对于周边发展中国家,提供必要的、力所能及的援助,加大力度为发展中国家培训各类人才,以此增加中国在国际舞台上的作用和影响,争取掌握国际安全运筹的主导权。

第二,通过区域性国际组织建立经济一体化和多边安全协商机制。

随着国际性组织在世界政治舞台上发挥越来越重要的作用,中国为了积极参与自己周边地区和经济发展的区域对话与合作,于 1996 年参与组建了上海合作组织，并积极成为东盟的对话国。中国作为上海合作组织的创始国之一，为中国和周边国家提供了互信、互利、平等、协商、尊重多样文明、提倡相互信任的国家关系，对推动建立公正合理的国际政治新秩序具有重要现实意义。上海合作组织在反恐和打击分裂势力、国际犯罪以及军事互信方面作出贡献，此外，还应该拓展经济合作功能、促进多边机制基础的巩固，以此同周边地区建立多边机制框架。

在东南亚地区，充分利用东盟组织建立东盟自由贸易区，为双方的经济合作打下了良好的基础。2001年11月6日，中国与东盟领导人第五次会议上，双方决定在未来10年内建立中国东盟自由贸易区，标志着中国在区域一体化道路上迈出了实质性的一步。随着经济关系的紧密，双方的认同点逐渐增多，中国多次在东盟地区论坛外长会议上阐述中方在新形式下的安全观念和政策主张，双方对此达成了共识。因此，中国利用区域性国际组织建立地区安全机制，以带动周边地区和平安全进程。

第三，通过全球性国际论坛建立中外合作机制和制度保障。

2014年11月11日，亚太经合组织第二十二次领导人非正式会议落下帷幕。来自APEC内21个成员经济体的1200多家中外企业和机构的1500多名注册代表、30多位国际政要、130家世界500强企业出席此次APEC工商领导人峰会。

会议进一步明确了亚太的发展方向、目的和举措，批准亚太经合组织推动实现亚太自由贸易区路线图，对中国未来有着特殊的战略意义和战略价值。

在此次由中国在北京举办的会议上，获得了以下重要成果。

第一，通过《北京纲领》和《亚太伙伴关系声明》。

11月11日下午，2014年亚太经合组织领导人非正式会议第二阶段会议结束，习近平致闭幕词。他指出，会议通过了《北京纲领》和《亚太伙伴关系声明》，进一步明确了亚太地区经济合作的发展方向、目标、举措。

第二，批准APEC《互联互通蓝图》。

该文件确立在2025年前实现加强软件、硬件和人员交流互联互通的远景目标。承诺按照蓝图的构想，加大投入，构建全方位、多层次的复合型亚太互联互通网络，以实现亚太发展繁荣，夯实互联互通的基础。

第三，推进亚太自贸区进入实质发展阶段。

11月8日结束的会议就《亚太经合组织推动实现亚太自贸区北京路线图》达成共识，同意启动并全面系统地推进亚太自贸区（FTAAP）进程。这意味着APEC对亚太自贸区的作用将从"孵化器"升级为实实在在的自贸区建设行为。

第四，成立亚洲基础设施投资银行。

中国、印度、新加坡等21个成员国于10月24日在北京签约，成立亚洲基础设施投资银行。亚洲基础设施投资银行的建立，弥补了亚洲发展中国家在基础设施投资领域存在的巨大缺口，减少了亚洲区内资金外流。有媒体评价称，这是金砖国家开发银行、上合组织开发银行之后，中国试图主导国际金融体系的又一举措。这体现出中国尝试在外交战略中发挥资本在国际金融中的力量，亚洲基础设施投资银行将可能成为人民币国际化的制度保障，方便人民币"出海"。

第五，中俄签署西线天然气协议。两国领导人11月9日在钓鱼台国宾馆见面，签署《关于通过中俄西线管道自俄罗斯联邦向中华人民共和国供应天然气领域合作的备忘录》《中国石油天然气集团公司与俄罗斯天然气工业公司关于经中俄西线自俄罗斯向中国供应天然气的框架协议》。普京说，中俄关系达历史最高水平。

第六，中美商务签证有效期延长至十年。两国元首11月11日在中南海见面。习近平在瀛台前迎接奥巴马，向其介绍瀛台的历史。在此前已经达成的协议中，两国同意把学生签证有效期延长至5年，商业旅游签证延长到10年。奥巴马在CEO峰会演讲时表示，美国不遏制中国的崛起，欢迎繁荣、和平、稳定的中国崛起。美国白宫官员将奥巴马此访定位成"历史性事件"，把中美双边关系提升至新水平。

第七，中韩自贸区完成实质性谈判。两国元首10日在人民大会堂见面，签署了中韩两国政府关于结束中国—韩国自由贸易协定谈判的会议纪要，自贸区实质性谈判完成。中韩达成关于互免持外交、公务护照人员签证的协定。

第八，中日完成破冰两年半的首次见面。

中日两国领导人11月10日在人民大会堂见面，这是2012年4月以来，两国领导人首次见面，故而被外界形容为"破冰见面"。中日关系近年来出现严重困难原因是众所周知的，故而习近平"应约会见"日本首相安倍的时间不长、级别不高、表情严肃,被外国媒体称为"尴尬的握手"。会面中,习近平希望日本继续走和平发展道路,采取审慎的军事安全政策,多做有利于增进同邻国互信的事,为维护地区和平稳定发挥建设性作用。

此外,2014年7月,习近平主席访问巴西、阿根廷、委内瑞拉、古巴四国时,在巴西利亚同拉美国家领导人成功举行历史性会晤。双方共同宣布建立平等互利、共同发展的中拉全面合作伙伴关系,正式成立中拉论坛并尽早举行首届部长级会议。这次论坛首届部长级会议定位为外长会,主题是"新平台、新起点、新机遇——共同努力推进中拉全面合作伙伴关系"。拉共体33个成员国,还有诸如联合国拉美经委会、美洲开发银行和拉美开发银行等区域组织都参加了此次会议。

2015年1月8—9日,中国—拉共体首届部长级会议在北京召开,会议通过了《中拉论坛首届部长级会议北京宣言》《中国与拉美和加勒比国家合作规划(2015—2019)》《中拉论坛机制设置和运行规则》三个成果文件。

作为中拉合作的顶层设计,《中拉论坛首届部长级会议北京宣言》提出:"我们将遵循尊重、平等、多元、互利、合作、开放、包容和不设条件的原则,决心通过创新合作方式,在论坛主要领域及双方商定的其他领域开展对话,促进共同可持续发展、社会福利和经济增长,为南南合作作出新的贡献。"

作为中拉合作的行动纲领,《中国与拉美和加勒比国家合作规划(2015—2019)》明确了中拉在多个领域合作的细则,提供了方法和手段。

而《中拉论坛机制设置和运行规则》将为中拉合作提供制度保障。正如国家主席习近平在开幕式致辞中指出的,其"旨在为论坛建章立制,将明确部长级会议、中国—拉共体'四驾马车'定期对话、中拉国家协调员会议等协调合作机制"。

作为2015年中国外交的首个主场活动,中拉论坛开启了新一年中国外交布局谋篇的新旅程,意义非凡。

第一,首场外交体现了拉美国家对与中国合作的向往。受西方金融危机的影响,近些年来,拉美经济的发展状况并不好,美国同拉美的贸易也出现了大幅度下降。再加上近两年来,石油、矿产品等大宗商品的价格普遍下跌,拉美国家的经济普遍陷入低速发展状态。

21世纪以来,中拉贸易年均增速在30%以上,2013年双边贸易额达到

2616亿美元。中国成为拉美国家石油、矿产品、粮食作物的大"买家",对拉美国家的经济影响日趋显著。

中国在拉美的投资增加也更为迅速。截至2013年年底,中国对拉美投资累计超过800亿美元。2014年估计已经超过1000亿美元。在这种背景下,拉美国家普遍认识到,只有加强同中国的经济合作,才能够促进本国和本地区的发展。

第二,体现了中国外交和经济发展上的宏大战略布局。由于三十多年改革开放的成果,中国经济获得了长期快速发展,取得了巨大成就,经济总量超过日本,成为世界第二大经济体,并且日益和美国拉近。但是,随着经济技术规模的扩大,我国经济增长的速度出现了减缓的趋势,同时保有大量的富余产能,积累了大量的资金。

中国资本迫切要走向海外,通过在海外的直接投资,来促进自身的发展。而拉美国家和地区,具有得天独厚的条件,资源蕴藏丰富,工业基础较好,人口基数庞大,市场规模潜力巨大,人文素质较高,因而中国和拉美国家拥有扎实的合作基础。

三项成果文件标志着2015年中国首个"主场外交"获得了丰硕成果。这次会议既包括政治安全上的全面合作,又是以经济合作为主要内容和主轴的合作;既是一次推动解决中国—拉美双边事务的合作,又是一次关注国际关系,包含国际全局动态的合作;既是一次努力推进解决当前问题的合作,又是一次立足未来长远发展的长期战略性合作。

三、发展取向:改革开放提升中国国际地位

自1978年改革开放以来,中国用36年时间快速成为世界第二大经济体,国际地位显著提升。2014年11月,参加亚太经济合作组织领导人非正式会议的国家覆盖了亚太地区28亿人口和占世界经济总量半壁江山的成员经济体,是北京强化国际交往中心地位的一次重要探索;2015年1月的中拉论坛首届部长级会议则是中国国际交往功能提升的一次显著成就。进一步深入改革开放,成为我国发展的内在动力。

改革开放的强大动力推动着各方面体制改革,使我国成功实现了从高度集中的计划经济体制到充满活力的社会主义市场经济体制的历史转折;不断扩大

对外开放，使我国成功实现了从半封闭到全方位开放的历史转折；坚持以经济建设为中心，我国综合国力迈上新台阶；着力保障和改善民生，人民生活总体上达到小康水平；大力发展社会主义民主政治，人民当家做主权利得到更好的保障；大力发展社会主义先进文化，人民日益增长的精神文化需求得到更好的满足；大力发展社会事业，社会和谐稳定得到巩固和发展；坚持党对军队的绝对领导，国防和军队建设取得重大成就；成功实施"一国两制"基本方针，祖国和平统一大业迈出重大步伐；坚持奉行独立自主的和平外交政策，全方位外交取得重大成就；坚持党要管党、从严治党，党的领导水平和执政水平、拒腐防变和抵御风险能力明显提高。显而易见，改革开放对我国经济和社会发展起到了巨大的推动作用。历览30年，改革开放一直是中国国际地位提高的催化剂。

改革开放让中国面向世界，也让世界了解中国。北京奥运会的成功举办、上海世博会的顺利举行，都让我们向世界展示了中国的决心和风采。这些全球性盛会，让更多人了解中国、参与中国，并喜欢中国、尊重中国，使中国的国际地位不但建立在政治层面上，也树立在了世界人民的心中。主要表现为以下几个方面。

第一，中国对于世界政治和经济发展的影响日益扩大。

改革开放以来，中国在国际舞台上的作用不断扩大。表现在：其一，中国是一个社会主义大国，中国综合国力的增强，推动着人类进步事业的发展。其二，中国是第三世界中的大国，对第三世界有着重大影响。其三，中国一贯坚持独立自主的和平外交政策，在稳定国际局势，抑制战争力量，维护世界和平方面有举足轻重的作用。其四，中国是一个发展中国家，建设有中国特色的社会主义理论和实践，特别是改革开放以来取得的辉煌成就，对世界经济政治生活，特别是对发展中国家产生了多方面的深远影响。其五，中国是一个文明古国，幅员辽阔、人口众多、资源丰富，战略地位十分重要。其六，中国作为发展中国家唯一的联合国安理会常任理事国，在联合国中正确地利用自己的影响力和否决权，力争使联合国摆脱霸权主义和强权政治的控制，为世界和平发展作出重要贡献。当前，无论是在地区问题上还是在世界问题上，我国都在发挥着自己力所能及的、任何国家都不可替代的作用。

改革开放以来，中国的经济地位显著上升。进入21世纪后，中国在世界经济方面的排位几乎是一年提升一个名次，2008年跃居世界第三大经济体，2010年成为世界第二大经济体，2014年国际货币基金组织（IMF）根据购买力评价标准（PPP）评估，中国已经超越美国成为世界第一大经济体，经济总量达到17.6万亿美元，实力地位的升级变化奠定了中国国际地位变化的基础。

第二，改革开放以来我国积极参与国际事务协商处理。

改革开放30多年来，中国恢复了国际货币基金组织、世界银行的合法席位，加入了世界贸易组织，与有关国家一起建立上海合作组织、亚太经合组织等许多国际组织，参与G20的活动，参与解决朝鲜核问题、伊朗核问题的国际活动，等等。在这些组织和活动中，中国是重要成员，甚至起到了主导作用，国际地位明显上升。

我国经济实力显著增长，对外经济交往和国际贸易发展迅猛。随着科技进步和经济发展，战略军事实力也不断增强，现代条件下的防卫作战能力大大增强。我国是联合国安理会常任理事国之一，也是核心大国之一，国际舞台地位不断提高。

中国是维护世界和平和地区稳定的坚定力量，中国作为发展中的社会主义大国，对许多热点地区的有关问题有着重要影响。地区、世界和平与稳定需要中国的合作与参与，中国是维护地区和世界和平的重要力量。中国作为核大国，在世界政治中的武器出口与核不扩散问题方面有重要作用。中国已在西方各主要大国的全球战略中居重要一环。中国作为联合国安理会的常任理事国，拥有否决权，对大国的强权政治和霸权主义起到有效的制约作用。中国利用联合国的讲坛伸张正义，通过安理会形成可行决议，促进国际争端与冲突得到公正合理的解决。中国作为发展中国家的一员，始终支持发展中国家的正义斗争，支持发展中国家振兴民族经济的努力，推动南南合作、中非合作、中拉合作以及中美、中德、中俄、中日等国家间的合作和发展，促进发展中国家间的合作，推动矛盾和冲突的合理解决。

第三，中国的军事、科技发展迅速，在国际上声誉良好。

军事上，美国国防部认为，20多年来中国的军费以每年两位数的速度增长，这么大的投入，使中国的海军、空军等实力比20世纪90年代有显著提升，军事活动范围扩大。科技上，航天活动取得突破性进展，在卫星回收技术，一箭多星技术，卫星姿控、温控、地面指令与数据接收站研制技术等方面，进入世界前列。载人航天工程实施以来，已连续成功发射了10艘神舟飞船和天宫一号目标飞行器，中国已掌握了载人飞行、空间出舱、空间交会对接等关键技术，这些成就令全世界华人骄傲，令整个世界刮目相看。在软实力方面，中国发展模式得到越来越多的发展中国家和发达国家的认可，成为不少国家试图仿效的样板。国际上不断出现的汉语热，也说明中国的地位显著上升了。

第四，国家政府对外交政策的正确把握使我国的国际地位稳步提高。

十六大以来中国政府提出的"和平发展"战略使世界各国对"中国威胁"的看法和担忧有所减弱，对中国的信任、肯定和信心有所增强。十八大尤其是2014年以来，中国政府推动建立以合作共赢为核心的新型国际关系，坚持互利共赢的开放战略，强调切实抓好周边外交工作，打造周边命运共同体，秉持亲诚惠容的周边外交理念，坚持与邻为善、以邻为伴，坚持睦邻、安邻、富邻，深化同周边国家的互利合作和互联互通，逐步建立起中国特色的大国外交方略。

中国对外关系持续改善和发展，在联合国事务、国际经济金融改革、联合国维和、反恐、防止大规模杀伤性武器扩散、反海盗等方面的行动和表现，受到世界范围的肯定和认可。世界普遍认为，"中国由问题的一方变为解决问题的一方"。而中国在世界各种自然灾难面前及时伸出的援助之手，也向世界展示了中国的大国风范。

今天的中国不仅主权独立，还收回了香港和澳门，两岸统一的可能性日益增强；经济上更是全球第二大经济体、第一大贸易国、第一大外汇储备国、美国最大的债主（希拉里·克林顿称中国已经成为美国的银行）、制造业第一大国（美国崛起百年后第一次丢掉此冠桂）、210种工业产品产量全球第一（人类历史上只有英国和美国曾有此荣耀）、钢产量超过世界的50%、汽车消费第一大国、尚未自由兑换的人民币流通量超过欧元居世界第二、全球第三大对外投资国、86家企业入围世界五百强居世界第二、世界十大银行中国包括第一名共有四家，与金融大国美国分庭抗礼、全球十大港口中国占据8席。

建立在经济实力基础上的则是科技、军事、航空、基础设施、体育、文化的起飞：载人、登月第三大航空大国，拥有核武器、航母的军事大国，专利申请量世界第一大国，高铁第一大国（通车里程占全球50%以上），更是信息时代网民全球第一大国（美国人口的两倍），移动电话持有量全球第一大国（超过11亿用户),世界数一数二的体育大国。如今的中国,已经成为发展空间日益广阔、国际地位举足轻重、诸多全球性事务深度参与的东方大国。

四、战略脉络:"一带一路"方略引领国际合作

进入2015年,顺应中国经济发展的新常态和国际形势演变的新趋势,中国审时度势,推出了新丝绸之路经济带和海上丝绸之路等开放合作战略,开始主动经营外交格局,引领国际交往。

其一,建立中国与中亚国家的"命运共同体"和"利益共同体",奠定丝绸之路经济带的境外起点。

中亚地区是丝绸之路经济带的境外起点,也是中国扩大向西开放的第一站。近年来,中国与中亚各国建立了紧密合作关系,高层接触频繁,中国已成为哈萨克斯坦和乌兹别克斯坦的第一大贸易伙伴。

从2001年上海合作组织成立以来,中国和中亚国家的经贸及社会文化关系取得了长足进展。1992年中亚国家独立时,中国和中亚五国的双边贸易额只有4.6亿美元,2001年增长到55亿美元。在上海合作组织合作框架的拉动下,2012年,中国与中亚的双边贸易额已经达到459.4亿美元。

目前,中国是中亚五国最大的贸易伙伴,也是中亚油气资源最大的购买国。在上海合作组织这一区域合作机制的成功推动下,中国和中亚国家已经建立了定期的反恐联合军事演习制度、定期的国防部长磋商和会晤制度、定期的国家安全事务高层官员对话制度。上合组织年度的首脑会晤机制,更是为各国间高层协调和促进中国、俄罗斯与中亚四国的政治、外交与经济合作,提供了重要的战略性平台。

上合组织从20世纪90年代开始的边境信心建立措施起步,通过制度化合作路径的建设性发展,走到今天演变为连接中国、俄罗斯与中亚国家的次区域合作框架。上海合作组织开启了中国与中亚国家睦邻友好、合作共赢的新篇章,也见证了中国与中亚国家过去12年来经济、社会与政治关系融合、互补的新高度。特别是在打击"三股势力"、共同防止国际恐怖主义对中国和中亚国家的渗透和威胁、协调合作以共同维护中国和中亚国家的边界地区稳定等方面,上合组织过去12年的成功经验为全球范围内的次区域合作提供了典范。

中国同土库曼斯坦、吉尔吉斯斯坦分别建立了战略伙伴关系,同哈萨克斯

坦进一步深化全面战略伙伴关系，同乌兹别克斯坦签署了《中乌友好合作条约》，进一步发展和深化了战略伙伴关系。土库曼斯坦是联合国承认的永久中立国，中国成为第一个和土库曼斯坦建立战略伙伴关系的国家，双边关系全面战略升级。

其二，勾画"丝绸之路经济带"全球路线图。

2013年9月7日，习近平在纳扎尔巴耶夫大学演讲时提出建设"丝绸之路经济带"设想。这是中国政府首次就洲际经济合作一体化进程提出具体构想。

习近平提出，为了使欧亚各国经济联系更加紧密、相互合作更加深入、发展空间更加广阔，中国和中亚国家可以用创新的合作模式，共同建设"丝绸之路经济带"，以点带面，从线到片，逐步形成区域大合作。这将是一个东起西太平洋沿岸，西到波罗的海，横跨欧亚大陆的新兴经济合作区。

中国政府的基本设想是，这一"丝绸之路经济带"可以通过以下步骤逐步启动。第一，加强政策沟通。各国就经济发展战略进行交流，协商制定区域合作规划和措施。第二，加强道路联通。打通从太平洋到波罗的海的运输大通道，逐步形成连接东亚、西亚、南亚的交通运输网络。第三，加强贸易畅通。丝绸之路经济带总人口30亿，市场规模和潜力独一无二。各方应该就推动贸易和投资便利化问题进行探讨并做适当安排。第四，加强货币流通。推动实现本币兑换和结算，增强抵御金融风险能力，提高本地区经济的国际竞争力。第五，加强民心相通，加强人民友好往来和社会交往。

"丝绸之路经济带"集中体现了中国新政府在坚持全球经济开放、自由、合作主旨下促进世界经济繁荣的新理念，也高度揭示了中国和中亚经济与能源合作进程中惠及其他区域、带动相关区域经济一体化进程的新思路，更是中国站在全球经济繁荣的战略高度推进中国与中亚合作跨区域效应的新举措。当前，全球经济形势依然低迷，各种形式的贸易保护主义和区域经济集团化势头再度沉渣泛起。避免区域经济集团化趋势推高贸易保护主义，是促进全球经济均衡增长的重要方向。中国新政府提出的"丝绸之路经济带"构想，显示了中国不谋求排他性的区域经济集团的基本立场。不仅如此，中国对于今天全球经济繁荣的信仰，仍然是在市场经济驱动下，各国政府秉持自由贸易的原则，继续推动全球市场的开放和生产要素的合作性流动与增长。

100多年前，英国地缘政治专家麦金利曾预言，包括中亚在内的欧亚大陆腹地是全球战略竞争的决胜点。但在今天这个全球化时代，中亚传统的地缘政治价值已经被中国崛起所驱动的地缘经济的巨大潜力所取代。中国新政府提议建设"丝绸之路经济带"，正是代表了中国新政府力求走出传统的权力政治窠臼，将一个发展的中国与中亚及更为宽广的区域联合起来、共同繁荣的战略意愿。

"丝绸之路经济带"将会给现有的全球经济格局带来什么样的冲击，目前断言还为时尚早。但可以肯定的是，当美国正在打造自己的TPP和TTIP贸易集团，俄罗斯也在竭力营造独联体国家内自由贸易组织"欧亚经济共同体"（Eurasian Community）时，中国的"丝绸之路经济带"正在让世界经济一体化进程回响起醇厚、响亮的"中国声音"。

其三，国家层面加快推进"一带一路"建设。

2014年11月4日，中央财经领导小组第八次会议专题研究丝绸之路经济带和21世纪海上丝绸之路规划，发起建立亚洲基础设施投资银行和设立丝路基金。会议强调，丝绸之路经济带和21世纪海上丝绸之路倡议顺应了时代要求和各国加快发展的愿望，提供了一个包容性巨大的发展平台，具有深厚得而历史渊源和人文基础，能够把快速发展的中国经济同沿线国家的利益结合起来。要集中力量办好这件大事，秉持亲、诚、惠、容的周边外交理念，近睦远交，使沿线国家对我们更认同、更亲近、更支持。

会议听取了国家发展改革委员会、财政部、中国人民银行关于"一带一路"规划、发起建立亚洲基础设施投资银行、设立丝路基金的汇报，领导小组成员进行了讨论。

会议强调，推进"一带一路"建设，要诚心诚意对待沿线国家，做到言必信、行必果。要本着互利共赢的原则同沿线国家开展合作，让沿线国家得益于我国发展。要实行包容发展，坚持各国共享机遇、共迎挑战、共创繁荣。要做好"一带一路"总体布局，尽早确定今后几年的时间表、路线图，要有早期收获计划和领域。推进"一带一路"建设要抓落实，由易到难、由近及远；以点带线，由线到面，扎实开展经贸合作，扎实推进重点项目建设，脚踏实地、一步一步干起来。

推进"一带一路"建设，要抓住关键的标志性工程，力争尽早开花结果。要帮助有关沿线国家开展本国和区域间交通、电力、通信等基础设施规划，共同推进前期预研，提出一批能够照顾双边、多边利益的项目清单。要高度重视和建设一批有利于沿线国家民生改善的项目。要坚持经济合作和人文交流共同推进，促进我国同沿线国家教育、旅游、学术、艺术等人文交流，使之提高到一个新的水平。

会议指出，"一带一路"建设是一项长期工程，要做好统筹协调工作，正确处理政府和市场的关系，发挥市场机制作用，鼓励国有企业、民营企业等各类企业参与，同时发挥好政府作用。要重视国别间和区域间经贸合作机制和平台建设工作，设计符合他国国情的投资和贸易模式，通过机制化安排推进工作。要加大对外援助力度，发挥好开发性、政策性金融的独特优势和作用，积极引导民营资本参与。要统筹好部门和地区关系，各部门和各地区要加强分工合作、形成合力。

会议指出，要以创新思维办好亚洲基础设施投资银行和丝路基金。发起并同一些国家合作建立亚洲基础设施投资银行，是要为"一带一路"有关沿线国家的基础设施建设提供资金支持，促进经济合作。设立丝路基金，是要利用我国资金实力直接支持"一带一路"建设。要注意按国际惯例办事，充分借鉴现有多边金融机构长期积累的理论和实践经验，制定和实施严格的规章制度，提高透明度和包容性，确定开展好第一批业务。亚洲基础设施投资银行和丝路基金同其他全球和区域多边开发银行的关系是相互补充而不是相互替代的，将在现行国际经济金融秩序下运行。

五、首都定位：强化核心功能点题国际交往

作为首都，北京在政治、外交、经济、交通、基础设施等方面都具备成为世界一流交往中心的条件。2013年，北京地区海关进出口总值4291亿美元，实际利用外资85.2亿美元，世界500强总部52家，位居全球城市第一，注册外资企业26000家。截至2014年2月，北京市已与世界50个城市建立了友好城市关系。

但与此同时，北京市常住人口超过2100万人，机动车保有量突破500万辆，地下水资源紧张，空气质量堪忧，城市承载规模接近极限。据有关部门调查，2000—2010年，北京人口增长的空间聚集与扩散并存。中心城的人口持续加密，三环路和四环路之间的人口密度增量最大，平均每平方千米增长近0.5万人；四环路和六环路之间人口进一步填充，共增长约420万，成为人口

总量增长的主要区域，占总增量近 70%。

北京城乡建设用地仍然呈现围绕中心城圈层蔓延的态势。2011 年的卫星解译图显示，北京五环路之内的空间已被基本填实，"城市大饼"正在向六环路摊去。

据有关材料，2013 年北京市完成门诊量 2.19 亿人次，其中三级医院就诊量超过 8900 万人次，包括外地病人 3000 万左右。目前，北京已经变成全国的"看病中心"，对外疏解很有必要。过度密集的教育、医疗资源，也被视为亟待疏解的首都非核心功能。

面对发展现实，2014 年 2 月，习近平在北京市考察时就推进北京发展和管理工作提出要调整疏解首都非核心功能，要优化三大产业结构，优化产业特别是工业项目选择，突出高端化、服务化、集聚化、融合化、低碳化，有效控制人口规模，增强区域人口均衡分布，促进区域均衡发展。

要明确城市战略定位，坚持和强化首都全国政治中心、文化中心、国际交往中心、科技创新中心的核心功能，深入实施人文北京、科技北京、绿色北京战略，努力把北京建设成为国际一流的和谐宜居之都。

2014 年 3 月，北京市委召开十一届五中全会，传达、学习、贯彻习近平总书记在北京考察工作时的重要讲话精神。北京市委书记郭金龙指出重点要在十个方面有新认识。

（一）要在首都工作的特殊重要性上有新认识

时刻牢记党中央对我们的要求，时刻牢记人民群众对我们的期望，责无旁贷、心无旁骛地工作，创造一流的业绩，努力在全国发挥表率作用；时刻以兢兢业业态度，不折不扣地把每一项工作做好，把北京这座伟大的城市建设好、发展好、管理好，让党中央放心，让人民群众满意。

（二）要在首都城市战略定位上有新认识

努力做到想问题自觉把握城市战略定位，作决策自觉考虑到发挥首都的影响和示范作用，按照战略定位科学规划、科学建设、科学管理。作为全国政治中心，要时时处处讲政治、顾大局，在思想上、政治上和行动上始终与党中央保持高度一致；作为全国文化中心，要弘扬中华优秀传统文化、荟萃民族文化精华，努力打造中国特色社会主义先进文化之都；作为国际交往中心，要不断提高国际影响力，努力打造国际活动聚集之都；作为科技创新中心，要充分发挥科技资源优势，不断提高自主创新能力，努力打造世界高端企业总部聚集之都、世界高端人才聚集之都。

（三）要在控制人口无序过快增长上有新认识

当务之急是痛下决心，综合施策，坚决遏制住人口无序过快增长的势头。各区县要主动作为，深入研究人口调控的措施办法，抓好以业控人、以房管人、以证管人，把控制中心城人口过快增长作为人口调控工作的重中之重，推动中心城人口向新城、小城镇和周边地区疏解。

（四）要在调整疏解首都非核心功能上有新认识

处理好"舍"与"得"的关系，克服"舍不得"的思想，对不符合首都城市战略定位要求的产业要有所不为，下决心"舍"，坚决把一般性产业特别是带有污染性质的产业清理出去；对符合首都城市战略定位的产业要有所为，更好地转方式、调结构，发展"高精尖"产业，提升首都经济发展质量和水平。

（五）要在提升城市建设特别是基础设施建设质量上有新认识

坚持国际一流标准，按照新的理念搞好北京城市规划，以创造历史、追求艺术的高度负责精神，打造首都精品力作；控制城乡建设用地规模和开发强度，划定城市增长边界和生态红线，遏制城市"摊大饼"式发展，同时扩大绿色空间。

（六）要在提高城市管理水平上有新认识

正确处理"硬"和"软"的关系，既要重视各项建设，打造城市硬环境，更要重视管理，培育城市软实力；要把加强城市管理放在更加重要的位置，在严格依法管理上下功夫，集中力量解决城市管理方面的一些突出问题，建立健全具有首都特点的特大城市治理体系。

（七）要在保护古都风貌上有新认识

妥善处理古都保护和现代化建设的关系，一方面不断融入现代元素，使城市设施更加符合现代生活的要求；另一方面保护和弘扬优秀传统文化，延续文脉，承载乡愁。同时要处理好保护古都风貌与改善居民生活条件的关系，让广大市民能够找到记忆中的老北京。

（八）要在加大大气污染治理力度上有新认识

落实好清洁空气行动计划，进一步强化压减燃煤、控车减油、治污减排、清洁降尘等措施；建立大气环境承载能力监测预警机制，健全以改善环境质量为核心的生态文明建设指标体系和考核机制；加大利用科技手段治污的工作力度，力争不断取得新突破；落实大气污染联防联控工作机制，共同构建京津冀大气污染防治体系；全面加强节能、节水、节地各项工作，涵养生态环境，实现天更蓝、地更绿、水更净的目标。

（九）要在推动京津冀协同发展上有新认识

自觉打破自家"一亩三分地"的思维定式，跳出北京看北京，着力推动三地经济继续朝着目标同向、措施一体、作用互补、利益相连的路子走下去，努力实现一加一大于二、一加二大于三的效果。要加快京津冀区域交通一体化，加强产业对接合作和生态环境保护合作，推动教育、医疗等公共资源在区域内共建共享，通过这些措施，进一步推动区域协调发展，切实提高区域发展整体水平，着力打造现代化的新型首都经济圈。

（十）要在维护首都安全稳定上有新认识

坚持下先手棋、打主动仗，坚决把问题预见于未发之时、解决在萌芽之中；在重大的政治原则和大是大非面前，要旗帜鲜明，敢于亮剑，敢于发声；学习推广"枫桥经验"，从源头上预防和减少矛盾纠纷；始终绷紧反恐防暴这根弦，严密防范暴力恐怖事件。

基于国际交往中心功能的视角，以上分别就城市功能中国际交往功能的认识、定位、环境、设施、管理、特色和保障等方面提出了新要求。这些讲话精神是中央和市委关于首都发展的新思考和新部署，为北京市和朝阳区深入调整城市功能创造了历史性机遇。

六、朝阳动力：区域发展阶段要求功能提升

自 2006 年以来，朝阳区的国际交往中心功能建设逐步深化。

2006 年，朝阳区"十一五"规划 49 字城市功能定位中即提出"国际交往的重要窗口，中国与世界经济联系的重要节点"，指出了国际交往的作用和方向。随后，"三化四区"即农村城市化、城市现代化、区域国际化等"三化"和转变

发展方式的示范区、建设世界城市的实验区、推进城乡一体化的新型区、构建和谐社会的模范区"四区"建设启动，朝阳区国际化城市建设稳步推进。

2011年，朝阳区"十二五"规划明确提出"立足区域丰富的国际资源，加快建设高端要素聚集、商务活动活跃、资讯集散快捷、国际人才汇聚的国际商务中心，全面提升服务国家参与国际经济合作发展的能力"，点明了国际交往发展的基础和路径，之后"双十工程"即"十大产业基地"（CBD核心区、CBD东扩区、奥林匹克公园核心区、电子城北扩区、垡头环渤海总部商务基地、温榆河生态绿色休闲区、CBD—定福庄国际传媒走廊、金盏金融服务园区、大望京科技商务创新区、东坝国际商贸中心，如图5-6所示）和"十大民生工程"（教育质量提升工程、健康服务便捷工程、公共文化惠民工程、交通出行优化工程、宜居环境塑造工程、智能城市服务工程、就业服务创新工程、社会保障提升工程、平安朝阳建设工程、社区服务拓展工程）成效显著，朝阳区国际化程度日益加深。

图5-6 朝阳区"十二五"期间十大基地发展布局

2014年2月，习近平总书记明确北京市的城市定位"全国政治中心、文化中心、国际交往中心、科技创新中心"的核心功能，进一步确立了北京市的战略发展方向。北京市国际交往中心功能的建设和提升是一篇大文章，放眼全球是方向，立足北京是基础；而在16个区县中，因为历史外交布局、区位地理优势和工作成果积累，朝阳区已经成为北京国际交往中心功能深入提升和全面完善这篇大文章的关键所在。面对城市环境建设、经济发展阶段、社会管理措施等方方面面的转型升级，在"四个中心"的思路引领下，借助深厚的历史积淀、区位优势以及现实机遇，朝阳区国际交往中心功能的凸显和提升已经顺理成章、引而待发。

第三节　挑战分析

一、国家视角：国际政治经济局势变化挑战

2014年，全球经济复苏步伐弱于预期。再工业化推进美国经济自2010年1月恢复增长，经济复苏势头较好；由于投资不足和出口不旺，欧元区和日本经济出现停滞不前现象；受金融动荡及乌克兰危机影响，新兴经济体增速继续放缓，但改革力度较大的印度经济表现较好；全球就业市场出现积极变化，但青年失业率仍处较高水平；发达国家物价低位徘徊，农业和农产品流通领域的投入不足，高利率政策、本币贬值和俄罗斯中断从欧美国家进口农产品等因素显示，新兴经济体仍存在较大通胀压力；经济疲软背景下各种贸易保护措施、乌克兰危机地缘政治影响、美国再工业化政策影响、发展中国家内需下降等因素使得全球贸易低速增长。

2015年，再工业化有望推动美国经济继续扩张，结构调整将会促进全球经济复苏，但美国货币政策正常化将会对新兴市场形成一定冲击，发达国家高负债及主要经济体潜在增长率下移也将对世界经济构成一定不利影响。在国际政治局势中，中美合作、中俄关系、中日问题、中拉战略等国家格局也面临极大挑战。

面对挑战，中国需要趋利避害，充分抓住世界经济形势变化带来的发展机

遇，以"一路一带"建设为契机，促进基础设施国际合作；积极培育向全球价值链中高端延伸的国际竞争新优势，以促进国内产业结构升级；加快改革，以进一步提高全要素劳动生产率、扩大对外合作交流；通过基础设施建设合作，以化解当前国内产能过剩压力；通过经济特区合作，以提升我国走出去水平；扩大金融合作，以扩大人民币影响力。

二、区域视角：国家中心城市发展布局挑战

国际化是一国经济发展超越国界与别国经济相互联系、互利发展的过程。国际化是以城市作为经济资源汇聚地和经济体系的主连接地。国际化的主要形式就是城市国际化。推进城市国际化，是适应全球竞争的战略选择，是转变发展方式的重要途径，是提升城市品质的内在需要，是城市自身发展的客观要求。

正因如此，在中国把改革开放和国际交流作为基本国策的情况下，国内各城市尤其是北京、上海、天津、重庆等直辖市和港澳台地区以及广州、深圳等一线城市均以人才国际化、企业国际化、服务国际化为重点，加快城市国际化，提高城市竞争力，客观上存在着因为城市布局而形成的国际化资源要素竞争态势。

例如：京沪两地同为国际化大都市，也一直竞相发展。2013年7月3日，国务院常务会议原则批准了《中国（上海）自由贸易试验区总体方案》。上海自贸区获批对北京发展的直接影响体现在：新一轮开放窗口打开，国际资源流动空间拓宽，利于北京产业资源新整合；探索试点开放机制，辐射东北亚经济发展，拓宽了北京的经济发展空间，增加了转换经济发展方式的可能性。同时，上海自贸区的设立，事实上迈向了从工业制造发展向都市服务发展的转变历程。从地理空间和资源占用角度来看，这种转变客观上占据了服务窗口，会引致服务资源（特别是全球性服务资源如高端人才、产业资本等）单极聚集，从而影响朝阳区和北京市高端服务业的发展方向、经济辐射范围和国际交流空间。

再如，京津两地因为地理位置原因，在城市功能、经济发展、国际交流等方面均努力争取。2006年3月22日，国务院常务会议审议并原则通过《天津市城市总体规划（2005—2020年）》，明确提出：天津市是我国直辖市之一，

环渤海地区的经济中心；要将天津市逐步建设成为国际港口城市、北方经济中心和生态城市。2008年5月，北京规划建设金融业总体布局"一主一副三新四后台"，从优化金融发展环境、优化金融功能区规划建设等十个方面提出了具体实施方案，明确提出建设国际金融中心城市。

在伦敦金融城于2014年3月发布的第15期全球金融中心指数（GFCI15）中，深圳、上海和北京分列全球第18、第20和第59位。2014年度"新华·道琼斯国际金融中心发展指数（IFCD）"报告于当年11月6日发布，年度全球十大金融中心排名也同时出炉——纽约、伦敦、东京、新加坡、我国香港和上海（并列）、巴黎、法兰克福、北京、芝加哥。香港、上海、北京名列其中。

国际化资源毕竟有限，国家级中心城市努力进行国际交流，客观上形成了竞争挑战。当然，可以考虑总体布局和协调发展，根据各自的比较优势、劳动力需求的产业分工，以城市群为载体，对劳动地域分工和产业布局优化，在资源空间整体规划的基础上从广度和深度上变竞争为竞合，加快国际交流。

三、首都视角：16区县竞争与发展定位挑战

作为首都，北京市的城市发展和国际交流日益广泛深入。在这一进程中，北京市下辖的16个区县都参与了国际交流，也都存在着国际交往功能提升的内在动力和发展需求，虽然国际化的定位和发展重点有所区别，但因为国际化范围和途径有共通之处，因而客观上存在竞争与合作关系。

从北京市全市的区域视角来看，如前文分析，可以把16个区县在国际交往方面的发展历程分为以下三类阵列。

第一阵列，国际交往起步早、发展好的四大城区。即东城区、西城区、朝阳区、海淀区四大市区。

东城区定位于政治文化中心区、首都文化中心区、世界城市窗口区、首都政务服务重要承载区、历史文化传承发展示范区、世界著名文化旅游城区、国际知名商业中心、北京高端服务业重要集聚区和宜居宜业文明城区。

西城区则力推建设国家政治中心的主要载体、具有国际影响力的金融中心、传统与现代融合发展的文化中心、国内外知名的商业中心和旅游地区、和谐宜居健康的首都功能核心区。

朝阳区深入建设国际交往的重要窗口、中国与世界经济联系的重要节点、

对外服务业发达地区、现代体育文化中心和高新技术产业基地、国际交往中心区。

海淀区定位于世界科技创新中心、世界知识金融中心、世界人才聚集中心、世界文化创意中心、世界教育中心,深入推进国际化工作。

第二阵列,发展中的国际交往新城区。主要包括丰台、通州、大兴、顺义、昌平、怀柔、密云、延庆8个城区。

丰台区通过建设国际国内知名企业代表处聚集地,力图强化总部经济品牌,着力发展国际商务,定位于首都建设中国特色世界城市的新空间。

通州区则打造成为中心城功能疏解的重要承接地、世界城市新功能的核心承载区、首都经济新的增长极和滨水低碳宜居新典范,定位于北京发展新磁极、首都功能新载体。

大兴区总体定位是战略产业新区、区域发展支点、创新驱动前沿、低碳绿色家园,希望扩大国际化视野,成为区域发展支点。

顺义区规划目标是东部发展带的重要节点,北京重点发展的新城之一,力图通过引导发展现代制造业,以及空港物流、会展、国际交往、体育休闲等功能,深入打造国际枢纽空港、高端产业新城、和谐宜居家园。

昌平区则希望通过区域国际化战略,建设京北创新中心、国际科教新城。

怀柔区定位于国际交往新城,正在建设北京东部发展带上的重要节点、国际交往中心的重要组成部分。

第三阵列,国际交往参与度较低的城区。主要包括石景山、房山、门头沟、平谷四城区。分别定位于首都文化娱乐休闲区、现代生态休闲新城、首都国际高端山地旅游文化度假区和京东发展门户。

因此,纵览全市,应根据比较优势提出朝阳区的国际交往中心功能,并合纵连横、协调发展,应对挑战。

第六章 北京市朝阳区国际交往中心功能定位与功能目标

第一节 功能定位

根据《北京城市总体规划（2004年—2020年）》和北京发展实际情况，继续以"国际交往的重要窗口、中国与世界经济联系的重要节点"这23个字作为朝阳区承载国际交往中心功能的发展定位。

第二节 发展目标

作为"中国涉外第一区"，朝阳区承担着北京市国际交往中心的重任，应当把握机会、发挥优势，在明确国际交往中心功能提升指标的基础上，全面提升国际交往中心功能，在北京市国际交流进程中发挥重要引擎作用，逐步建成洲际交往中心城区，并最终成为全球性国际交往中心城区。

一、指导思想

立足国家经济发展新常态、京津冀协同发展新态势和北京服务业对外开放综合试点新形势，以邓小平理论和"三个代表"重要思想为指导，深入贯彻落实科学发展观和十八大会议精神，坚持改革开放，围绕建设国际交往中心城市的总体目标和提升指标，以CBD和奥运两大功能区突破发展为先导，以高精尖经济结构创新发展为支撑，以智慧城市与和谐宜居朝阳建设为基础，主动融入、扩大交流、开展合作、参与竞争，加快打造具有国际比较优势的生产服务环境、体现国际品质的生活服务环境和遵循国际惯例的投资服务环境，着力塑造国际化城市的竞争优势，加快建设有世界影响力的总部型、人文性、生态化国际交往中心城区。

二、基本原则

第一，四项结合、深入拓展。注重服务全国与服务首都相结合、功能协同与融合创新相结合、引进来与走出去相结合、硬环境与软环境相结合四项原则，深化落实国际交往中心的城市战略定位，不断创新国际交流合作方式和路径，拓展国际交往的深度和广度。

第二，整体谋划、重点推进。立足现状，着眼未来，将国际交往功能提升作为朝阳区长期性、系统性工程进行整体规划、联动推进。先易后难，自近而远，实现从重点突破到全面发展的有序推进。

第三，政府引导、社会参与。增强政府推力，注重顶层设计和宏观决策，形成对城市国际交往功能提升的前瞻性、战略性引导效果。依托社会力量，探索形成企业、社会组织、市民共同参与和以人为本、共建共享国际交往成果的体制机制。

第四，板块示范、阶段提升。立足朝阳国际交往基础和现实布局，紧扣CBD、奥运村重点功能区，辅以电子城、东坝商贸区和传媒走廊等区域的国际交往功能，带动全区国际交流。踏实进取、步步为营，厘清目标、协调合作，通过阶段性发展逐步搭建全球交流中心平台。

第五，持续发展、人才支撑。创新朝阳区全球引智政策，积极构建朝阳"国际人才高端区"和"创新人才宜聚区"。不断吸引和培育文化传媒、科技创新等领域内的高端人才，持续改善人才结构，为朝阳区的发展提供强大的人才保障和智力支撑。

三、发展目标

"以商带城、以文展区"，立足构建北京市高精尖经济结构、京津冀协同发展和国家"一带一路"宏观战略，以高端商务发展提升国际交往功能，以文化交流活动拓展国际影响力度，以CBD和奥运两大功能区为重点，构建"一区两心两带"功能布局，推进国际商务枢纽建设，分阶段、分重点、分层次不断提升朝阳区国际交往中心功能。

到 2020 年，在经济发展水平、国际交往活动和国际服务设施三个方面的国际交往中心城区建设水平逐步提高（详见表 6-1），其中，国际人口规模、经济发展水平、国际交往功能、国际服务设施和生态环境建设等指标显著改善。

表 6-1 2020 年朝阳区国际交往中心功能提升指标一览表

一级指标	序号	二级指标	单位	2014 年完成指标	2020 年目标任务	区责任部门
经济发展水平	1	市商务委认定的跨国公司地区总部	个	107	130	商务委
	2	国际金融机构数	个	300	330	金融办
	3	国际专利申请量	个	1501	2400	科委
	4	外商直接投资额	亿美元	39	69（年均增长 10%）	商务委
	5	进出口总额占全市比重	%	44.95	45	商务委
国际交往活动	6	国际友城数	个	27	32	外办
	7	国际会展年举办数	次	55	85	商务委
	8	国际文化交流活动	次	9	20	文化委
	9	国际体育赛事举办数	次	2	按总局市局要求落实	体育局
国际服务设施	10	开展国际交流的中小学校数量	所	40	60	教委
	11	拥有外国文教专家的单位数量	家	100	200	教委

到 2030 年，与亚太、欧美、非拉等地主要国际化城市形成紧密合作关系，产业国际竞争力显著提高，自主创新能力国内领先，国际往来便捷频繁，智慧城市基本建成，公共文明水平大幅提升，创新经济发展、深化国际交往、构建世界城市等方面的国际交往功能提升到世界性国际交往中心的层次，加快建设在世界发挥重要作用和影响的总部型、人文性、生态化国际交往中心城市，逐步建成国家商务交往枢纽、国际文化交流中心、国际交往中心城区。

第三节 发展思路

一、发展思路

根据前述研究内容，绘出全面提升朝阳区国际交往中心功能的思路图，如图 6-1 所示。

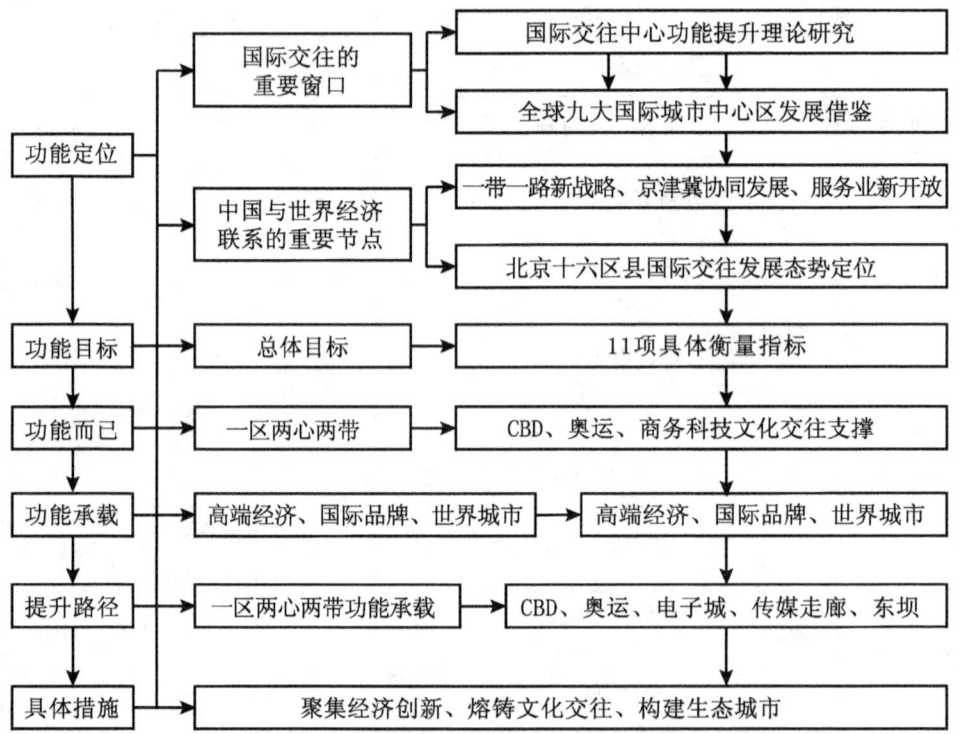

图 6-1 "十三五"时期朝阳区提升国际交往中心功能顶层设计思路

二、发展阶段

根据总体目标和指导思想，朝阳区国际交往中心功能的提升需要点面结合、突出重点，统筹推进。根据当前朝阳区各功能区国际交往发展态势、京津冀发展动态以及国际交流动向，拟出三个阶段的提升步骤。

(一) 第一阶段 (2015—2020 年): 深入提升全球性交往功能

通过这一期间的各项建设，朝阳区国家性商务枢纽功能深入完善，全球文化交流功能明显增强；会展、旅游、总部、文化的国际知名度和吸引力大幅提升，具有国际影响力的交往活动显著增加，国际开放度明显扩大；城市基础设施和公共服务国际化水平持续提高，和谐宜居城市建设不断推进；产业高精尖化发展取得明显成效，国际金融、文化传媒、会展旅游、演出赛事、商务服务、咨询管理等产业的创新和辐射能力影响全球，科技自主创新能力大幅提高。

到 2020 年，率先在国际商务交流、国际文化交往、国际传媒沟通、国际会展举办等方面达到全球功能层次，国际化城市交往框架基本建立，全球性国际交往功能显著提升，建成充满活力的国际交往中心城区。

基本形成国际化城市商务区交往框架，沿"一带一路"方向选取亚洲城市（如图 6-2 所示）。可以根据国家形势发展需要，渐次遴选新德里（印度）、伊斯兰堡（巴基斯坦）、杜尚别（塔吉克斯坦）、塔什干（乌兹别克斯坦）、阿什哈巴德（土库曼斯坦）、德黑兰（伊朗）和吉隆坡（马来西亚）、加尔各答（印度）、科伦坡（斯里兰卡）、内罗毕（肯尼亚）等城市商务区建立国际友好交往城区，建成亚洲国际交往中心。

(二) 第二阶段 (2021—2025 年): 开始形成常态化交往机制

以北京为中心的国际往来更加频繁，朝阳区宜居城市品质更加鲜明，高端服务业总部基本形成，自主创新能力显著提高，城市综合实力和经济社会发展质量达到一线国际都市水平，超大城市要素创新能力和内生发展动力明显增强。

到 2025 年，建成全球性商务交流枢纽、具有世界影响力的国际会展中心、具有比较优势的国际性服务业高地、体现国际品质的绿色城区、引领国际水平的城市基础设施和具备国际竞争力的创新型区域，成为具有全球影响力的开放型区域中心，初步建成以政治、文化、科技和国际交往功能为主的综合型国际中心城区，进入世界一级发达城区阵列。

沿"丝绸之路"经济带，与阿斯塔拉罕（俄罗斯）、伊斯坦布尔（土耳其）、开罗（埃及）、罗马（意大利）、鹿特丹（荷兰）、雅典（希腊）、威尼斯

（意大利）等欧洲城市商务区建立联系，逐步选取若干节点城市建立国际友好交往城区，逐步形成定期式、常态化国际交往机制，建成亚欧国际交往中心。

（三）第三阶段（2026—2030年）：逐步建设总部性交往城区

到2030年，朝阳区在国际组织机构、国际交流活动、国际交往规模、国际交往设施、国际服务系统和城市形象魅力六个方面的国际交往中心城市功能建设达到世界一流水平，区域创新水平领先于国际化大都市，国际话语权有效提升，全球比较优势突出，城市发展个性彰显。

逐步形成覆盖全球的城市经济影响力、文化渗透力和发展辐射力，在前两个阶段基础上，立足亚欧，通过中非合作论坛、中拉论坛等国际性联盟对话机制，逐步和非洲、美洲、大洋洲的国际性城区建立交往机制，逐步建成总部型、人文性、生态化、全球性的国际交往中心城区。

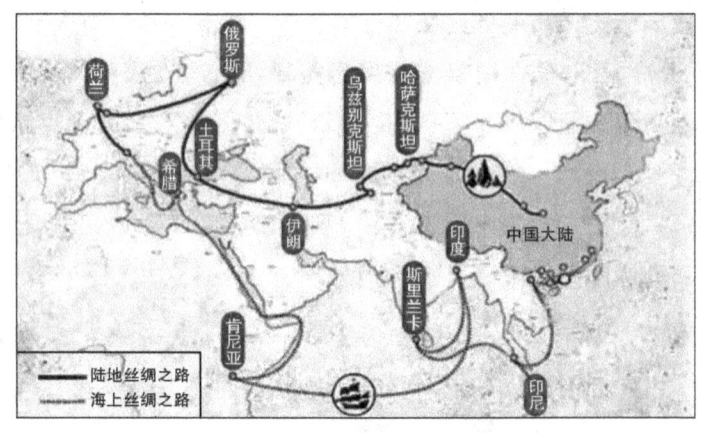

图6-2 "一带一路"示意图

第七章　北京市朝阳区国际交往中心功能布局与功能承载

第一节　功能布局

"十三五"期间，朝阳区应坚持"国际交往的重要窗口，中国与世界经济联系的重要节点"的基本定位进行合理布局，充分发挥 CBD 和奥运两大功能区的国际交往功能，通过构建"一区两心两带"功能格局不断扩大服务业对外开放，持续推进国际交流。如图 7-1 所示。

一、CI 一区

CI 一区，是 Chaoyang（朝阳）和 International 的首字母组合，意为朝阳区作为国际化城区，"十三五"期间，朝阳区全域范围的发展方向为国际商务中心区。

国际商务中心区，是"国际交往的重要窗口、中国与世界经济联系的重要节点"这一功能定位的具体实现目标。这一目标，通过 CBD 和奥运功能区两个动力核以及商务文体交往带、科技文化支撑带两条国际交流环带推动国际交往中心功能的不断提升。

二、CO 两心

CO 两心，是 CBD 和 Olympic 的首字母组合，意为 CBD 功能区和奥运功能区，是朝阳区提升国际交往功能的两大中心地区。

CBD 功能区，是京津冀地区发展的动力核心。"十三五"期间，CBD 功能区重在体现"中国和世界经济联系的重要节点"这一功能，通过国际金融、文

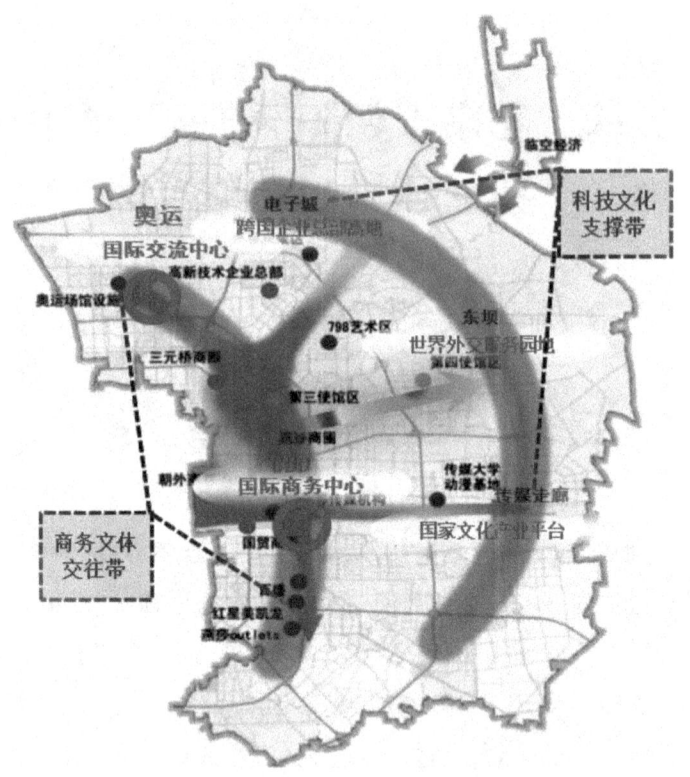

图 7-1　朝阳区"十三五"时期国际交往功能布局

化传媒、高端服务等业态建立国际商务中心,不断提升国际商务交往功能,逐步建成国际商务枢纽。

奥运功能区是朝阳区最能体现"国际交往的重要窗口"这一发展定位的区域,已经于 2013 年成为国家 5A 级旅游景区。"十三五"期间,应立足国际交流中心建设,凸显"文体会旅商"等交往功能,深入推进中国和世界的全方位、多层次合作交流。

三、BT 两带

BT 两带,是功能布局图中"商务文体交往带"中的"商务"(Business)和"科技文化支撑带"中的"科技"(Technology)两个关键词的首字母组合,代表支撑 CBD 和奥运两大中心地区的三环、四环两条环路。

一是商务文体交往带,沿三环路,北自奥运功能区南到 CBD 功能区构成,"十三五"期间应重点突出国际商务、体育赛事、会议展览、文化旅游等国际

交往功能;

二是科技文化支撑带,沿四环路,北自电子城功能区南到传媒走廊构成,分别突出跨国企业总部高地、世界外交服务园地和国家文化产业平台等定位。

如图 7-2 所示,朝阳区国际交往中心功能的提升,还应在北京市服务业进一步国际开放的基础上,充分考虑京津冀协同发展的腹地支撑作用,通过京津双城和京津、京保石、京唐秦三个产业发展带和城镇聚集轴的引领带动作用,把京津冀建设成为以首都为核心的世界级城市群、区域整体协同发展改革引领区、全国创新驱动经济增长新引擎、生态修复环境改善示范区,从而为朝阳区全面提升国际交往中心功能提供强大动力和发展路径。

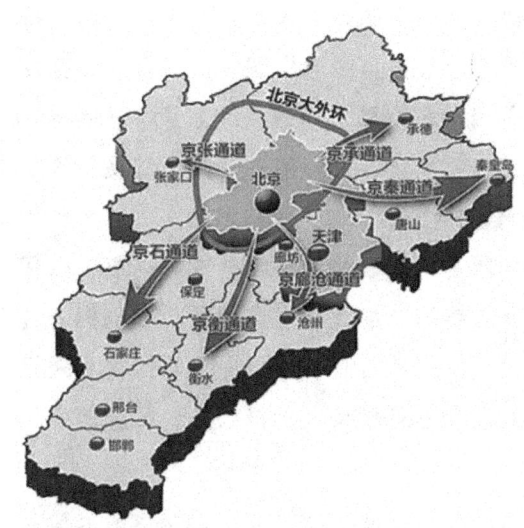

图 7-2 京津冀协同发展路径

第二节 功能承载

上述功能布局以 CBD 和奥运两大功能区为主要发展区域,并构成商务文体交往带,凸显"国际交往的重要窗口、中国与世界经济联系的重要节点"这一发展定位;以电子城、东坝和传媒走廊为辅助支撑区域,并构成科技文化支撑带,通过科技商务服务、第四使馆区服务和国家文化产业创新实验区承载国际交往功能。

一、提升 CBD 功能区国际商务中心节点功能

"十三五"期间，应紧扣"中国与世界经济联系的重要节点"这一国际商务交往中心的重要出发点，加强国际经济交往和国际文化交往。坚持全域 CBD 的发展思路，强化 CBD 的国际金融主聚集区、国际商务功能，充分发挥 CBD 的示范引领作用，加快国际商务和贸易平台建设，不断增强对京津冀周边地区的辐射带动作用。

一是深入推进国际金融产业发展。推进国际金融资讯中心、期货和金融衍生品中心、国际保险中心建设；加强金融支付清算机构与组织的引进，完善金融结算功能；优化整合金融资源，搭建银企对接平台，支持现代服务业、文化创意产业、高新技术产业等重点产业发展，提高金融服务发展的能力。

二是重点推进高端要素市场建设。以北京大宗商品交易所等项目为依托，不断强化总部经济、国际金融、国际商务、国际贸易、国际信息传播等核心功能，提升全球资源配置话语权。

三是加快国际金融主集聚区建设。继续推进华贸、国贸、环球三大金融中心建设，优化金融产业布局。加大标志性国际金融机构引进力度，推动金融机构组织层次升级；巩固发展银行、证券、保险等传统金融机构，积极发展股权投资、创业投资、消费金融等新型金融机构；鼓励发展金融咨询、信用评级等中介服务机构。

四是进一步优化商务服务业发展环境。积极吸引交易、营销、资本运营等国内外知名商务服务企业总部落户，着力聚集更多龙头企业和高端服务品牌。推进国际组织和机构集聚区规划建设，打造国际组织聚集的示范区；有针对性地吸引经济类国际组织和专业类国际组织入驻；以尚未进入中国的国际知名贸易促进机构和行业协会为招商重点，引进面向未来的重点产业的行业协会。

五是不断推进文化交融，创建"文化 CBD"。充分融汇国际文化、传统文化和 CBD 时尚文化，体现 CBD 文化产业中心特点。积极推动新媒体行业发展，重点发展数字内容服务、版权服务、广告服务等行业，构建多种传媒融合发展的信息传媒体系；进一步吸引国际新闻机构、传媒集团、专业信息服务机构聚集；着力完善 CBD 新闻机构重点集聚区的通信设施水平，提高信息传输能力；建立公共信息交互平台，整合区域内丰富的信息资源，促进信息交流；

利用区域高端商务服务的优势，发展传媒资产评估等传媒商务服务。

六是持续改善商务投资环境。充分利用国际金融商会、CBD 世界联盟等国际性活动平台，引导外资投向金融、文化传媒、高新技术产业等领域，优化外商投资结构，不断提高利用外资的质量和效益。加快与国际接轨的外事服务管理理念、服务标准和运行体系，努力创新科技转化市场应用等新型商业模式和投资环境。

七是推进金融服务扩大开放。支持符合条件的民间资本和外资进入 CBD 金融服务领域。制定细则，便利外资金融机构设立外资银行、民营资本与外资金融机构共同设立中外合资银行。积极发展 CBD 区域保险业务，支持设立外资专业健康医疗保险机构，探索商业保险参与基本医疗、基本养老服务体系建设。支持 CBD 区域金融机构参与信贷资产证券化试点、商业银行发行创新型资本工具补充资本。推动 CBD 区域金融市场向国际延伸，在商业可持续、风险可控的前提下，支持有实力的 CBD 金融机构通过设立境外分支机构、并购等多种渠道开展境外业务，适时引导证券等金融机构到境外开展国际业务。

八是进一步扩大商务服务业对社会资本开放。支持外资以参股、并购等方式参与朝阳区商务服务企业改造和重组，并在 CBD 设址办公。允许外商在 CBD 投资资信调查公司（我国港澳服务提供者先行先试），促进国外资信公司在朝阳区落地并开展法人化经营。在 CBD 设立咨询服务平台，为国内会计师事务所设立境外分支机构、开拓国际业务、塑造品牌提供政策支持。推动朝阳区企业在全球范围内提供对外投资、融资管理、工程建设等领域的高端咨询服务。

二、提升奥运功能区国际文体会展窗口功能

"十三五"期间，奥运功能区应加快聚集一批国际性品牌体育赛事、文化展演、会议展览活动，着力建设世界级国家文化产业示范园区、国际文化体育商务中心和国际旅游会展中心。

一是深入推动国际文化活动交流。加快中国国学中心建设，推进中国工艺美术馆·中国非物质文化遗产展示馆、中国国家美术馆等国家级文化设施建设，充分发挥首都文化底蕴和朝阳资源优势，建设世界级国家文化产业示范园区，深层次推进中国文化展示和国际会演交流。以观光塔、奥运博物馆以及中

国国学中心等设施为基点，通过人工水系、绿化景观、步行广场和地下交通环廊，融合文化、体育、会展、旅游和商务等文化元素，构建国际文化交流展示中心。

组织实施奥林匹克文化节、北京国际艺术节、北京电影节等一批大型文化活动，形成经年不息的文艺演出季。在奥林匹克森林公园、奥林匹克公园广场等地策划实施国际性大型文化活动，营造浓郁的国际交流文化氛围。

二是深入推进国际体育赛事交流。以国家体育场、国家游泳中心、国家网球中心等场馆为基础，深入推进国家体育产业示范基地建设，建立与国际体育组织密切合作和与国际体育中介广泛接触的工作体系，积极争取国际大型体育赛事主办权，研究制定推动国际管理集团等著名体育行业组织和企业入驻奥运功能区的实施方案。

加快培育体育健身、体育休闲、体育培训、体育传媒、场馆经营和设计咨询以及体育商品交易等产业，探索建立体育事业与体育产业融合发展机制，引导国际性体育娱乐、竞技表演。紧抓体育赛事举办和奥运品牌运营的高端环节，吸引国际性机构和高端赛演活动项目落户园区。

三是深入推动国际会展机制管理。充分发挥北京文化科技优势、商务优势和首都优势，依托功能区内国家会议中心等场馆设施，逐步引进学术性、商务性、政务性会议，打造国际性高端会议中心。通过国际协会联盟（UIA）和国际会议中心协会（AIPC）等国际性平台，不断深化全球性会展合作交流。

积极引入国际知名度高、具有全球影响力的展会，积极创办国家级新展会。从会展场馆经营环节入手，延伸会展产业链，拓展会展经纪、会展策划、会展培训，加强与国际会展专业组织的联系，深化与国际性专业会展公司合作。

四是深度发展国际旅游观光交往。以国家5A级旅游景区为核心，发挥奥运旅游的龙头带动作用，加快开发体育旅游、修学旅游、奖励旅游、各类俱乐部活动等专项旅游产品，策划组织以奥运功能区科技资源为基础的科技观光、科普讲座、座谈交流、专题研讨等科技旅游活动。

联系国际友好城市，开设奥运旅游宣传点，开通奥运功能区北京旅游专线，发展深度游、开发高端游。建设国际风情文化休闲购物街区，完善金融、交通运输等服务体系，形成以旅游为核心的综合产业群。

五是深度提升国际商务服务水平。依托奥林匹克森林公园良好的生态环境，积极引进国内外知名文化、体育中介企业为文化、体育、会展、旅游等产业提供商务服务。吸引咨询、设计、策划类专业技术服务企业入驻，形成商务服务集群。

加快发展金融、法律、会计、审计、咨询、经纪代理等专业服务业，培育专业服务高端市场。依托奥体文化商务园建设和朝阳区商务酒店、写字楼等商务设施，重点发展营销型、研发型和管理型总部经济。围绕奥运筹办的全过程，加强奥运相关版权的开发，培育奥运版权服务新兴产业。

六是深化奥运功能区旅游综合改革试点。鼓励外商投资朝阳区旅游业，参与奥运功能区商业性旅游景区景点开发建设，并投资旅游商品和设施。支持朝阳区符合条件的中外合资旅行社从事除台湾地区以外的出境旅游业务。提高中国（北京）国际服务贸易交易会、中国北京国际科技产业博览会等品牌会展的国际化程度，引进国际知名品牌会展在奥运功能区落户，实现国内外会展业资源整合、优势互补，打造国际活动聚集之都。

三、提升电子城功能区跨国科技总部集聚功能

一是聚集国际高新技术品牌。吸引全球一流跨国公司投资，聚集一批国际知名品牌及一批具有全球竞争力的跨国企业；大力促进本土企业开展国际化的生产经营活动，提高产业的外向度，力争有一批高新技术企业成长为国际品牌。

二是培育国际高端技术企业。瞄准国内外科技前沿，立足信息科技、互联网科技和工业4.0以及《中国制造2025》的发展方向，围绕产业链、价值链中的高端环节，积极培育主业突出、核心竞争力强、带动作用大的移动互联网、物联网、智能制造以及节能环保、信息技术、新能源、新材料、新能源汽车等战略性新兴产业领军企业的设计、总部等高端部门，逐步跻身国际高端平台。

三是吸引跨国公司朝阳研发。积极支持跨国公司在电子城设立研发机构，把更多的研发工作特别是核心创新工作放到电子城发展研发产业。支持跨国企业研发机构的实验设备向社会开展有偿服务。充分利用国际创新资源，支持本土企业与跨国企业开展合作创新，进行专利技术、核心技术、技术标准的交叉

授权许可，组建平等的技术战略联盟。

四是提升国际水准商务服务。构建国际一流商务环境，大力发展具有国际水准的金融、评估咨询、法律、会计、信息等高端商务服务机构和现代物流、金融后台服务等高端商务业态。深入推进大望京科技商务创新区的高新技术产业发展。

五是海纳国际配套设施人才。把握国际群体需求，推进国际教育、国际医疗、文化娱乐、信息咨询、社会服务等涉外服务设施系统配套，提升商业能级，营造国际化的多元文化氛围和人才聚集氛围。

四、提升传媒走廊国家文化产业平台功能

一是深入推进建设国家文化产业创新实验区。协同 CBD 功能区，立足文化发展与融合创新，探索"一区多园"发展模式，规划建设文化产业协同创新中心、金融服务中心、人才培训中心、文化创意及设计产品会展中心、云计算及数字文化产业发展中心、文化企业总部基地等功能性项目，建设文化产业改革探索区、文化经济政策先行区、产业融合发展示范区，逐步形成国际文化交流的中国舞台。

二是继续推进高端文化产业发展。重点发展创意设计业、动漫游戏业、演艺娱乐业、艺术品交易业、数字文化产业、文化贸易业六大产业，逐步完善区域产业链、服务链、供应链，打造一条从人才培养、内容原创、策划设计、节目制作、包装咨询、投资交易到内容传播的传媒产业链条和传媒产业走廊。

三是筹划建设国际文化产业交流平台。筹划建设一批功能性、平台性项目。加快文化产业协同创新中心、文化产业金融服务中心、文化产业人才培训中心、文化创意及设计产品会展中心、云计算及数字文化产业发展中心、文化企业总部基地等国际交流平台的规划建设进程。采取政府规划引导、以企业为主体、市场运作的模式，通过工业厂房改造再利用、产业升级和项目建设等方式，积极拓展文化创意产业发展的新空间。

四是加快推进国家级文化基地国际交流活动。深入开展国际交往，通过国家广告产业园、国家版权贸易基地、国家音乐文化产业基地、国家动画产业基地等一批国家级文化产业基地，加快推进国际交流活动，加快中国文化传播展示进程。

五是加强金融服务支持文化产业发展力度。针对文化企业普遍面临的融资难问题和文化金融服务需求，深入推进同文化金融服务创新的领先者如北京银行、全国文化保险创新试点单位如中国人保公司的战略合作，鼓励、支持金融机构针对文化企业特点进行金融产品和服务创新；推进国家提供金融支持，提速文化发展。通过"定福庄文化产业基金"推动"文化定福庄"区域相关基础设施建设在文化产业项目和资产重组等方面进行一系列合作与金融服务。

六是着力吸引国际文化组织落户功能区。针对不同国际文化组织的特点和布局规律，研究制定在场地租金减免、活动资金支持、人员出入境便利等方面的具体优惠政策，围绕文化保护、世遗宣传、活动举办等方向，积极引导国际文化交流组织（AFS）、联合国教育科学暨文化组织（UNESCO）等国际文化组织或分支机构入驻。

五、提升东坝商贸区世界外交服务园地功能

一是建设外交服务区。充分发挥紧邻第四使馆区和首都机场的有利条件，打造以国际商贸和高端商务为核心的功能区域，建设融合商务办公、会议展览、文化交流、生态居住于一体的国际性居住服务区。

二是发展高端服务产业链。着力发展由高端商贸业和商务服务业双轮驱动的主导产业，以总部经济、会展业、文化休闲业等构成发展支撑，以国际化住宅、国际学校、国际医院等设施区域构成外围高端配套，逐步聚集发展高端服务产业链。

第八章　北京市朝阳区国际交往中心功能提升路径与具体措施

按照扩大国际影响力、加强国际交流活动、提升国际服务水平三个方面的提升路径，分别从经济发展、国际交流和环境服务等方面提出发展措施和建议。

第一节　路径之一：扩大国际影响力，提升国际机构总部——形成全球经济创新区

一、引导国际企业总部创新提升

结合京津冀协同发展进程和北京市构建高精尖经济结构态势，立足经济创新，引导跨国、跨地区总部融合提升。

加大对总部经济的政策资金支持力度，建立外商投资大项目代办绿色通道，建立健全政企沟通联络机制。重点发展金融、商务服务等生产性服务领域的跨国公司和分支机构。

引进软件、研发设计、信息服务、移动通信等电子信息行业的跨国公司地区总部，引进跨国公司研发中心、营销中心、结算中心、投资中心等职能机构，积极培育文化创意、高新技术、教育培育、健康产业等几大特色总部集群。

围绕科技创新、文化发展、知识产权保护等领域，沟通世界遗产委员会（WHC）、世界保护联盟（IUCN）、世界知识产权组织（WIPO）等组织在北京设立区域性总部或协调办公室，争取落户朝阳；加大和经济合作与发展组织（OECD）的沟通力度和信息分享关系；争取在扶贫、教育、卫生、环保、人才等领域，引进发展成熟、资信优良的非政府间国际组织总部落户。

在资产购置、税收缴纳、人员出入境等方面给予落户的国际组织及其工作人员优惠待遇。

二、建设跨国经济组织沟通机制

成立朝阳区国际高端经济体联合会，提供政策引导、高层对话、信息咨询、服务特色等配套服务。

及时发现、有序引导企业落户、销售、采购、结算、研发等实体功能，扩大功能引导方向，着重引进具有决策、投融资、结算等功能的全球性高端企业，为重点企业在朝阳区投资设立新项目提供选址、注册、落户、登记办理等一站式服务的便利条件。

充分利用京交会、科博会、CBD商务节等国内投资促进平台，加强与行业协会和中介组织的交流合作。

三、对接国际组织总部长效合作

与国际绿色经济协会合作，开展中非五国、中东欧十六国、上合组织九国、东盟地区七国等地区的专场洽谈会，有效对接国际资源。

深入与非洲、中东欧、上合、东盟、北美等地区共37个国家的驻华机构建立广泛联系；深化与中国东盟中心、上合秘书处、中东欧秘书处、非洲投资中心等区域的国际组织建立长效合作机制；保持与中国美国商会、中国法国工商会、德国工商总会等驻华机构及贸易促进机构联系，并深化经贸合作。

有效整合驻外商务参赞以及驻华使馆的资源，通过搭建商务交流平台以及经贸洽谈活动，促进开展双边与多边的经贸交流。

第二节 路径之二：加强国际交流活动，展示朝阳魅力形象——熔铸世界文化交往区

一、创建城市国际交往品牌

实施朝阳区城市形象国际推广工程、涉外服务平台完善工程、国际化旅游标志系统优化工程、国际化人文素质提升工程等一批环境优化类项目。

制订实施面向全球的朝阳形象宣传推广计划,深度挖掘独特文化内涵,加强城市形象专业设计,充分利用首都的重要载体、重大事件和名人效应,整合政府、企业、社会组织、市民等各种社会传播资源,共同推广城市形象。

建立境内外传播载体,充分利用文化旅游、金融、交通、教育、体育赛事、影视作品等各种社会传播资源,借助现代科技、现代营销等多种手段拓展城市国际营销渠道,提升朝阳国际知名度。

建立标准化、规范化的公共场所外语标志体系,大力提高市民国际化素养,积极创造和谐包容的城市氛围。

二、融汇文体领域国际交往

宣传朝阳区历史文化、京都文化、时尚文化、商务文化、国际文化等现代特色,深入开展对外文化交流与合作,力争创办更多具有国际影响力的国际文化交流活动品牌。

加强与国外城市的体育交流,争取承办具有较强国际影响力的国际顶级单项赛事,加深与国际健身大众体育协会(TAFISA)、国际市民体育联盟(IFPS)等国际性大众健身组织及其成员国的交流合作。

对国际活动举办的主、承办机构在资源、场地等方面给予优惠政策,通过政府购买、财政补贴等方式支持培育壮大一批国际活动品牌,提升朝阳区国际活动的影响力。

三、筹建亚欧会展交流名区

组织申报北京市引导支持品牌展会名录和北京市商业会展业发展项目,积极帮助朝阳区品牌展会争取市级和国家级政策支持。引导商业会展业发展政策,包括对品牌展会的补贴、场馆改造的贴息、同质展会合并奖励等。

签订国际性战略合作协议,推进会展交流。建立国际会展活动申办联席会议制度,着力引进一批国际知名会议展览活动和高端专业学术会议落户朝阳。完善国家会议中心等会展场馆设施。

以中国北京国际文化创意产业博览会(文博会)和北京高端旅游与会议产业联盟为依托,加强与联合国及其附属机构、国际大会及会议协会(ICCA)、国际展览联盟(UFI)等全球与区域性国际组织的交流与协作,积极申办联合国气候变化会议、联合国国际人口与发展大会等联合国及其附属机构和其他重要国际组织的年度大会；加强与国际网球联合会、国际设计协会（IDA）等非政府组织的沟通与交流，力争举办定期活动。

持续引进具有国际影响力的活动。在举办2015年北京世界田径锦标赛和2022年第24届冬奥会等国际活动的基础上，深入参与G20、中拉论坛、世界园艺博览会等国际活动的筹备、服务和组织工作，充分利用CBD商务联盟、国际金融商会、国际友好城市等各种国际平台积极申办具有全球影响力的国际高端会议，着力吸引金融、文化传媒、商务等行业性国际活动在朝阳区举办。

四、展示东方国际美食城区

积极引进国外知名餐饮品牌和菜系，积极开展"舌尖上的中国"等中华美食文化推广，建设汇聚全球美食、满足多元美食消费需求的国际美食都市区。

支持国内餐饮100强企业在京设立管理总部，支持黄记煌、华天、东来顺等北京大型餐饮企业集团和上市企业开展跨区域、跨国经营，吸引跨国餐饮企业来京设立区域性、管理型总部。

推动国际美食产业创意街建设。多渠道多方式开展中国朝阳国际美食旅游节宣传，聘请国际餐饮界权威人士组成"朝阳—国际美食之都"海外传播大使团，举办"朝阳—国际美食之都"产业发展大会及各种饮食文化主题论坛。

五、铸就国际品牌旅游胜地

以北京旅游知名景点为依托，推广中华民族园、中国科技馆、国家体育馆、元大都遗址、798艺术区等民族文化、科学技术、体育赛事、历史文物、时尚艺术等朝阳区特色旅游项目，加快星级酒店、主题饭店、乡村酒店等多类型旅游设施建设，满足国际游客多元化的旅游消费需求，完善旅游信息咨询、旅游标志、游客服务中心、应急救援等符合国际标准的公共服务配套设施。

加快开设免税购物街区（商店）和奥特莱斯等精品折扣店。积极发展在线旅游业，充分利用网络媒体平台发布朝阳旅游信息，扩大开办海外营销机构，积极开展国际旅游推广，逐步形成国际品牌旅游人文胜地。

第三节　路径之三：提升国际服务水平，完善国际交往设施——构建生态城市服务区

一、建设人文多元生态环境

加快环城生态森林公园建设。切实抓好城区公共绿化，抓紧建设全域覆盖、互联互通的绿道网络体系。深入实施城乡环境综合治理，推进城市视觉形象国际化和市容秩序规范化。

加快建设国际水准文化设施，推进重大公共文化设施建设标志化，打造朝阳文化地标。大力推进重点媒体国际传播能力建设，推动CBD—定福庄国际传媒走廊宣传朝阳文化，北京市英文报纸、网络版面应加大外语播报朝阳栏目的力度，加大以移动互联网为载体的新媒体建设，构建起多媒体、跨平台，面向全球、覆盖广泛，信息丰富、技术先进的现代传播体系。

通过电视、报纸、讲座和专项活动等形式在全市范围内开展涉外文明礼仪普及教育活动，实现涉外文明礼仪基本普及。建立健全城市外语咨询与公共服务体系，改善城市的国际语言环境。

二、优化国际服务办公设施

拓展现有城区场馆设施服务功能，深入推进新场馆国际交往活动。引导朝阳区部分会展场馆进行功能改造，鼓励老场馆部分展览功能迁移或易地重建。

规划金融类、商务类、文化类、体育类、教育类等现有设施的国际功能，进一步提升国际交往设施承载能力。

重点推进第四使馆区、CBD功能区、望京等国际组织聚集区和国际人员活动区的配套设施完善项目。

合理规划建设高品质住宅、国际医院、国际学院等服务设施，逐步完善与国际接轨的制度环境，创新涉外管理体制机制，完善涉外服务平台。

引进和培育一批熟悉国际规则、通晓国际惯例、掌握国际标准的政务服务人才。健全出入境管理与服务，继续推进异地办护照、国际游客落地签证、72

小时过境免签等政策，争取旅游购物离境退税、离京免税等政策，不断优化对外开放环境。

以政府窗口部门及窗口服务行业为重点，开展国际礼仪、国际规则、国际标准和外语培训，增加双语服务内容，提升窗口服务的国际化水平。

三、建立国际医疗保障体系

加强对外合作交流，大力引进国际医疗卫生服务管理机构、优质国际医疗资源，规划建设国际医院。参照国际医疗质量标准，建立具有国际化服务能力的医疗服务体系。

探索建立多语种就医服务模式，为国内外人士提供良好的医疗服务。积极推进医疗机构开展国际医疗保险结算服务。加快中医国际化进程。与国际卫生组织、国外知名大学等机构建立合作关系，联合培养人才。

积极衔接国际有关跨国劳动者社会保障的劳工公约，建立和完善在京工作的境外人员就业管理服务和社会保障服务体系。

开设服务窗口，即时受理、审核和发放《外国人就业许可证》和《外国人就业证》，保护就业人员的合法权益，全面实现在朝阳就业的境外人员社会保险应保尽保，并保障其按规定享受各项社会保险待遇。

四、优化国际一流教育资源

加快优化国际优质教育资源，大力引进国际优质品牌教育培训机构，鼓励合作办学。加强与国际教育交流机构、外国政府教育部门等的交流和合作，不断拓展和完善多元化教育国际交流平台。

在外国友好城市建立若干海外培训基地，有计划地选派校长和教师到国外考察、培训和研修，开拓国际视野。规划建设一批国际学校，提升外籍人员子女学校建设和办学水平。设立"朝阳国际友城（友好学校）留学奖学金"，吸引海外留学生并鼓励朝阳学子到海外留学。

五、推进人才国际交流进程

实施留学回国人员创新创业支持计划，加强留学人员创业园建设，健全海外人才创业服务体系。建立国际化人才实训基地，采取多种方式聘请海外专家开展国外先进技术和管理经验专题培训，资助优秀人才参加国际会议，选拔行业骨干和专业人才到国外著名学府及机构研修。

依托"海聚工程""千人计划"等，持续引进一批创新创业领军人才。加强与海外高水平教育科研机构、知名企业的合作，联合建立一批研发基地。支持专业教育机构加大对各种翻译、导游、会展服务接待人才的培养力度，尽快培育和壮大一支熟悉国际惯例、善于开拓市场的专业队伍。

在国家文化创新试验区基础上，推动国际人才特区建设。结合CBD—定福庄国际传媒走廊及文化创新试验区建设进程，逐步出台国际化人才薪酬、税收、社会保障、医疗、住房、子女入学等配套政策，在投资、创业、创新、公共服务、知识产权保护等方面营造充满活力、富有效率、更加开放的制度环境。

六、优化国际交往营商环境

以CBD和奥运功能区为试点，围绕市场、政府、社会、开放、法治、要素和设施七个方面优化环境建设，逐步建成市场宽松有序、政府高效透明、社会多元包容、开放便利可控、要素汇聚高效、法治公平公正、设施完善便捷的国际一流营商环境。

探索建立适合国际化发展需要的境外人员在华管理、国际性组织活动管理等一系列涉外管理的制度化机制。深入推进将境外人员纳入流动人口管理的工作。加强外籍高层次人才服务工作，建立"外资、我国港澳台资及境外人员"服务日制度。进一步完善境外人员管理工作外部协作机制，开发和优化境外人员管理地理信息系统、涉外单位管理信息系统、境外人员回访系统。

加快推进以"北京市朝阳区信用网"为门户的联合征信系统建设，建立和完善企业、社会组织、公民（重点人群）等信用数据库，扩大信用信息覆盖面。支持征信和信用评级等现代信用服务业发展，助推信用体系建设的国际化发展。

七、提升城市建设国际品质

按照国际化和标准化的要求，建立国际化城市风貌和空间形态的规划引导体系。开展国际化城市双语标志体系建设，落实双语标志相关标准，在交通干道、主要景区、公共服务机构和服务设施、重点单位等场所设立双语图文标志以及外语语音服务系统。

加速推进国际化社区建设。以建外、麦子店、望京街道等地为基础和样板，完善社区服务设施、创新社区服务管理体系。在新建设的住宅区域规划建设一批设计理念、管理意识、服务配套与国际接轨的高品质社区。

八、加快国际智慧城市建设

推进"金融云"建设，支撑金融核心交易、在线支付、银行卡管理等业务，推进国际金融快捷支付；推进"文化云"建设，面向互动娱乐、网络视听、网络文学提供服务；推进"健康云"建设，基于云计算技术构建安全的临检质控、医院管理信息系统；推进"社区服务云"建设，试点面向智能家居、娱乐休闲和社区服务的云服务体系；建设"电子政务云"，整合相关部门资源，运用云计算架构，试点构建市级"电子政务云"服务平台。

积极发展以物联网、移动互联和大数据等新兴热点技术为核心和代表的信息互联技术，提高朝阳区城市规划、建设、管理、服务的智能化水平，使城市运转更高效、更敏捷，逐步实现智慧式管理和运行，逐步为朝阳居民创造更美好的生活，促进北京的和谐和可持续发展。

第九章 北京市朝阳区国际交往中心功能依托项目方案

紧抓"国际交往的重要窗口、中国与世界经济联系的重要节点、对外服务业发达地区、现代体育文化中心和高新技术产业基地"的战略定位,紧扣全球商务节点、世界经贸枢纽和国际交往通道的发展定位,结合朝阳区重点功能区的发展规划,建设北京市朝阳区国际交往中心功能。

第一节 全球商务节点功能建设项目

第一,构建京津冀商务总部联盟。紧抓京津冀协同发展机遇,加强北京、天津、河北的城市商务中心区的合作联盟,构建京津冀多层级商务网络;加强国际商务产业链的拓展、延伸和外包,在天津、河北等区域建立中小企业总部基地、金融后台服务基地、文化传媒产业配套基地、文化创意产业孵化基地、会议会展基地、人才培养基地等。

第二,优化总部经济配套服务。加强总部企业对口服务,建立完善总部企业对口联系服务制度,积极协助总部企业解决经营管理中的配套环境问题。积极优化工商、税务、年检、海关等政务服务。建立完善金融、商务服务、教育培训、生活休闲服务等商业支撑体系,优化商务环境;加强知识产权保护和社会信用体系建设,营造公平、公正的法治环境。

第三,大力发展专业服务业。积极引进针对白领、高管的健康服务机构,发展健康服务业;积极发展会计、审计、税务、资产评估、财务顾问等财务服务类企业;积极发展法律事务服务业;大力发展投资与资产管理服务,鼓励发展以资产委托管理、企业购并、资产重组、项目策划、项目投融资、企业管理咨询、企业形象策划等为主的投资与资产管理机构;大力发展高端人力资源服务。

第四，建设顶级高端商业街。以楼宇经济为载体，积极引进国内外高端时尚品牌入驻，发展高端时尚商业。建设以世贸天阶、新光天地、国贸商城为中心的世界顶级商业步行街，积极布局朝阳区楼宇商业网络。

第五，设立国际时尚品牌中国总部。积极引进国外高端时尚产品、时尚品牌及时尚类机构和企业，促进高端商业集聚发展，引领全国消费时尚。积极吸引国际时尚品牌设立辐射全国或亚太市场的代理总部和地区总部。积极引进和策划一批国际知名消费品类展会，促进会展、旅游、时尚购物联动发展。

第六，建立朝阳区国际楼宇经济发展平台。实现在线服务、楼宇租售、商业配套服务等；建立完善楼宇经济运行数据分析平台，有效监控经济指标、楼宇入驻率等商务运营情况；建立一站式楼宇企业服务中心，设置企业注册、经济统计、协税护税、房屋租赁、综合服务五大服务窗口。

第七，建设一小时国际商务交通体系。以贯彻公交优先为原则，以"加线、加密、加站、加快"为手段，以地铁和快速干道为骨架，以支路和道路微循环为支撑，在北京CBD半小时商务交通体系的基础上努力打造一小时商务交通体系。

第八，建设国际智慧商务区。充分结合物联网、大数据及云计算等信息技术，通过建设一个指挥中心（CBD综合指挥中心），整合多项智能管理系统，实现城市运行、公共安全等多项智慧服务，为核心区高端楼宇提供多元化智能管理服务，将CBD核心区建设成为科技尖端、功能复合、管理智能、服务一流的国际智慧商务区。

第九，设立CBD核心区一分钟处置点。推进CBD核心区分级安全网络建设试点工程，建立分级安全网和应急响应中心。健全国际性网络舆情监测和处置工作机制，设立CBD核心区一分钟处置点，防止发生危害国际公共安全的暴力恐怖事件和危害国家安全与社会稳定的重大政治事件。

第十，加强海绵城区建设。结合城市建设、旧区及棚户区改造和城市更新，加强地下管网的改造和完善，推动多层次城市绿地建设和透水建筑材料的应用，充分保护和利用天然河道、水面等自然资源，通过人工手段和自然措施相结合，显著提高功能区防灾能力，不断改善优化区域生态环境。

第十一，积极拓展国际文化交流平台。依托朝阳区文化积淀、金融资本、国际机构和媒体资源等禀赋和要素，积极开展金融论坛、跨国公司圆桌会、

CBD圆桌会、高端产业成果发布会等，探索CBD国际商务节转型发展，进一步提升CBD商务文化的对外交流平台。

第十二，加大公共文化空间营造。通过文化楼宇、文化广场、文化走廊、特色文化街区、雕塑小品等空间性载体的建设，加大公共文化空间的营造，注重突出与时尚、前卫、艺术、科技、绿色相映衬的现代城市风貌和朝阳区高度国际化的多元文化特征。

第十三，设立"国际高端商务人才发展专项扶持资金"。主要用于对符合发展区政策规定的商务精英、青年英才进行奖励、资助和补贴，对国际高端商务人才在区域内投资成立新公司并通过评审的给予资助，并用于支持人才引进培养、团队建设、服务保障等专项活动及相关重点项目建设。

第十四，探索"人才创业特区"试点。设立中小商务服务企业孵化器、高端人才创业基地，重点支持贡献突出的创新创业人才，鼓励建设海外高层次人才创新创业基地；充分利用CBD国际人才港、HR经理人俱乐部、北京市博士后创新实践基地、CBD高端商务人才认证中心等平台，积极申报设立国际商务博士后科研工作站和金融、高新技术和公共服务领域的博士后科研工作分站；鼓励发展区内企业设立下属研究机构或申报设立博士后科研工作站，共同推进发展区高端商务人才队伍建设和相关成果的转化与应用。

第二节　世界经贸枢纽功能提升项目

第一，打造跨境资金运营中心。促进国际投融资便利化。发挥亚投行的引领作用和国内外金融机构、跨国公司与企业总部的集聚优势，深化跨国公司资金集中运营管理，促进国际投资业务发展，争取外债宏观审慎管理试点，提升企业跨境融资能力。一是提升跨境支付能力。争取跨境外汇支付试点，规范移动金融在跨境电子商务领域的应用，支持服务贸易企业采用出口收入存放境外等方式，提高外汇资金使用效率。二是鼓励发展跨境人民币结算业务。支持境内银行创新跨境贸易人民币结算产品，鼓励人民币股利支付、人民币股权投资等多种人民币跨境使用，推动境外人民币结算便利化。

第二，打造国家文化金融中心。在国家文化产业创新实验区实施文化金融创新，将文化产业创新试验区打造成为国家文化金融中心。一是创新文化金融服务模式。探索在国家文化产业创新实验区范围内构建文化企业或文化项目融资的信用评级制度，完善文化贷款利率定价机制和风险管理机制，针对文化企业或文化项目的资金流特点和风险特征，实施差别化管理。二是创新文化企业融资模式。在国家文化产业创新实验区范围内试点版权证券化，探索版权质押融资，支持具备高成长性的中小文化企业通过发行集合债券、区域集优债券、行业集优债券等拓宽融资渠道。三是加强文化金融公共服务。在国家文化产业创新实验区内设立综合性文化产权交易平台，引导文化产权交易所参与文化金融合作，探索建立文化企业项目融资库，提升在库文化企业及项目与金融资源对接效率。

第三，打造国际保险中心。一是培育多层次保险市场体系。加大国际优质保险机构引进力度，促进形成原保险、再保险、保险中介、保险资产管理相互协调、相得益彰的生动局面。二是鼓励保险业务创新发展。结合北京市养老服务社会化示范区建设，鼓励商业保险参与基本医疗、基本养老服务体系建设，发展多样化健康保险。三是提升保险业的对外开放水平。扩大外资保险机构业务范围，支持外资保险机构保险业务互联网化，以"一带一路"和中韩自贸区为契机，积极争取境外投资试点，扩大保险机构境外投资比例和范围。

第四，建立健全区域信用体系。一是培育金融信用市场主体。积极培育朝阳品牌信用评级机构，建立区域性金融评价信用体系。二是加快构建金融信用服务体系。创新完善与金融相关的信用体制和模式，增强行业自律，支持与金融相关的会计审计、法律服务、资产评估、资信服务和保险经纪等专业服务机构规范发展。三是推进征信平台建设。以CBD为试点，进一步完善个人和企业信用征信系统，加快推进区内金融业统一征信平台建设，建立健全朝阳区金融征信体系。

第三节 国际文化创新交流建设项目

第一，建设具有世界影响力的信息发布与传播中心。大力提升面向国际的信息配置与交互传播功能。推动国际专业信息服务发展，增强信息传播对产业发展、区域发展的影响力与辐射力。

第二，规划建设中国文化创意与设计产品展示交流中心和国家文化产业创新发展博览中心。汇集实验区内重点文化创意企业、设计机构的创意设计作品，融汇国际顶级的创意设计产品，集中展示交易交流，打造中华文化国际交往、交流的窗口。

第三，构建国家级广告会展要素交易平台。促进广告创意、设计制作、在线实时分析与大数据处理技术等产业链关键环节的规模化、品牌化、专业化发展。

第四，建设国际创意设计服务平台。依托中国国际时装周和北京国际设计周的品牌效应，加强与大山子地区艺术创意与时尚设计的区域互动，梳理产业服务链，打造由信息资源、产业要素和技术支撑的公共服务平台。

第五，建设全国文化市场中心。积极支持版权交易和文化电子商务平台建设，重点发展对外文化版权、产品和服务贸易，推动国际文化交流。

第四节　国际交往通道功能建设项目

第一，创建中华文化品牌，形成国际文化品牌集聚区。深化经营模式改革，创新文化演出合作模式，采取控股运营、战略合作等多种合作模式，提升中国文化项目的运营能力，形成知名文化品牌合作经营模式，创建中国文化大品牌。重点开发"鸟巢秀""艺术水立方"等品牌项目，提升区域文化品牌影响力。积极与国际知名文化传媒机构合作，引进整合国际高端文化项目，推进国内外优秀文化产品的交流创新。

第二，打造奥林匹克公园体育总部基地。以奥体文化商务园区的建设为契机，重点吸引国际体育机构区域总部、国际职业体育组织区域总部、国家体育总局管理中心和全国性单项运动项目协会等体育行政总部和著名企业行政中心、研发中心、销售中心以及品牌展示中心等体育企业总部。汇聚国内外优质资本、技术和人才的高端平台，发挥奥体文化商务园区在促进全国体育产业发展中的引领和驱动作用。

第三，提升国际会展服务水平。依托国家会议中心、中国国际科技会展中心等场馆资源，引导一批综合性会展向专业化、国际化方向发展，形成多门类的高端品牌会展活动。逐步建立市场化、商业化、专业化的运作方式。实现服务流程的规范化和标准化，建立涵盖展览业务经营、展览工程、展场租赁、会展物业管理的较为完善的会展服务体系，形成特色服务运作模式，打造"中国服务"。

第四，搭建体育产业资源交易平台。研究建立体育产业资源交易平台，为交易各方提供一站式服务，实现各方资源价值的最大化。为运动协会、产业基地、体育企业以及投融资机构、服务中介等提供体育项目招商、体育企业股权交易、体育企业融资、体育实物资产交易的一站式服务，助推中国体育产业升级转型。

第五，创建全国知名品牌园区。成立北京奥林匹克公园"全国奥林匹克文化旅游知名品牌创建示范区"筹建工作组，申报并筹建"全国奥林匹克文化旅游知名品牌创建示范区"。促进推动品牌活动、品牌企业和行业集聚及相关产业链汇聚，推动文化、旅游、体育、会展、商务服务业融合发展，推动相关产业发展与奥林匹克文化旅游品牌相结合，将北京奥林匹克公园建设成为具有全国示范意义的全国奥林匹克文化旅游知名品牌示范区。

第六，建立文化体育消费示范区。以加强文化消费供给、培育文化消费理念、引导文化消费行为、丰富文化消费业态、拓展文化消费空间为重点任务，积极承办北京惠民文化消费季，积极发展奥运文化旅游，促进奥运遗产保护传承与旅游相结合，发挥旅游对文化消费的促进作用。

第七，建设奥林匹克智慧景区。重点开发奥林匹克公园景区导游导览系统、景区智能交通系统、电子门票系统、虚拟导游与增强现实导游技术，拓宽景区电子导览系统在为游客提供智能化自助服务方面的应用领域，通过语音播放、视频播放等多种方式展现旅游景区的服务和景点内容。鼓励旅游搜索引擎、路线导航和反馈系统的开发，打造智慧出行。促进旅游景区美食定位系统、智能点餐系统、电子菜谱系统的开发运用，开展智慧酒店建设，通过数字化、网络化手段实现酒店数字信息化服务。

第八，打造国际品牌赛事中心。依托13个奥运场馆及其配套设施，根据各个奥运场馆特点，引进各具特色的国际品牌赛事，打造北京新名片。

第九，打造国际时尚运动中心。引进新兴时尚运动项目，并重点扶持1~3个时尚运动比赛为品牌活动，把体育健身休闲公园打造为国际时尚运动中心。

第五节　国际科技创新功能提升项目

第一，提升国际化研发、国际化科技服务功能。走以国际化引领服务化、以服务化引领高端化的发展模式，依托恒通商务园、IT 产业园、兆维工业园等楼宇，着力引入跨国制造企业研发与销售部分，重点发展新能源与节能以及高技术服务业。

第二，提升国际化新兴产业与高端服务功能。依托望京科技园、叶青、金汉王科技大厦等园中园及物业管理主体，瞄准新技术、新产业、新业态、新模式进行招商引资与产业置换，着力发展新能源与节能、生物医药等高附加值的产业领域和产业环节。

第三，建设国际科技商务创新区。依托保利国际广场、绿地中心、浦项中心、金辉中心、美瑞中心等商务楼宇，瞄准国际高端创新要素和产业价值链的高端环节，着力发展国际性智库、国际研发、国际风险投资、国际科技中介等科技服务业。聚焦高附加值的产业领域、产业环节，形成具有国际影响力的创新创业集聚地。

第四，建设国际科技人才研发培养基地。依托中科院等国家级科研院所密集的优势，发展以原创技术、科技商务为特色的高技术服务业，打造高层次科技人才培养、国际科技商务服务、高新技术研发和孵化三大品牌，建设成朝阳区高新技术研发和孵化的高层次科技人才培养基地。

第五，实施互联网跨界融合工程。围绕信息技术与各领域融合推动产业创新，积极培育新技术、新产品、新业态和新商业模式，积极跟踪 IT（信息技术）、DT（数字技术）、BT（生物技术）、NT（纳米技术）、ET（能源/环境技术）的融合发展，大力研发智能产品，发展智能装备，构建智慧企业，打造智慧园区。深入发展互联网＋智能制造、互联网＋金融创新、互联网＋能源环保、互联网＋大健康服务，做强互联网跨界经济，带动朝阳产业转型升级。

第六，打造国际研发外包、服务外包接包地。背靠天津、河北，积极引入以阿美石油为代表的外资研发、设计企业，促进研发外包、高端服务外包业发展，高端引领、辐射带动京津冀协同发展。

第七，推动建立京津冀"飞地"产业园。突破朝阳区空间限制，在天津、河北等地共建共管共享"飞地"产业园，承接电子城新兴产业的加工组装环节及高端装备制造，实现共赢。

第八，推动设立国际性智库创客聚集地。背靠 CBD，依托大望京，积极吸引国际标准、计量、检测、认证服务机构，积极吸引国际金融、评估、法律、会计、咨询等高端商务服务机构，以及技术研发、工业设计等国际科技服务业企业。

第九，着力打造国际创客聚集地。积极引入国际创业投资机构，依托国际大学创新联盟，以国际化为导向，按照"互联网+"的思维，广泛聚集国际创客，营造国际化两创氛围。

第十，着力打造国际科技与商务人才聚集地。积极引入国际知名展会、峰会、论坛。把握国际群体需求，推进涉外服务设施系统配套，营造国际化的多元文化氛围和国际化人文、生态环境。

第十一，打造电子城国际研发创新城。充分利用中关村朝阳园国际电子通信总部、研发中心的聚集和高新技术发展空间扩充的有利条件，大力吸引以电子通信新技术产业、生物医药新技术产业、能源新技术和智能制造产业为主的跨国公司及科研机构在朝阳区设立研发中心，努力打造电子城国际研发创新城。支持企业通过在境外设立研发中心、分销中心、合资企业、产业投资基金等多种方式，开展国际化经营，培育壮大本土跨国公司总部，提高国际竞争力。

附表1　五维国际交往功能提升内容表

序号	发展目标	具 体 内 容
一	提升国际商务中心节点功能	深入推进国际金融产业发展 重点推进高端要素市场建设 加快国际金融主集聚区建设 进一步优化商务服务业发展环境 持续改善商务投资环境 积极推进文化商务融合发展 积极探索科技商务快速发展 推进金融服务扩大开放 进一步扩大商务服务业对社会资本开放
二	提升国际文化传播交流功能	加强文化国际传播能力建设 拓展国际文化交流活动 深入推进建设国家文化产业创新实验区 继续推进高端文化产业发展 筹划建设国际文化产业交流平台 加快推进国家级文化基地国际交流活动 加强金融服务支持文化产业发展力度 吸引国际文化组织落户功能区 深入推进文化市场和国际交流功能
三	提升跨国科技总部创新功能	聚集国际高新技术品牌 培育国际高端技术企业 吸引跨国公司朝阳研发 提升国际水准商务服务 海纳国际配套设施人才 创新科技金融支持力度 推动国际化科技创新平台建设

续 表

序号	发展目标	具体内容
四	提升国际文体会展交流功能	不断推进文化交融,创建"文化CBD" 深入推动国际文化活动交流 深入推进国际体育赛事交流 深入推动国际会展机制管理 深度发展国际旅游观光交往 深度提升国际商务服务水平 深化奥运功能区旅游综合改革试点 积极开展国际科技交流服务
五	提升国际交往综合服务功能	提升朝阳区域信息服务功能 推进知识产权和版权服务建设 支持国际合作研究开发和技术转移服务 提升中医药国际服务能力和服务贸易发展 整合完善国际化教育交流体系 构建中外融合的国际化课程体系 打造高素质国际化教育人才队伍

附表2 三大国际交往平台建设内容表

序号	三大平台	提升任务	发展思路
一	跨国总部经济创新发展平台	跨国公司总部创新提升	创新发展生产性服务业跨国公司总部 创新培育高端总部服务业集群 创新培育国际组织总部联谊链条 设立国际技术交流中心
		跨国经济组织沟通提升	设立国际高端经济体联合会 设立跨国经济组织服务办 创办跨国经济发展投资高峰论坛
		国际组织总部长效合作	创设国际总部朝阳专场洽谈会 举办国际驻华机构经贸联谊会
		服务"一带一路"战略合作	丝路基金多元化投融资合作计划 亚投行国际交往功能发展计划 推动举办"一带一路"国际合作峰会
		推进人民币国际化	深化京港合作计划 金融市场功能提升行动
		建设全球经贸枢纽平台	中非经贸拓展计划 设立对俄经贸合作咨询服务中心 设立国际采购中心 建设跨境电商服务中心 设立境内关外文化贸易中心
		推进京津冀技术交易转化	组建产业技术交易联盟 成立国际技术交易与转化中心

续表

序号	三大平台	提升任务	发 展 思 路
二	世界文化交流创新提升平台	创建国际城市交往品牌	朝阳区国际化环境提升计划 朝阳区历史文化名区形象推广活动 朝阳区国际赛事传播计划 朝阳区国际文化氛围提升活动
		凝练朝阳国际城区文化	加大朝阳国际文化特色宣传方案 承办国际体育品牌赛事活动 制定国际文化活动培育引导政策
		建设亚欧会展交流名区	推出国际品牌会展系列政策 建立国际会展活动申办联席会议制度 依托文博会和产业联盟拓宽国际会展交流 持续推行国际影响活动计划
		展示东方国际美食城区	中华美食文化推广系列暨国际美食都市区建设 汇聚国内名餐总部 创办中国朝阳国际美食旅游节
		创建国际旅游品牌	民族文化旅游品牌系列建设计划 朝阳在线旅游海外推广计划
三	生态宜居服务区域提升平台	建设人文多元生态环境	环城生态森林公园建设暨城乡环境综合治理 CBD—定福庄国际传媒走廊文化地标建设 涉外文明礼仪普及宣讲
		提升国际服务水平	国际服务设施更新改造暨使馆区设施建设计划 涉外服务设施平台建设计划 国际服务人才培育活动 对外开放环境优化行动 国际规则窗口系列培训计划
		建设国际医疗保障体系	国际医疗服务提升计划 多语种就医服务模式试点方案 跨国人才保障需求服务提升活动

续表

序号	三大平台	提升任务	发展思路
三	生态宜居服务区域提升平台	优化国际教育资源	多元化教育国际交流平台完善计划 全球友城海外留学培训行动
		推进人才国际化交流	留学回国人员创新创业支持计划 跨国研发基地暨人才培养行动 国际人才特区建设方案
		完善国际交往营商环境	国际一流营商环境CBD试点方案 外籍人才服务管理系统建设 朝阳国际征信体系培育行动
		提升城市建设国际品质	国际化城市空间引导体系建设 国际社区服务管理体系建设
		建设宜居和谐智慧城市	国际城市云服务建设行动 大数据智慧城市管理计划

附表3 五类国际交往功能项目建设内容表

序号	项目类别	项目清单
一	国际商务提升功能建设项目	构建京津冀商务总部联盟
		优化总部经济配套服务
		大力发展专业服务业
		建设顶级高端商业街
		设立国际时尚品牌中国总部
		建立朝阳区国际楼宇经济发展平台
		建设一小时国际商务交通体系
		建设国际智慧商务区
		设立CBD核心区一分钟处置点
		加强海绵城区建设
		积极拓展国际文化交流平台
		加大公共文化空间营造
		设立"国际高端商务人才发展专项扶持资金"
		探索"人才创业特区"试点
二	国际金融集聚功能提升项目	打造跨境资金运营中心
		打造国家文化金融中心
		打造国际保险中心
		建立健全区域信用体系
三	国际文化创新交流建设项目	建设具有世界影响力的信息发布与传播中心
		规划建设中国文化创意与设计产品展示交流中心
		规划建设国家文化产业创新发展博览中心
		构建国家级广告会展要素交易平台
		建设国际创意设计服务平台
		建设全国文化市场中心

续 表

序号	项目类别	项目清单
四	国际文化活动交流重点项目	创建中华文化品牌，形成国际文化品牌集聚区 打造奥林匹克公园体育总部基地 提升国际会展服务水平 搭建体育产业资源交易平台 创建全国知名品牌园区 建立文化体育消费示范区 建设奥林匹克智慧景区 打造国际品牌赛事中心 打造国际时尚运动中心
五	国际科技创新功能提升项目	提升国际化研发、国际化科技服务功能 提升国际化新兴产业与高端服务功能 建设国际科技商务创新区 建设国际科技人才研发培养基地 实施互联网跨界融合工程 打造国际研发外包、服务外包接包地 推动建立京津冀"飞地"产业园 推动设立国际性智库创客聚集地 打造电子城国际研发创新城

参考文献

[1] 孙蛟. 跨国公司地区总部的区位选择研究 [D]. 复旦大学博士学位论文, 2006.

[2] 杨思思. 政府间国际组织总部所在地法治环境比较研究——兼论上海建设国际组织总部的构想 [D]. 上海交通大学硕士学位论文, 2010.

[3] 张建涛. 城市中心区步行环境标识系统规划与设计 [D]. 郑州大学硕士学位论文. 2012.

[4] 李晓. 新加坡的"小国大外交"研究 [D]. 山东师范大学硕士学位论文, 2011.

[5] 陆玼. 世界城市区域网络中的我国巨型城市区域 [J]. 现代城市研究, 2010 (9).

[6] 魏士洲. 世界会展业发展的借鉴作用研究 [J]. 技术经济与管理研究, 2012 (9).

[7] 上海国际问题研究院课题组. 上海吸引国际组织（机构）入驻研究 [J]. 科学发展, 2013 (6).

[8] 刘文海. 世界旅游业发展现状、趋势和启迪 [J]. 产业经济, 2012 (33)：62—65.

[9] 王春才. 德国会展中心城市的发展路径和策略研究 [J]. 江苏商谈, 2010 (1)：56—58.

[10] 曾小舟, 胡荣, 曾奇. 我国现代航空口岸发展现状与对策研究 [J]. 南京航空航天大学学报, 2013 (4).

[11] 张耕. 北京国际科技创新枢纽建设与世界城市战略研究 [J]. 开放导报, 2011.

[12] 北京国际城市发展研究院世界城市研究课题组. 世界城市如何聚集高端人才 [J]. 北京规划建设, 2010 (7).

[13] 刘洪钟. 新兴经济体的崛起和世界经济格局的变革 [J]. 经济学家, 2012 (1)：81—88.

[14] 崔萍, 任盼盼. 世界城市交通状况比较及对北京的启示 [J]. 2012 城市国际化论坛——世界城市：规律、趋势与战略选择论文集, 2012：99—109.

[15] 刘临安, 刘致韵. 伦敦：成为世界城市的概要史论 [J]. 北京建筑工程学院学报, 2011 (1)：1—3.

[16] 姚士谋, 陈彩虹, 房国坤. "城市中的皇后"——巴黎 [J]. 现代城市研究, 2003 (4)：82—86.

[17] 李培广, 李中洲. 国际组织落户纽约对北京城市发展的启发 [J]. 中国市场 2012

(33): 78—83.

[18] 肖一卓. 国际城市空间扩展模式——以东京和巴黎为例 [J]. 城市问题, 2003 (3).

[19] 王梅, 巩琳萌, 习伟. 为首都全面深化改革汇聚能量——北京市16区县党委书记共话改革 [J]. 前线, 2014 (2).

[20] 王梅, 巩琳萌, 习伟. 为首都全面深化改革汇聚能量——北京市16区县党委书记共话改革 [J]. 前线, 2014 (2).

[21] 赵方忠. 世界葡萄大会驾临延庆 [J]. 投资北京, 2011 (5).

[22] 王晴. 海淀: 高科古蕴比翼齐飞 [N]. 京华时报, 2005-01-22.

[23] 田国宝. 怀柔国际会都效应凸显地产商暗中布局 [N]. 中国房地产报, 2014-07-28 (B02).

[24] 北京密云: 生态文明新探索建设绿色国际休闲之都 [N]. 北京日报, 2014-03-13 (008).

[25] 李志军. 延庆: 立足首都功能定位推动文化繁荣发展 [N]. 中国文化报, 2012-11-16 (10).

[26] 延庆建设国际一流低碳经济社会示范区 [N]. 人民日报 (海外版), 2010-03-05 (008).

[27] 吴珊珊, 刘明广. 国际组织在国际会展城市建设中的功能 [N]. 中国旅游报, 2014.

[28] "十二五"区县新定位 [N]. 北京商报, 2011-02-13.

[29] 杜戈鹏, 张景华. 北京16区县扫描（图）[N]. 光明日报, 2012-09-11 (11).

[30] 方彬楠. 门头沟将建国际山地旅游文化度假区 [N]. 北京商报, 2012-01-16 (B01).

[31] 刘华, 杨依军, 张媛等. 首要经略周边 做实"一带一路" [N]. 燕赵都市报, 2015-01-14.

[32] 北京市房山区人民政府. 北京市房山区国民经济和社会发展第十二个五年规划纲要 [R]. 2011.

[33] 北京市人民政府. 北京城市总体规划（2004年—2020年）[R]. 2002.

[34] 北京市东城区人民政府. 北京市东城区总体发展战略规划（2011年—2030年）[R]. 2011.

[35] 北京市西城区人民政府. 北京市西城区国民经济和社会发展第十二个五年规划纲要 [R]. 2011.

[36] 北京市朝阳区人民政府. 北京市朝阳区国民经济和社会发展第十二个五年规划纲要 [R]. 2011.

[37] 北京市海淀区人民政府. 北京市海淀区国民经济和社会发展第十二个五年规划纲要 [R]. 2011.

[38] 北京市丰台区人民政府. 北京市丰台区国民经济和社会发展第十二个五年规划纲要 [R]. 2011.

[39] 北京市通州区人民政府. 北京市通州区国民经济和社会发展第十二个五年规划纲要 [R]. 2011.

[40] 北京市大兴区人民政府. 北京市大兴区国民经济和社会发展第十二个五年规划纲要 [R]. 2011.

[41] 北京市顺义区人民政府. 北京市顺义区国民经济和社会发展第十二个五年规划纲要 [R]. 2011.

[42] 北京市昌平区人民政府. 北京市昌平区国民经济和社会发展第十二个五年规划纲要 [R]. 2011.

[43] 北京市怀柔区人民政府. 北京市怀柔区国民经济和社会发展第十二个五年规划纲要 [R]. 2010.

[44] 北京市延庆县人民政府. 北京市延庆县国民经济和社会发展第十二个五年规划纲要 [R]. 2010.

[45] 北京市石景山区人民政府. 北京市石景山区国民经济和社会发展第十二个五年规划纲要 [R]. 2011.

[46] 北京市密云县人民政府. 北京市密云县国民经济和社会发展第十二个五年规划纲要 [R]. 2010.

[47] 北京市房山区人民政府. 北京市房山区国民经济和社会发展第十二个五年规划纲要 [R]. 2011.

[48] 北京市平谷区人民政府. 北京市平谷区国民经济和社会发展第十二个五年规划纲要 [R]. 2011.

[49] 北京市怀柔区政府网站"APEC专题"报道[EB/OL]. http://www.bjhr.gov.cn/publish/main/hrdt/ztzl/100850/100852/index.html, 2014年3月8日访问.

[50] 郭莉莉. 结合功能定位, 学习贯彻市十次党代会精神, 为实现平谷经济又好又快发展营造舆论氛围[EB/OL]. http://www.bjpg.gov.cn/publish/portal0/tab79/info28003.htm, 2014年3月10日访问.

[51] 新华网. 北京居住新方向"跃进"新城区[EB/OL]. http://news.xinhuanet.com/house/2007-11/20/content_7039922.htm, 2014年3月15日访问.

后　记

　　本书的完成基础是《朝阳区"十三五"时期全面提升国际交往中心功能的思路和举措研究》这一北京市朝阳区"十三五"规划前期重点课题的研究成果。

　　该课题于 2014 年 10 月中标，2015 年 8 月通过由国家商务部、北京市商务委、中国社科院等专家组织的专家组评审通过并顺利结项。专家组认为，该项目研究成果"组织架构科学合理、研究内容翔实丰富，分析思路逻辑清晰、指标体系准确可靠、目标责任落实明确，观点鲜明并富有创新。对策和建议符合朝阳区区情，指标体系列入区'十三五'规划，为朝阳区提升国际交往中心功能提供支撑服务。该研究成果达到了预定目标和要求，是一项优秀成果"。

　　项目研究历时近一年之久。在研究过程中，得到了北京市朝阳区发改委副主任李淑环和规划科刘佳、徐磊，商务委关德鹏、卫磊、张维民、袁忠璇，金融办张超，文委李雪梅，文创办冯芳，外办宋晓晖，台办刘野，旅游委刘江辉，教委幺丹，科委夏春玲，统计局江越，国资委谢辉，工商局郑彦霞，CBD 管委会发展处处长王雪松、张馨，奥林匹克公园管委会严文婷，中关村电子城管委会孙咪咪，东坝管委会孙明华以及东城区文委副主任曾珊等有关单位领导和工作人员的大力支持，在此深表谢意！

　　首都经济贸易大学宋毅成、赵红娟、张亚卿、郭星楠、邓铠琼、杨洋等同学参加了本课题的资料准备和专题整理工作，席建海老师力促本书出版，在此也一并致谢！

　　书稿参考、引用和借鉴了诸多专家学者的思想和观点，尽管已在脚注和主要参考文献中注出，这里也还是再次表示诚挚感谢！

2016 年 1 月 2 日

北京